复旦卓越·公共基础课系列教材

管理经济学

赵　渤◎编　著

復旦大學出版社

前　言

管理经济学是应用经济学的一个重要分支。有些学者认为管理经济学是实用性的微观经济学；有些学者认为管理经济学就是研究微观经济学如何应用的学科；另外一些学者则把管理经济学看作一个为分析企业决策问题提供总纲的学科。总体而言，管理经济学以微观经济学理论为基础。它研究微观经济思想体系如何应用及如何为企业决策提供科学指导，从而能够遵循经济规律、做出正确决策，是一门总纲性的应用科学。

正是由于立足于实践，管理经济学在发展中不断丰富与完善。它融合了包括微观经济学、工程经济学、计量经济学、会计学、统计学、工商管理等诸多学科的内容。通过借鉴、融合及创新，管理经济学能够更好地面向实践。

管理经济学的研究遵循了微观经济运行的规律，以经典分析方法（如边际分析、优化方法、均衡分析）为主线，借鉴相关数学工具（包括微积分、线性代数、数学规划、概率论与数理统计等）为解决现实经济问题制定方案，帮助决策、研判、预测及评断等工作。

这样，管理经济学的研究视角与专业范畴会不断放大。因为在实践的推动下，管理经济学需要将诸多学科的相关内容以不同的方式进行交叉与融合，来解决现实问题，如市场预测（趋势外推、回归估计等）、生产规模最优、成本与收益优化（边际优化、线性规划的优化方式等）。再比如，分析中经常会涉及会计学核算的指标及其转换，需要将之与微观经济学相关概念进行对接，这也是具体应用中不可回避的内容。这些结合基于现实环境的客观要求，借鉴了不同学科方法，目的是实现优化或最优。

另外，学习管理经济学不同于学习微观经济学。两者的关系可以粗略表达为理论与应用或者基础与进阶的关系。微观经济学是我们学习管理经济学的前提性知识准备。

在长期实践中，管理经济学不仅融合了诸多学科系统而有机的分析体系，同时亦构建了面向现实经济环境的分析程序、问题解决逻辑与方法体系。比如，它不仅善于通过科学的分析与评价方法进行推证与研判，还善于利用经济活动中的各类指标，通过建立数学模型来得到经济问题的优化或最优解答，为管理决策者客观权衡与准确判断提供依据。

该研究来源于2017年初由上海市教委工程管理专业硕士教学指导委员会的专业硕士教材计划。为了将国内外较全面、新颖的教学内容介绍给读者，本书广泛比较与借鉴了国内外近两百册管理经济学相关著作的思想精髓，力图使教材吸纳不同著述的优点、重点及创新，融合其研究成果。本书兼顾了仅具有微观经济学初级基础的读者，尽量在简洁易读的原则下体现经济思想的系统化。本书秉持了基于实践和多学科交叉研究的理念，以符合经济、管理发展的新形势及未来发展趋势对管理经济学创新与应用提出的要求。

本书结合了笔者对自己在应用经济领域三十余年的实践、科研与教学经验的总结与思考，在借鉴前人研究成果的基础上，做了一定的扩展与丰富。由于笔者水平有限，本书还有诸多不足之处，欢迎读者提出宝贵意见。

感谢上海海事大学经济管理学院的邵俊刚、袁芳等老师在项目申请过程中付出的努力，以及研究生院杨斌老师、蔡荣老师等同人在研究过程中提供的大力支持。本书在研究过程中涉及大量模型、图表、数据、数学公式与运算，一方面需要重新录入、制作及计算，另一方面需要手工描绘与校对，工作量较大。因而，在研究进展到中期时，我将所汇集的原始资料与数据等整理出来，交由我的研究生魏俊一、禹雪，请她们打字并按规范样式绘出图形表格，从而节省了不少时间，大大提高了创作本书的效率。这项工作占用了她们不少时间与精力，在此表示感谢！

感谢复旦大学出版社前副总编刘子馨先生积极推荐出版本书。感谢复旦大学出版社经管分社宋朝阳副社长的大力支持。在同他们的多次交流中，我深刻感受到对出版优质图书的热切期望。感谢责任编辑王轶勰老师的敬业精神，他令人耳目一新的高水平的专业素养、认真负责且卓有见地的审稿意见，对于本书的修改和质量提升是件幸事。在此，对为此付出努力的编辑、校对、排版及设计等工作人员一并表达真挚的谢意，是你们的辛勤劳动，让本书得以最终呈献在读者面前。

赵　渤

2021年3月17日晨

于上海浦江之滨

目　录

第一章

概　述

本章导读

1. 管理经济学是微观经济学理论的具体应用。它以多学科交叉、实证分析与规范分析结合的方式满足实践需要。

2. 管理经济学以企业为研究对象,以企业价值最大化为目标。科学决策建立在函数分析的基础上。

3. 管理经济学主要研究最大、最小、最优等问题,广泛使用微积分等数学方法进行分析。

4. 管理学借鉴了诸多人文社会科学领域所取得的众多最新成果,并遵循自然科学的分析体系。在分析诸如企业文化、公司核心价值观、制度与组织变革等非物质因素的影响上,管理经济学不可避免的存在理论和工具的不足。

第一节　管理经济学的基本内容

一、管理经济学是门怎样的学科

管理经济学是应用经济学的一个分支。它是研究微观经济学理论具体实践的一个应用经济学分析体系。

管理经济学能够为决策者解决现实经济问题提供科学的研究思维、分析方法、解决路径与合理方案，为最优决策提供科学可靠的专业支持。

管理经济学研究是为企业的生产与经营等活动服务的。管理经济学的研究方法决定了其工作内容，即它不仅关心企业管理者日常生产与经营等的决策、计划与安排，同时还关心管理者是否能够对经济问题做出正确的分析、评价、预测与判断，在此基础上做出最优决策。

二、管理经济学的研究内容与要点、研究体系的扩大

(一) 研究内容与要点

管理经济学的研究内容，主要是围绕经济体系中的需求与供给、生产与成本、成本与收益、市场竞争与博弈、投资与决策、市场前景与风险预测、垄断与价格、风险评价与决策、资本与产品定价、市场预期与策略选择，以及公共物品投资等问题展开的决策分析方法与评价体系。

管理经济学的研究要点首先体现在其所遵循的分析思维、研究方法与路径的继承性与科学性上。我们可以简单地将其归纳出以下几点。

① 管理经济学遵循微观经济学基本原理，继承了科学的微观经济分析方法，并以此建立解决实际问题的构思与逻辑。比如管理经济学遵循边际原则，将微积分等分析方法在优化中广为应用。

② 管理经济学拓展了多学科交叉手段，使不同学科中具有针对性的分析方法与工具适用于解决现实问题。比如管理经济学结合了各类优化技术及量化工具来处理最优决策问题。

研究者在解决现实经济问题时，以边际思维分析与把握其发展趋势、性质及特征，又通过对接各类优化技术或量化工具来实现边际分析所指出的路径与目标。这些技术和工具主要是微积分、线性代数、回归分析、概率学及线性规划等经济数学方法。它们是支持经济运行分析的基础。借此，不仅可以获得各项指标及结果，还可以使经济运行轨迹更为直观。通过比较，我们可以选出最优结果，从而为决策提供支持。

我们曾经学过微观经济学的基础知识。虽然这些知识也能指导我们对社会经济现象做出初步分析、解释与评价，以及做出合理决策，但是如果我们能够将经济现象通过客观数据加以描述与分析，我们会更清楚它们的性质、特征及含义。这样，我们也就能判断经济事务的阶段性变化区间（如生产与成本）、生产或投入的合理范围与盈亏边界、变化趋势（如生产-收益关系或市场变化）、存在点与风险点等各类指标的含义。通过掌握关键节点的重要指标数据，我们能对市场未来走势做出合理预测。这是我们做出最优决策的核心与要点。

③ 管理经济学能够区分不同领域的概念、数据的差异。在不同业务环节，专业术语及其内涵是存在差异的，比如会计成本、会计利润与经济成本、经济利润的内涵是不同的。管理经济学作为应用学科体系必然要直接面向不同的领域及环节的现实工作，并从中获取数据，因此必须严格区分各类术语，保证其准确性。

管理经济学兼顾理论和应用，它的分析体系建立在遵循科学规律的基础上，能对现实经济问题做出系统、科学的分析，并以此做出合理决策。对于经济类专业学生，管理经济学是他们学习完经济学基础知识后的一门重要的进阶课程，对他们未来的经济活动与实践具有重要意义。

（二）研究体系的扩大

管理经济学的研究体系是不断扩展的。它主要融合了会计学、管理学、工程经济学，以及统计学、计量经济学等学科，并不断整合各自学科所面向工作与研究对象时不断丰富与发展的内容。管理经济学使诸多处于分类而治的不同领域的学科，能够彼此借鉴、彼此印证、彼此支撑，从而互补、交叉与融合。

随着社会经济发展与科技进步，现实经济问题越来越呈现出综合性与复杂性，它们不会以学科的分类形式出现。比如决策者趋于从更宏观角度考察现实问题，不同领域间的因素交叉与综合作用也更多地影响决策。同时，随着信息化与数字经济的发展，在经济理论转化到实践的过程中运用微积分、线性代数、概率及数学规划等经济数学方法逐渐成为一种常态。因而，管理经济学研究也处于不断的变革中。

客观条件的变化使管理经济学的思维视域、分析依据与研究方法不再仅局限于微观经济学的范畴。它对不同学科领域的借鉴与融合越来越多，学科交叉趋势越来越强，方法亦越来越多样化。管理经济学在解决实际问题时，不仅将微观经济学理论应用于实践，同时在实践中丰富与发展自己，极大提高了自身的实践指导性与可操作性。

三、管理经济学的研究方法

西方经济学的主要研究方法是实证分析与规范分析。这两种方法都可以独立应用。管理经济学的研究并不特殊，它亦采用实证分析与规范分析方法解决问题。

管理经济学结合使用了实证分析与规范分析，这种结合是有机的、有逻辑的。

什么是实证分析？实证分析是在基于观察到的事实（现象、数据、资料等），运用归纳方法，通过分析推理，解释所研究的事物之间的相互联系，并能够对事物性质、现象及特征做出判断，以及未来与趋势做出预测。其目的在于了解经济是如何运行的。实证分析企图超脱或排斥一切价值判断，只研究经济本身的内在规律，并根据这些规律，分析并预测人们经济行为的效果。它要回答诸如“经济现象是什么，经济事物的现状如何，有哪些可供选择的决策方案，某种方案将会带来什么后果，如何选择方案会更好”等问题。

什么是规范分析？规范分析是基于一定的价值判断，判断客观事物应该是什么，提出决策的依据。它要回答应该做什么或不应该做什么、某些政策措施是有利还是有害等问题。价值判断根据某种原则规范人们的行为，界定这些行为的性质，从而决定是否可以这么做。微观经济学基于效率进行判断，即属于规范分析。规范分析分析的是“质”的问题。在很多社会现象中，“质”的问题往往是不可客观描述的，因而通常无法通过数据或事实来判定。

一方面，管理经济学遵循了规范分析的价值判断，按照其所提供的科学原则与事物性质展开研究；另一方面，它以实证分析来体现经济运行过程。其一，它强调严谨遵循科学规律，但对现象的描述与分析并不受到规范分析的价值判断约束；其二，它在客观分析、推证及数据的统计及运算过程中，时刻保持与规范分析的彼此印证。

第二节 研究主体与决策目标

管理经济学研究始终以企业价值最大化为核心目标。它研究的对象通常是企业，并针对具体问题展开决策分析。因而，企业与决策是管理经济学始终围绕的两项主体内容。

一、研究主体：企业与决策

管理经济学以企业研究为主体，这个前提是建立在微观经济学对企业技术性内涵（即企业各要素的配置组合本身是一个技术性生产函数）的理解上的。它遵循微观经济学关于资源与要素配置的物质属性。它不关心管理学视角有关企业的一些社会属性，如人际关系、社会心理、历史人文性等非物质要素发生怎样的影响，因为它们最终都体现在企业的价值上。当然，这不能不说是管理经济学研究中存在的一项重要的不足。

但是，无论企业的价值是体现在物质要素或产品数量上，还是资金的货币价值的大小上，按照微观经济学，它都是可以通过技术经济关系加以分析与解释的。这样，我们就可以了解客观经济事物在技术关系上是怎样运行、变化的，运行结果如何，特别是对实现企业价值最大化的作用如何。企业与决策的最终问题集中在如何实现企业价值最大化上。

(一) 企业是投入-产出的生产函数

管理经济学对企业技术性质的界定是：企业生产是投入-产出的技术性过程，企业决策就是根据生产函数(Production Function)做出最优决策的过程。在新古典经济学建立的一百多年时间里，主流经济学主要是从技术角度出发，以生产函数的形式对企业性质与能力做出规范与解释。它以技术性函数关系理解企业，即企业是在不同资源或要素的投入与产出下的一个生产函数，它在一定的技术与市场的约束下追求利润最大化。

在这个规范中，由于存在技术对生产的制约，企业决策者需要对诸如最大产量、最小成本、最优投资规模、最大收益等问题进行分析与评价，并以此为依据做出最优决策。

生产函数是在一定时期内，一定的技术水平下，生产中所投入的要素数量与产出的产品数量之间的函数关系。它代表了企业的技术性内涵。一般表达式记为

$$Q=f(x_1,\ x_2\cdots\cdots x_n) \tag{1-1}$$

其中，x_1，x_2，$\cdots x_n$ 表示生产某种产品所需各种要素的投入量，Q 表示任一给定数量的要素投入品的组合，即在既定生产技术条件下该产品的产量。消费者的行为准则是在收入与价格的约束下，追求效用最大化。

新古典经济学对企业行为的分析是在以下两个前提条件下展开的：

① 追求利润最大化的企业(或厂商)，被认为是具有完全理性的；

② 每个企业，作为赚取利润的完整单位，都处于资源配置充分、完美有效的运转状态。

通常假定企业是在充分、有效的资源配置下进行生产经营活动的，且管理者不存在失误与私心，那么管理者对于投入要素组合和产出水平的选择，就是为了实现利润最大化。这就意味着在目标产出水平给定的情况下，在企业生产过程中，资源配置作为技术性生产函数，可以使成本最小化。

假设在完全竞争的要素市场中，管理者按照既定的价格 w_1，w_2，$\cdots\ w_n$，购买生产所需要的 x_1，x_2，$\cdots x_n$ 这 n 种生产要素，那么它的最小成本 $C_{\min}$ 可以表示为

$$C_{\min}=\min\sum_{i=0}^{n} w_i x_i$$
$$\text{s. t. } f(x_1,\ x_2\cdots x_n)\geqslant Q \tag{1-2}$$

对每一个给定的 Q 值求解该方程，得到总成本函数 $TC(Q)$，由此又可以推导出平均成本函数

$$AC(Q)=\frac{TC(Q)}{Q} \tag{1-3}$$

以及边际成本函数

$$MC(Q)=\frac{\mathrm{d}TC(Q)}{\mathrm{d}Q} \tag{1-4}$$

可以推断，AC、MC 曲线的形状如图 1-1 所示。

再假定管理者观察到企业所处的产品市场也是完全竞争的，那么企业只能是市场价格 P 的接受者。管理者要做到利润最大化，利润函数如下。

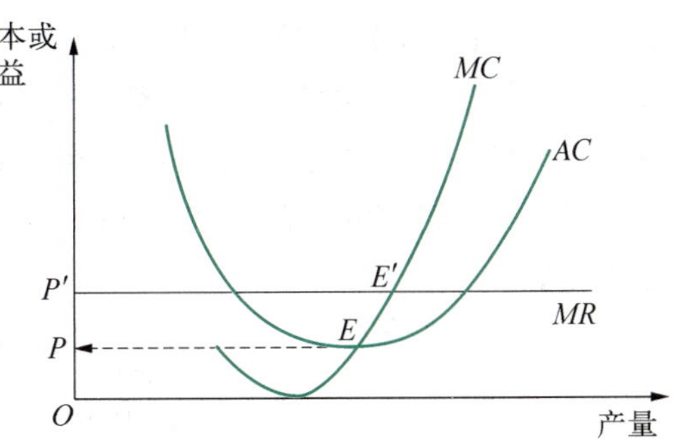

图 1-1 平均成本曲线、边际成本曲线与边际收益曲线

$$\pi(Q) = \text{总收益 } TR(Q) - \text{总成本 } TC(Q)$$
$$= P(Q) - TC(Q) \qquad (1\text{-}5)$$

要实现利润最大化，即求 $\pi_{\max}(Q)$。

同样，可以导出边际成本与边际收益相等的条件。

在图 1-1 中，企业是市场价格的被动接受者，因而市场价格等于企业的边际收益，市场价格线 $P' = MR$。这时，为了获取最大利润，企业必须按照边际原则组织生产，即 $P' = MR = MC$，最优点在市场价格线 P' 与 MC 的交点 E' 处。

在短期的完全竞争市场的条件下，如果市场存在超额利润，就会有更多的企业进入，这时市场价格线 P' 就会向下移动至 P。E 点是平均收益曲线 AC 的最低点与市场价格线 P 的切点。E 点决定的价格 P 就是完全竞争市场的长期均衡价格。从而形成完全竞争市场长期均衡的条件：$P = MC = MR = AC = AR$。

但是，市场结构差异是很大的，由于不同行业市场结构存在差异，不同规模企业的最优条件的实现受到市场环境约束。比如一个小企业在垄断或寡头市场，就很难遵循完全竞争市场中的 $P = MR = AR$ 这个均衡条件。因此，经济学家会根据不同的市场结构、环境等条件，以及具体项目的情形去探索这个问题。

新古典经济学家为我们提供了一种把握事物演变轨迹、方向及其性质的思维方式——边际原则。这是分析资源优化配置问题的一个重要原则。

（二）边际原则与最优决策

边际革命以后，自然科学分析方法被引入西方经济学中。特别是新古典经济学出现以后，数理方法的使用成为主流。边际分析与均衡分析成了贯穿新古典经济学以后主流经济学的一条主线，资源配置问题也不例外。虽然这一趋势使经济学在理论上获得了巨大突破，但是如何将这些理论成就应用于实践，解决实际问题，指导决策呢？

诸如市场供需均衡、最小成本、最大产出、投入与产出的优化，以及企业收益与利润的最大化等问题，仍然是管理者、决策者日常面对的基本问题。

管理经济学在经济理论向应用的转化过程中发挥了巨大作用。管理经济学一方面采用了边际分析与均衡分析；另一方面，通过数据来精确描绘事物运行或配置组合的演变轨迹与特征。这样，决策者就可以根据历史数据，计算出这些有助于研判与决策的特征判断点、区间判断点，以及趋势判断的条件等，为决策提供科学支持。

举例来说，某分析对象企业 A，就技术函数来说，处于一定技术条件下物质要素充分配置与组合的状态。这里，经济学家并不考虑配置不充分(如怠工、浪费等)的情况(因为不充分会被市场淘汰)，那么一般情况下，资源总是处于充分配置状态。

假定该企业利润 π 的方程为 $\pi=-17\,000+8\,00Q-4Q^2$。边际原则能够指导我们做出最优决策。

$$\text{函数的边际值}=\text{函数的一阶导数}$$

$$\text{边际利润 } M\pi=\mathrm{d}\pi/\mathrm{d}Q=800-8Q$$

$$M\pi=0\text{ 时，产量 } Q \text{ 为最优，解得 } Q=100$$

不难发现边际利润为 0 时产量最优，这正是微观经济学生产理论中的一项边际分析原则。这为我们在实践中探索科学决策的依据提供了理论基础。

二、企业价值最大化

(一) 内涵

管理经济学假定企业总是追求价值最大化的。如公式 1-6 所示，企业价值最大化主要是在边际原则所规范的条件下，实现资源最优配置。

管理经济学对企业价值最大化的量化理解是在一定投资回报率下实现的未来现金流量的现值。

(二) 企业价值的衡量

1. 企业价值的表达式

企业的价值等式可以表达如下。

$$\text{预期未来现金流量的现值 } PV(\pi)=\frac{\pi_1}{1+i}+\frac{\pi_2}{(1+i)^2}+\cdots\frac{\pi_n}{(1+i)^n}$$

$$=\sum_{t=1}^{n}\frac{\pi_t}{(1+i)^t} \tag{1-6}$$

式中，t 表示时间(第 1～n 年)；i 对于投资表示适当的贴现率，对于资本则表示利息率；π_i 表示第 i 年的预期利润。

如果企业追求未来全部利润的现值最大化，企业的目标函数则为

$$\max PV(\pi)=\sum_{t=1}^{n}\frac{\pi_t}{(1+i)^t} \tag{1-7}$$

也就是说，企业的长期目标就是未来 t 年中每年利润的现值，用以代表企业价值的最大化。表面上看，这是以物质要素的货币价值回报为基础所做出的衡量。事实上，它既包含了要素配置及优化的内容，同时也包括对非物质要素的管理(如战略、管理组织、盈利模式、企

业文化等)所取得的经济回报等内容。

从现实角度,非物质化要素的投入也会在资本的未来回报的折现中体现出来。因而可以认为,现金流无论投入到"物质因素"还是"非物质因素",都会使企业价值发生变化,投入与产出体现在现金流总量上的关系依然是平衡的。

2. 企业价值的不同表达与等式变换

不同学科、行业会给予企业价值不同的内涵界定,也拥有不同的衡量指标,如市场价值、企业整体价值、企业股市价值、投资回收的现值、企业未来价值、企业市场收购价值、清算价值等。这些概念、指标在价值总量的构成要素、资产规模、时间价值等方面并不相同,反映同一现象但来源不同的指标是否具有相互转化的标准呢?

管理经济学常会用到其他相关学科中的概念与指标。虽然管理经济学不能做出统一规范,但是面对这些政出多门的概念、指标,管理经济学能做到客观比对、综合评价,以及科学转换。某些指标之间可以建立等式,因而可以通过等式变换求解。

财务会计计算贴现率(或资本利息率)与现值间的关系就会使用到未来现金流量的现值公式(见公式 1-6)。

PV 是会计核算中的企业价值指标。如果这个来自会计学的企业价值指标符合微观经济学理论所规范的企业价值内涵,两者之间就能建立等式关系。

在微观经济学中,同样可以根据利润(率)、成本与收益等指标求得预期未来的总利润,即企业价值。由于利润等于总收益减去总成本,公式如下。

$$\text{预期的未来总利润 } \pi = \sum_{t=1}^{n} \frac{TR_t - TC_t}{(1+i)^t} \tag{1-8}$$

式中,TR_t 表示企业在第 t 年的总收益;TC_t 表示企业在第 t 年的总成本。

公式 1-6 与公式 1-8 是等价的。

$$\text{企业价值} = \sum_{t=1}^{n} \frac{\text{利润}_t}{(1+i)^t} = \sum_{t=1}^{n} \frac{\text{总收入}_t - \text{总成本}_t}{(1+i)^t} \tag{1-9}$$

于是,经济学与会计学相关指标之间的关系就建立起来了。与西方经济学相关的很多领域都有一套基于各自专业规定所衍生出的一系列概念、指标体系,将它们重新用经济学原理来考察时,往往会发现其内涵的一致性。因此可以基于西方经济学基本原理建立关系等式,以分析源自不同行业的指标的异同。

(三) 决策分析与研判

在具体的分析方法上,依然需要以边际分析与均衡分析作为决策分析的主线。另外,管理经济学还借鉴了优化方法,它是边际分析与均衡分析的重要工具和必要补充。

在对微观经济分析的主体"生产者—企业"的决策分析中,由于边际分析遵循经济学原理来进行思考和推导主线逻辑,因而能指导我们在分析具体事物时获得正确判断,是管理经济学的核心分析方法。管理经济学的研究思维、方法与逻辑上继承了边际分析这个主线，其目的是使决策符合经济学的逻辑。

1. 主要的决策分析方法

管理经济学的决策分析方法主要包括以下三种。

(1) 边际分析法

其主要采用微分学以及经济增量分析等方法，分析经济增长、运行特点及趋势等问题，并根据变量关系建立函数方程求解。

成本或收益曲线趋向递增或递减、最大利润或最小成本、生产规模增长的极限、达到均衡条件的边际约束等问题，都可以用边际分析来解决。

(2) 均衡分析法

其主要采用线性代数、回归分析、线性规划及约束方程组等方法，分析预测经济运行趋势、市场供需关系以及企业生产的阶段、最优状态和扩展轨迹等问题。通过建立经济模型并结合数据样本来求解。

(3) 优化分析法

其主要采用微分、概率及线性规划等方法，处理成本与收益关系中的最大、最小、极限与优化等问题。微分、概率对于极限与风险问题的判定为决策提供数据支持；线性规划的约束方程组对于一定条件约束下的优化问题是一个普遍而实用的方法。

2. 决策分析依据与研判要点

研判是决策者做出决策前的分析工作。它是对前期调研分析及计算所得到结果进行评价及判断的思维过程，为决策提供依据。研判是影响决策产生何种客观效果的关键。不同决策会造成不同后果。研判主要是针对研究对象的性质、特征等内在规律，根据其运行机理、趋势及表现方式等进行比较分析及优劣判断。研判主要有以下几种。

(1) 性质研判

性质是事物自身的内在规律，是分析研判的依据。根据事物性质，决定企业的产品生产战略、市场战略，以及价格组合战略。

例如考察两种产品是否存在替代性或互补性。由于产量与替代品或互补品的价格变化的正负相关关系是不同的，因此这种关系决定了企业选择何种生产组合，制定何种市场价格策略。再如边际成本或边际收益存在递增或递减的趋势，边际技术替代率亦递减。这是研究对象本身性质所规定的，提供了事物不同成长阶段性的变化趋势与运行轨迹。

又如，随着企业生产规模扩张，要素投入最优组合的新均衡点的位置会发生推移，投入要素的比例发生变化，会使企业的扩张轨迹沿着均衡点推移。同样，技术水平的变化也会改变生产要素投入比例（如显示出资本密集型、劳动密集型等成长特点），从而导致均衡位置及推移方式发生变化，企业扩张轨迹及特点随之发生变化。

因此，研判时首先要确定事物的性质，这样就确定了分析的起点，明白一些核心问题，比如这种性质决定的变量间的正负相关变化如何，要素投入比例、变化轨迹的特点与趋势如何等。

(2) 特征研判

事物在不同阶段都有特点。从这些特点中,我们可以获得有用的信息,如生产能力是否已经饱和,从而决定是否继续投入生产要素以扩张规模。例如在一定技术条件下,每个生产企业都有合理的生产区间。不在这个区间内的生产规模,都具有效率低或资源浪费的特征,导致亏损。据此,可对企业盈利情况做出正确判断。

再如,不同行业企业的要素投入比例往往是不同的,有些行业的要素投入比例具有固定的特点。制药行业的药剂配方投入比就是如此,因此应该选择要素按固定比例投入的产量函数来分析该类企业最优产量及均衡价格等问题。

(3) 微分研判

微分是边际分析中采用的主要方法。它能展示出一些数值上的特征,并表达出不同的含义。这些特征值与函数曲线密切相关,其所对应的函数曲线中不同阶段的某项指标特征变化能帮助决策者做出正确判断。

以边际产量曲线为例,在这个倒 U 形曲线的顶点,边际产量为零。在微分求导中,其导数为零。我们则可判断,如果产量再继续增加,边际产量就开始递减了。随着边际产量递减(这时总产量还是增加的),一直递减到与横轴相交,这时边际产量又等于零。这时如果继续增加投入,就是负值(负产出)的区域。因而,在这个边际产量曲线运行轨迹的不同斜率的区间,其边际产量的导数值不同,其经济学意义上也各具特点。这正是微分研判的依据。

由于边际分析与微分学密切相关,这部分体现出的特征,我们在下一节会详细分析。

(4) 概率研判

由于经济事件存在不确定性,任一项投资都会面临风险。影响投资者决策的重点是风险与期望收益关系的比较评价。在投资活动中,决策一般会倾向选择风险概率最小而期望收益最大的项目进行投资。

(5) 优劣研判

优劣研判常用于在近期与远期投资中成本与收益关系的分析。在一项投资活动中,决策者主要关注三项指标:成本、收益、成长性。研究者通常需要从近期及远期视角,根据成本与收益,做出盈利性的优劣判断,并评价其成长性。

(6) 决策树研判

决策树研判是指在已知各种情况发生概率的基础上,通过构成决策树来求取期望收益大于等于 0 的概率,以评估项目风险,并判断其可行性。它既可以用于项目风险评价,又可以用于投资项目决策,同时也常常用于经济博弈分析中。

另外,管理经济学的进阶方法,还包括线性代数回归分析模型以及线性规划的约束方程组的分析模型。线性代数回归分析常用于描述各项经济指标运行轨迹及趋势;线性规划常用于解决一定约束条件下的优化问题。

三、问题与前瞻

（一）管理经济学与管理学的关系及存在的问题

1. 认识论与方法论视角不同

经济学和管理学存在着不可分割的内在联系，也存在很多本质的不同。

管理经济学始终依托微观经济学理论。微观经济学接受了自然科学的认识论与方法论，大大发展了经济学体系。管理学初期也曾受到自然科学的影响，但是其20世纪后期至今的发展中更多是受社会科学的影响。因而从认识论与方法论的视角看，无论是分析思维、所据原理、逻辑路径与解决方法，还是完成逻辑论证的辅助工具及形式，两者都存在着本质不同。

这不能说是管理经济学对社会事物的认识出现了偏差。管理经济学的研究体系与逻辑方法，只是认识客观经济事物与解决问题的路径之一。管理经济学并非是无所不包的，它也是在不断充实与完善的。

2. 差异性及其价值

管理经济学是在边际革命后的西方经济学体系的基础上发展而来，是一种有价值的应用性探索。它总结了微观经济学的历史成就以及实践经验，是微观经济学理论到实践的转化方式。它秉持了西方经济学体系中的自然科学方法与思维方式。

管理学中的工商管理或管理科学，分析视角与管理经济学并不相同。工商管理内部各流派的研究视角也并不统一，学者可以从心理学、文化学、生态学、历史学、人类学、哲学，甚至族群及民俗学等多角度研究工商管理。工商管理发展至今已属于社会科学范畴，探索视角百花齐放。管理科学研究形式较接近自然科学，如对于运筹问题进行近似物理性或数量优化的关系分析，在物理关系的系统中以理性方式处理优化问题。但是，它们不考虑经济规律，因而，在解决社会经济问题时，往往会脱离经济规律的规范，难以得到正确的结论。

从这个视角审视管理经济学对经济实践的指导价值，认识其存在不足的同时，也会清晰地看到其所蕴含的科学价值。

3. 总结

虽然管理经济学的思维与路径并不是探索真理的唯一道路，但到目前为止它是将西方经济学理论引入实践较为成功的科学路径之一。

随着数字化与信息化的发展，管理经济学的应用作用会越来越明显。在迎接新事物、新发展的过程中，我们应该采取开放与包容的态度，推动管理经济学面向未来，不断丰富与完善。

（二）发展前瞻

当前，经济发展中出现了很多新现象、新问题、新趋势，诸多问题已经超出了经典微观经济学的范畴。比如，物质要素配置组合与优化所遵循的物质守恒的均衡分析规则，难以解释互联网时代新兴产业在短期内实现市值数千倍于其财务价值，难以解释新兴产业如何打造产业帝国与商业帝国等问题。

在解答受到众多非物质因素影响的社会经济问题时，管理经济学也显示出明显的不足。比如，管理中的一些非物质要素会影响到企业的效率、利润与整体价值。管理的制度模式变革引起的效率变化、科技变革引起的价值链重构、企业文化的效果与品牌价值，以及管理职能与功能的再造等，都会对企业利润及价值产生直接或间接的影响。而这些问题并非源于物质要素，因而在诸多类似细节问题上，管理经济学仍然存在很多空白之处。

管理经济学虽然在优化配置物质要素上拥有独特的优势，但是，对于一些具有社会人文属性的经济管理问题，是存在不足的。因此，不可画地为牢，在实践与研究中需要不吝借鉴，不断丰富与创新。

第三节 边际方法与优化思维

一、边际与优化

边际分析是管理经济学从微观经济学继承而来的一项自然科学研究方法，是管理经济学贯穿始终的主线。管理经济学以解决经济优化问题作为决策分析的基础，边际分析则围绕资源配置与组合的优化。因而优化思维也是管理经济学的核心内容之一。

(一) 边际分析法

我们把研究一种可变因素的数量变动对其他可变因素的变动会产生多大影响的方法，称为边际分析。

边际量的计算公式是(因变量的变化量)/(自变量的变化量)。它不仅针对消费者也针对生产者，因而有很多种类。

边际效用是指消费者从每一单位新增商品或服务消费中得到的效用。

边际收益 MR 是指每增加或减少一单位商品或服务的销售所引起的总收益变化量。公式如下。

$$\text{生产函数：} Q = f(L,\ K) \tag{1-10}$$

$$MR = \frac{\Delta TR}{\Delta Q} \tag{1-11}$$

边际成本 MC 是指每增加或减少一单位产量所引起的总成本变化量。公式如下。

$$\text{成本函数：} C = \Phi(Q) = \Phi(L,\ K) \tag{1-12}$$

$$MC = \frac{\Delta TC}{\Delta Q} \tag{1-13}$$

式中，Q 为产量；f 为生产函数；L 为劳动；K 为资本；C 为成本；Φ 为成本函数(区分于生产函数 f)；MR 为边际收益；ΔTR 为总收益变化量；ΔQ 为商品或服务的边际增量；MC 为边际成本；ΔTC 为总成本变化量。

(二) 主要指标

1. 收益指标

假定总收入 TR 是因变量，产量 Q 是自变量，平均收益 AR 是平均每一单位商品的收益。三者间的函数关系如下。

$$TR = AR \cdot Q \tag{1-14}$$

$$AR = \frac{TR}{Q} \tag{1-15}$$

$$MR = \frac{\mathrm{d}TR}{\mathrm{d}Q} \tag{1-16}$$

从公式(1-16)中可以发现，边际收益 MR 是总收益 TR 的一阶导数。

2. 成本指标

假定总成本 TC 是因变量，产量 Q 是自变量，平均成本 AC 是生产每一单位商品的平均成本。三者间的函数关系如下。

$$TC = AC \cdot Q \tag{1-17}$$

$$AC = \frac{TC}{Q} \tag{1-18}$$

$$MC = \frac{\mathrm{d}TC}{\mathrm{d}Q} \tag{1-19}$$

从公式 1-19 中可以发现，边际成本 MC 是总成本 TC 的一阶导数。

(三) 边际决策规则

边际分析的最优条件是 $MR = MC$，此时企业获得最大利润。经济学的优化主要体现的是资源配置最优、要素投入组合达到最优、收益与成本处于均衡状态等特定情况。管理经济学的优化主要集中于解决最值或极值问题。两者本质是一致的。

事实上，在边际收益 MR 与边际成本 MC 不相等时，边际分析对于决策也有意义。在现实经济活动中，企业无论是做短期决策还是制定长期计划，都离不开边际分析方法的支持。如果一个企业在现有规模下的 $MR > MC$，该企业可以提高产量、扩大生产规模；如果该企业在现有规模下的 $MR < MC$，该企业则需要降低产量、收缩生产规模；如果该企业在现有规模下的 $MR = MC$，表明已达最优产量。

二、总利润、边际利润、平均利润

(一) 数据表格法

经济变量之间的关系也可以用数据表格法来说明。数据表格法可以用来分析随着产量的增加，总利润、边际利润及平均利润等指标变化及它们之间相互关系变化的情况。

表 1-1 列出了某厂商以单位时间计算的产量数、总利润、边际利润与平均利润之间的变化关系。

该厂商的总利润 π_r 为产品数量Q的函数。任一产量Q的边际利润$\Delta\pi(Q)$，是产量为Q时的总利润 $\pi_r(Q)$，与产量为$(Q-1)$ 时的总利润 $\pi_r(Q-1)$ 之差。

在比较边际利润和总利润时，可以发现随着产量的提高，只要总利润增加，边际利润基本会保持为正值。只有当总利润函数开始下降时（即当 $Q=10$ 时），边际利润才会变为负值。

平均利润 $\pi_A(Q)$ 是通过总利润 $\pi_r(Q)$ 除以产量 Q 得到的。在比较边际利润和平均利润时可以看到，只要边际利润大于平均利润，即 $Q\leqslant 8$，平均利润函数 $\pi_A(Q)$ 都是增加的；产量水平 Q 超过 8 个单位时，边际利润开始小于平均利润，平均利润开始下降。

如表 1-1 所示，当产量水平 $Q=9$ 个单位时总利润最大。如果该厂商的目标是总利润最大，那么最优决策将是生产 9 个单位的产量。因为到了 10 个单位产量，边际利润会变为负值，继续生产会减少总利润。不难发现，总利润最大化的临界点是在边际利润等于 0 时，即 $\Delta\pi=0$ 时的产量。只要边际利润为正值，厂商就可以扩大生产、增加利润。

表 1-1 总利润、边际利润和平均利润的关系数据表 （单位：元）

单位时间的产量 Q	总利润 $\pi_r(Q)$	边际利润 $\Delta\pi(Q)=\pi_r(Q)-\pi_r(Q-1)$	平均利润 $\pi_A(Q)$
0	−250	0	—
1	−200	50	−200.00
2	−100	100	−50.00
3	100	200	33.33
4	375	275	93.75
5	700	325	140.00
6	1 000	300	166.67
7	1 265	265	180.71
8	1 450	185	181.25
9	1 485	35	165.00
10	1 315	−170	131.50

（二）趋势图形法

1. 描绘趋势图形

可以通过描绘趋势图形来直观表示总利润、边际利润和平均利润的变化趋势，以及彼此之间的关系。根据表 1-1 中的数据，描绘出总利润、边际利润及平均利润三项指标的趋势曲线，如图 1-2 所示。

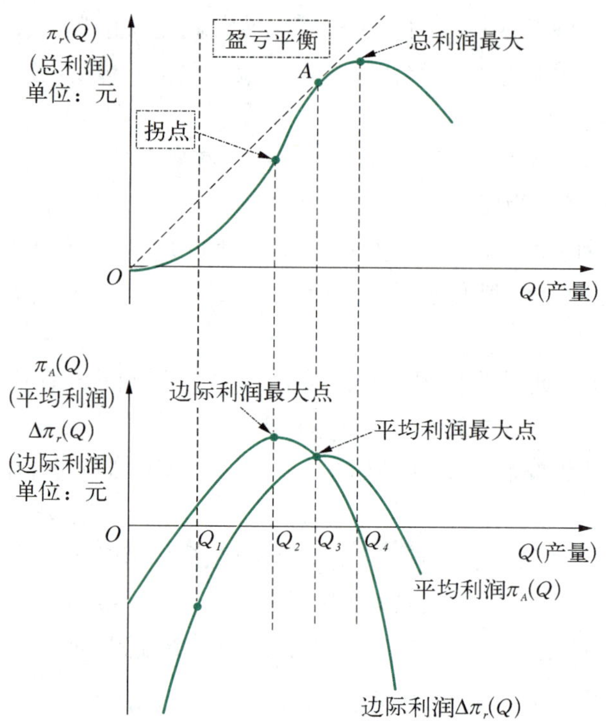

图 1-2　总利润曲线、平均利润曲线和边际利润曲线

2. 利润指标的特点

(1) 总利润最大点

如图 1-2 所示的总利润、平均利润及边际利润曲线，皆呈倒 U 形。总利润函数 $\pi_r(Q)$ 先递增，后递减。总利润曲线的最高点为总利润的最大点。沿着总利润最大点向下作垂线，与平均利润曲线及边际利润曲线的横坐标相交于 Q_4。Q_4 点正是边际利润曲线下行后与横轴相交的位置。边际利润$\Delta\pi_r(Q)$ 在 Q_4 点等于 0。 这与前面数据表格法的分析是一致的。

(2) 三个利润函数的关系

边际利润函数等于总利润函数的斜率，它在 Q_2 产量水平上为最大值。Q_2 对应的是边际利润的拐点。在拐点之前，总利润以递增的速度增加，这时边际利润是增加的。在拐点之后，一直到 Q_4 产量水平，总利润以递减的速度增加，这时边际利润是下降的。

从原点 O 向总利润曲线上某一点画直线，其斜率就是平均利润函数。当产量为 Q_3 时，平均利润达到最大值。平均利润曲线在该点与边际利润曲线相交，两者相等。这是因为 OA 直线的斜率(即平均利润)等于总利润曲线在 A 点切线的斜率(即边际利润)。

边际利润曲线在平均利润曲线偏左侧的位置。当边际利润到达最大点后，边际利润开始下降。这时，平均利润函数依然处于递增阶段。在平均利润到达最大点时，与已在递减的边际利润曲线相交。然后，边际利润函数与平均利润函数都进入递减阶段。虽然边际利润与平均利润开始递减，但是在 Q_4 产量水平之前，边际利润与平均利润都是正的，总利润仍然是增加的。

在边际利润等于 0 的 Q_4 产量水平上，总利润最大。产量超过 Q_4，边际利润曲线位于 x

轴下方，继续生产导致边际利润为负值，因而总利润曲线在 Q_4 点之后开始下降。

三、微分决策分析①

(一) 决策的一阶条件

边际分析的实质就是求一个函数的极值点，其必要不充分条件就是此函数在此点上的导数(即曲线的斜率)必须等于 0，可以用微分法说明这个条件。

因为一个函数的导数衡量的是该函数上任一点的边际值，所以求函数 $Y=f(X)$ 最大值的一个等价必要条件就是使此点上的导数等于 0：

$$\frac{\mathrm{d}Y}{\mathrm{d}X}=0 \tag{1-20}$$

这是寻找一个函数极大值的一阶条件。

假设某发电厂的利润函数是 $\pi=-40+140Q-10Q^2$，要找出利润最大的产量水平 Q_m，可令此函数的一阶导数等于 0：

$$\frac{\mathrm{d}\pi}{\mathrm{d}Q}=140-20Q=0$$

解得 $Q_m=7$。如图 1-3 所示，在函数值既不增加也不减少，或者说斜率(或一阶导数)等于 0 的那一点上实现了利润最大化。

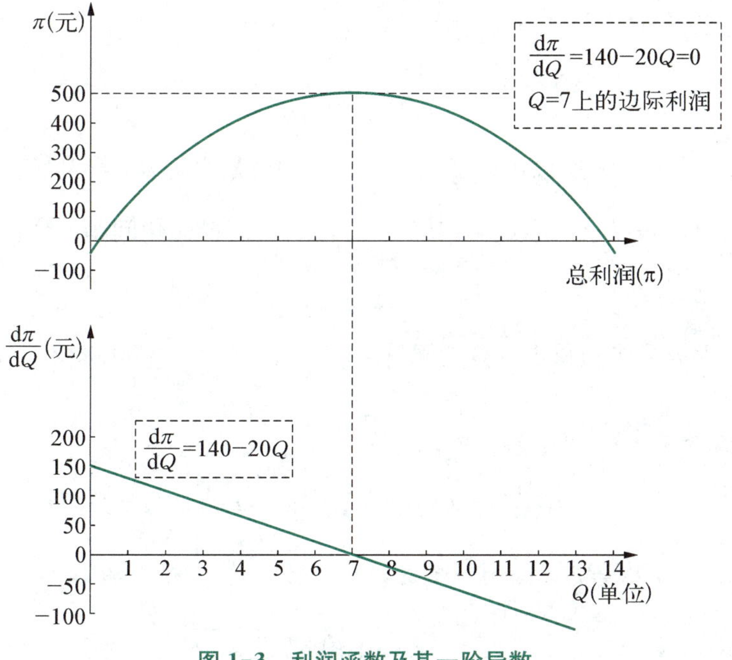

图 1-3 利润函数及其一阶导数

① 麦奎根，莫耶，哈里斯. 管理经济学(原书第 10 版)[M]. 李国津，译. 北京：机械工业出版社，2006：13-15.

(二) 函数的极值验证

令一个函数的导数等于 0 并解出极值点，并不能保证此函数在该点一定是最大值。U 形函数最低点上的斜率也等于 0，但此点是最小值。换句话说，一阶导数为 0 仅仅是函数在该点为最大值的必要不充分条件。图 1-4 说明了这种情况。

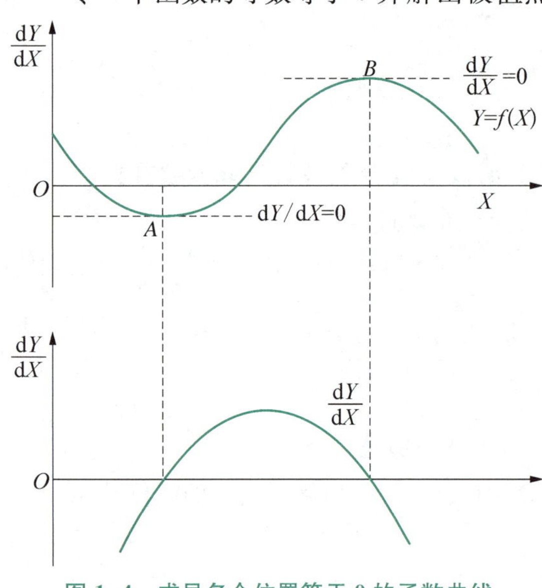

图 1-4 求导多个位置等于 0 的函数曲线

可以看到，A、B 两点上，切线斜率$\left(\text{一阶导数}\frac{\mathrm{d}Y}{\mathrm{d}X}\right)$都等于 0，然而在 B 点上，函数才是极大值。在函数 $Y=f(X)$ 极大值(B 点)附近，导数(斜率)递减。在$\frac{\mathrm{d}Y}{\mathrm{d}X}=0$这一点之前，斜率为正，之后斜率为负。因此必须确定在该点上斜率的导数(斜率的斜率)是否递减。也就是需要求该函数的二阶导数，检验它在该点大于还是小于0。函数 $Y=f(X)$ 的二阶导数可以写为$\frac{\mathrm{d}^2Y}{\mathrm{d}X^2}$。如果二阶导数为负值，或$\frac{\mathrm{d}^2Y}{\mathrm{d}X^2}<0$，就可以确定这个函数的一个极大值点。

仍以前面的发电厂为例，求二阶导数的过程如下。

$$\frac{\mathrm{d}\pi}{\mathrm{d}Q}=140-20Q$$

$$\frac{\mathrm{d}^2\pi}{\mathrm{d}Q^2}=-20$$

因为$\frac{\mathrm{d}^2\pi}{\mathrm{d}Q^2}=-20<0$，所以可以确定利润最大的产量水平 $Q_m=7$。

某些决策的目标是谋求成本最低，其处理办法与利润最大化问题一样。

案例与分析

假设某能源公司平均成本函数为 $AC=15-0.04Q+0.000\,08Q^2$。求平均成本最低的产量水平。

解：求导，并令导数等于 0。

$$\frac{\mathrm{d}AC}{\mathrm{d}Q}=-0.04+0.000\,16Q=0$$

解得最优产量 $Q_m=250$。为确定这是极小值点，求二阶导数。

$$\frac{\mathrm{d}^2AC}{\mathrm{d}Q^2}=0.000\,16$$

因为二阶导数为正，所以 $Q=250$ 的确是平均成本最低的产量水平。

（三）微分对边际决策的价值

运用微分分析经济因素的细微变化，是分析各经济变量之间关系的简单可靠的方法。边际分析本质上属于微分学的范畴。在函数关系中，当自变量发生微量变动时，会导致因变量也发生相应的变化，边际值表现为两个微小增量的比，在函数的斜率、变量关系及极值等问题上体现出不同的特征，从而提供了判断的基础。这种分析方法已广泛运用于分析经济问题，如效用、成本、产量、收益、利润、消费、储蓄、投资、要素效率等。

附录　边际分析的微分基础①

一、斜率与导数

对函数 $y=f(x)$ 来说，函数的斜率等于 y 的变化（Δy）除以 x 的变化（Δx）。斜率是指高（在纵轴上测得的变量的变动值）与宽（在横轴上测得的变量的变动值）之比。如果曲线从左到右向上倾斜，斜率就为正值；如果曲线从左到右向下倾斜，斜率就为负值。水平线的斜率为0，垂直线的斜率无穷大。对 x 的正值变化（$\Delta x>0$）来说，若斜率为正值，则 Δy 为正值；若斜率为负值，则 Δy 为负值。

图 1-5 表示的是函数 $y=10+x^2$。为了求 $x=1$ 到 $x=2$ 之间函数的平均斜率，首先要找出相应的 y 值。$x_1=1$ 时，$y_1=11$；$x_2=2$ 时，$y_2=14$。

$$斜率=\frac{\Delta x}{\Delta y}=\frac{y_2-y_1}{x_2-x_1}=\frac{14-11}{2-1}=3$$

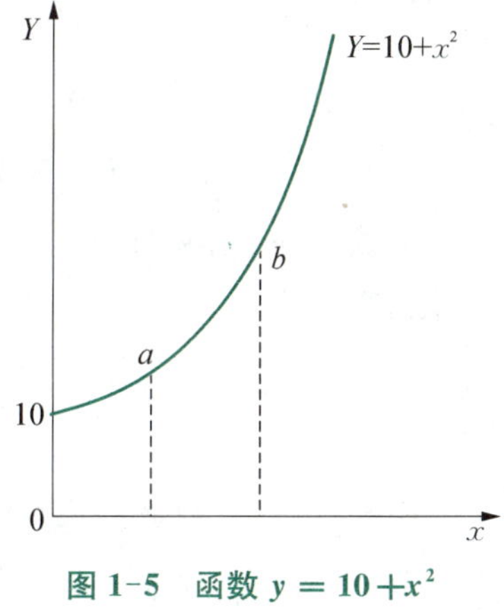

图 1-5　函数 $y=10+x^2$

实际上，这一方法确定的是图 1-5 中通过 a 点和 b 点的直线的斜率。因而它只是函数 $y=10+x^2$ 的斜率的近似值，后者准确的斜率在函数上的每一点都是不同的。如果间距较小，斜率就可以估计得接近一些。例如，加入求 $x=1$ 到 $x=1.1$ 之间的斜率。$x_1=1$时，$y_1=11$；$x_2=1.1$时，$y_2=11.21$。

$$斜率=\frac{\Delta x}{\Delta y}=\frac{11.21-11}{1.1-1}=\frac{0.21}{0.1}=2.1$$

使用常微分学可以确定函数上任何一点的准确斜率。

函数的一阶导数$\left(用\frac{dx}{dy}表示\right)$是当横轴上两点间距无限小时该函数的斜率。在微分学

① 参考彼得森，刘易斯. 管理经济学（第 4 版）[M]. 吴德庆，译校. 北京：中国人民大学出版社，2004.

中，导数就是当 Δx 趋近 0 时 $\frac{\Delta x}{\Delta y}$ 的极限，即

$$\frac{\mathrm{d}x}{\mathrm{d}y}=\lim_{\Delta x\to 0}\frac{\Delta x}{\Delta y}$$

因而，$\frac{\mathrm{d}x}{\mathrm{d}y}$ 近似于 $\frac{\Delta x}{\Delta y}$，只是 $\frac{\mathrm{d}x}{\mathrm{d}y}$ 是一个点的准确斜率，而 $\frac{\Delta x}{\Delta y}$ 是函数上一个间距的平均斜率。可以把导数值看成是函数上一点切线的斜率。例如在图 1-5 中，函数 $y=10+x^2$ 在 a 点的导数值就是该切线的斜率。$y=f(x)$ 的导数，可写成 $f'(x)$。

前面在讨论总函数和边际函数的关系时，曾经讲过边际函数是总函数的斜率，求导为寻找边际函数提供了简便的方法。经济学可以利用这些数学方法做出最优决策，比如计算成本最小或利润最大点。通过求导，边际分析中很多问题会变得相对简单。

二、常用的求导形式

1. 常数的导数

任何常数的导数为 0。在坐标系中，常数函数是一条水平线。对任何 x 来说，y 的变化始终为 0。因而对任何函数 $y=a$ 来说（a 为常数），

$$\frac{\mathrm{d}y}{\mathrm{d}x}=0$$

2. 常数与函数乘积的导数

常数与一个函数乘积的导数为该常数与该函数的导数的乘积。因而 $y=af(x)$ 的导数（a 为常数）为

$$\frac{\mathrm{d}y}{\mathrm{d}x}=af'(x)$$

例如，若 $a=3$，$f(x)=x$，其导数为

$$\frac{\mathrm{d}y}{\mathrm{d}x}=3\cdot f'(x)=3\cdot 1=3$$

3. 幂函数的导数

对一般的幂函数 $y=ax^b$ 来说，导数为

$$\frac{\mathrm{d}y}{\mathrm{d}x}=abx^{b-1}$$

例如，若 $a=1$，$b=2$，则函数为 $y=x^2$，其导数为

$$\frac{\mathrm{d}y}{\mathrm{d}x}=bax^{b-1}=2x^{2-1}=2x$$

对这一导数的解释是，函数 $y=x^2$ 在任何一点的斜率均为 $2x$。例如，当 $x=4$ 时，该点的斜率为

$$\left.\frac{\mathrm{d}y}{\mathrm{d}x}\right|_{x=4}=2x=2\cdot4=8$$

也就是说，当 $x=4$ 时，y 的变化是 x 微小变化的 8 倍。

以函数 $y=x^2$ 为例(见图 1-6)。注意，斜率是不断变化的。在 $x=4$ 时，斜率为 8。随着 x 增加，斜率越来越陡。当 x 为负，斜率也为负值。例如，$x=-3$ 时，斜率为 -6。

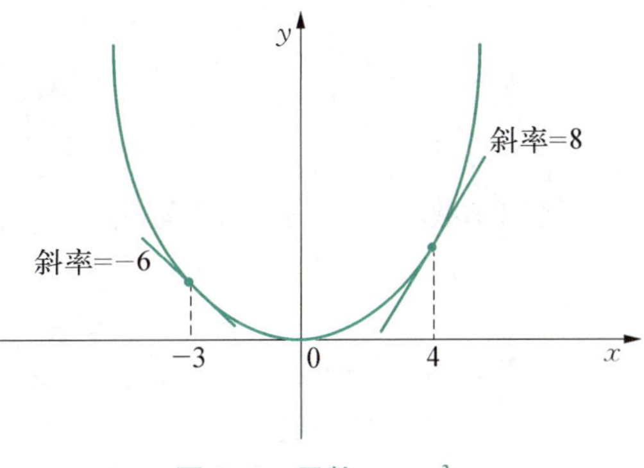

图 1-6 函数 $y=x^2$

4. 函数的和(或差)的导数

几个函数之和(或差)的导数，等于这些函数的导数之和(差)。

设函数为 $y=f(x)+g(x)$，其导数为

$$\frac{\mathrm{d}y}{\mathrm{d}x}=f'(x)+g'(x)$$

例如函数 $y=10+5x+6x^2$ 的导数，即等号右侧三个项的导数之和。注意，这里要使用的常数、常数与函数乘积、幂函数的求导规则。因而，

$$\frac{\mathrm{d}y}{\mathrm{d}x}=0+5\cdot x^0+6\cdot 2x^1=5+12x$$

又如函数 $y=2x^3-6x^{-2}-4x+10$ 的导数是

$$\frac{\mathrm{d}y}{\mathrm{d}x}=2\cdot3x^2-6\cdot(-2)x^{-3}-4+0=6x^2+12x^{-3}-4$$

5. 两个函数积的导数

两个函数积的导数为第一个函数的导数乘以第二个函数加上第一个函数乘以第二个函数的导数。

设函数为 $y=f(x)g(x)$，其导数为

$$\frac{\mathrm{d}y}{\mathrm{d}x}=f'(x)g(x)+f(x)g'(x)$$

例如，函数 $y=(x^2-4)(x^3+2x+2)$ 的导数为

$$\begin{aligned}\frac{\mathrm{d}y}{\mathrm{d}x}&=(2x)(x^3+2x+2)+(x^2-4)(3x^2+2)\\&=2x^3+4x^2+4x+3x^4+2x^2-12x^2-8\\&=3x^4+2x^3-6x^2+4x-8\end{aligned}$$

6. 两个函数商的导数

对函数形式 $y=\frac{f(x)}{g(x)}$ 来说，导数为

$$\frac{\mathrm{d}y}{\mathrm{d}x}=\frac{g(x)f'(x)-f(x)g'(x)}{g(x)^2}$$

例如函数 $y=\frac{x-3}{x}$ 的导数为

$$\frac{\mathrm{d}y}{\mathrm{d}x}=\frac{x-(x-3)}{x^2}=\frac{3}{x^2}$$

7. 复合函数的导数

函数 $y=(2x+5)^3$ 实际上是由两个函数组合而成：

$$\mu=f(x)=2x+5$$

$$y=g(\mu)=\mu^3$$

y 是复合函数，即

$$y=g(\mu)=g[f(x)]$$

这个导数等于 y 对 μ 的导数乘以 μ 对 x 的导数：

$$\frac{\mathrm{d}y}{\mathrm{d}x}=\frac{\mathrm{d}y}{\mathrm{d}\mu}\cdot\frac{\mathrm{d}\mu}{\mathrm{d}x}$$

因为 $$\frac{\mathrm{d}y}{\mathrm{d}\mu}=3\mu^2=3(2x+5)^2$$

$$\frac{\mathrm{d}\mu}{\mathrm{d}x}=2$$

所以 $$\frac{\mathrm{d}y}{\mathrm{d}x}=[3(2x+5)^2]\cdot 2=6(2x+5)^2$$

又例如函数 $y=\frac{1}{\sqrt{x^5+2x+6}}$，可以改写为 $y=(x^5+2x+6)^{-\frac{1}{2}}$

将它拆解为 $y=\mu^{-\frac{1}{2}}$ 和 $\mu=x^5+2x+6$，分别求导。

$$\frac{\mathrm{d}y}{\mathrm{d}\mu}=-\frac{1}{2}\mu^{-\frac{1}{2}-1}=-\frac{1}{2}\mu^{-\frac{3}{2}}$$

$$\frac{\mathrm{d}\mu}{\mathrm{d}x}=5x^4+2$$

把 $\mu=x^5+2x+6$ 代入，得出

$$\frac{dy}{dx}=\frac{dy}{d\mu}\cdot\frac{d\mu}{dx}=-\frac{1}{2}(x^5+2x+6)^{-\frac{3}{2}}(5x^4+2)$$

以上求导规则，可用于满足管理经济学需要的大部分求导场景，不过有时候要同时使用两个及以上的规则。

案例与分析

已知总收入函数为 $TR=50Q-0.5Q^2$，总成本函数为 $TC=2\ 000+200Q-0.2Q^2+0.001Q^3$。求边际收入和边际成本函数。

解：对总收入函数求导，就能得到边际收入函数。

$$MR=\frac{d(TR)}{dQ}=50-2(0.5)Q^{2-1}$$

$$=50-Q$$

同样，边际成本函数可以通过对总成本函数求导得到。

$$MC=\frac{d(TC)}{dQ}=200-2\ (0.2)Q^{2-1}$$

$$=200-0.4\ Q+0.003Q^2$$

三、高阶导数

一般人们称函数的导数为一阶导数，另外还有高阶导数。函数的二阶导数是一阶导数的一阶导数，它可以写成 $\frac{d^2y}{dx^2}$ 或 f''。从经济学的角度说，总函数的一阶导数是边际函数，总函数的二阶导数是边际函数的斜率。

求高阶导数并不难，只要对求得的导数再求导即可，如已知函数 $y=10x^3+3x^2-5x-6$，他的一到四阶导数如下。

一阶导数为 $\frac{dy}{dx}=30x^2+6x-5$。

二阶导数为 $\frac{d^2y}{dx^2}=60x+6$。

三阶导数为 $\frac{d^3y}{dx^3}=60$。

四阶导数为 $\frac{d^4y}{dx^4}=0$。

二阶导数有一个重要的用途，它可用来判断极值点是极大值点还是极小值点。

四、一阶条件与二阶条件

如果边际函数值为正，总函数递增；如果边际函数值为负，总函数递减；如果边际函数值为 0，那么总函数为极大值或者极小值。

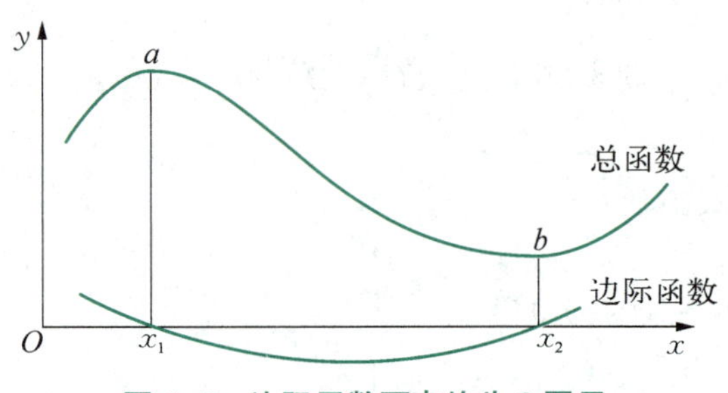

图 1-7　边际函数两点均为 0 图示

图 1-7 是一个总函数及其相应的边际函数。在 a 点，$x = x_1$，总函数为极大值，边际函数值为 0。在 b 点，$x = x_2$，总函数为极小值，边际函数也为 0。边际曲线在 x_1 和 x_2 两点均为 0，但两点的斜率是不同的。$x = x_1$ 时，边际曲线斜率为负；$x = x_2$ 时，边际曲线斜率为正。

也就是说，在极值点，若二阶导数为负（即边际函数递减），则为极大值；若二阶导数为正（即边际函数递增），则为极小值。

在寻找任何函数的极限值时，一阶导数等于 0 叫做一阶条件，这是极值的必要条件，但还不足以确定该极值是极大值还是极小值。这可以用二阶导数在该点的正负来确定，这叫做二阶条件，如表 1-2 所示。

表 1-2　一阶条件与二阶条件

	最　大	最　小
一阶条件	$\frac{dy}{dx}=0$	$\frac{dy}{dx}=0$
二阶条件	$\frac{d^2y}{dx^2}<0$	$\frac{d^2y}{dx^2}>0$

一些函数可能有两个以上一阶导数为 0 的点，都要用二阶条件来检验。如图 1-8 所示，a、b、c 和 d 点的斜率均为 0。a 和 c 是极大值点，b 和 d 是极小值点。c 点的 y 值大于 a 点，因而 c 点是整个函数的最大值点。如果要找最值，必须求出定义域内所有极值。

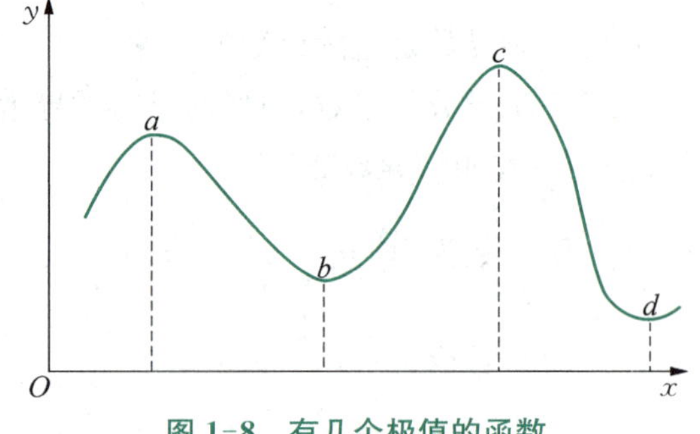

图 1-8　有几个极值的函数

五、偏导数

许多经济现象要用多变量函数来描述（即方程中有两个或两个以上的自变量）。对于一般的多变量函数 $y=f(x, z)$，y 对 x 的一阶偏导数，用 $\frac{\partial y}{\partial x}$ 或 f_x 来表示，说明在 z 保持不变的条件下，y 与 x 之间的斜率关系。即假定 z 的值保持不变，求 y 对 x 一阶导数，这个导数就是 x 的一阶偏导数。同样，y 对 z 的一阶偏导数$\left(\text{用}\frac{\partial y}{\partial z}\text{或} f_z \text{来表示}\right)$是假定 x 保持不变，通过求 y 对 z 的一阶导数来取得的。

假定函数为 $y = x^2 + 3xz + z^2$，为了求偏导数 $\frac{\partial y}{\partial x}$，假定 z 不变，然后求导得

$$f_x = 2x^{2-1} + 3z + 0 = 2x + 3z$$

偏导数的意思是 x 的很小变化，会导致 y 按 $2x + 3z$ 的变化率变化，这里假定 z 是个常数。假设 $z = 2$，则 y 对于 x 的斜率为 $2x + 6$；假设 $z = 5$，则 y 对于 x 的斜率为 $2x + 15$。同理，y 对 z 的偏导数为

$$f_z = 0 + 3x + 2z^{2-1} = 3x + 2z$$

这意味着 z 的很小变化，会导致 y 按 $3x + 2z$ 的变化率变化，这里假定 x 是个常数。

六、最优和多变量函数

求一个多变量函数的极大值或极小值可分为三个步骤：第一，找出函数对每一自变量的偏导数；第二，令所有的偏导数等于 0；第三，求解方程组，得到每个自变量的值。

假设函数 $y = 4 - x^2 - 2z + xz + 2z^2$

其偏导数为

$$\frac{\partial y}{\partial x} = -2x + z$$

$$\frac{\partial y}{\partial z} = -2 + x + 4z$$

令这些偏导数等于 0。

$$-2x + z = 0$$

$$-2 + x + 4z = 0$$

解出 x 和 z 的值。

$$x = 2/9$$

$$z = 4/9$$

此时，函数达到极值。对多变量函数来说，检验这个极值是极大值还是极小值的方法比较复杂。

七、一些关键点

- 对求得的导数再求导，就可以求得高阶导数。

• 函数 $y=f(x)$ 的极值点可以通过“令函数的一阶导数等于 0 并解出 x 的值”求得。

• 当函数的一阶导数为 0 时，若二阶导数为负，函数为极大值；若二阶导数为正，函数为极小值。

• 对于有两个及以上自变量的函数来说，偏导数 $\frac{\partial y}{\partial x}$ 代表，假定其他自变量不变，y 对于 x 的斜率。

• 多变量函数的极值点，要求每个偏导数都等于 0。解这个方程组，可以得到各自变量的值。

第二章

需求、供给与决策

本章导读

1. 弹性E的研判准则。根据需求或供给弹性进行决策是一种灵活、简单且较为有效的研判方法。以需求价格弹性为例(包括点弹性与弧弹性),根据弹性系数的大小可以判断价格的变化幅度对销售量变化幅度的影响,从而判断价格提高或降低对总收益的影响。需求收入弹性 E_m、交叉价格弹性 E_{XY} 也是重要的研判指标,被广泛应用于很多不同经济领域的实践分析。

2. 现实中存在影响需求或供给的因素有很多,广义需求或供给函数纳入了除价格外的影响因素(如影响需求的收入I、相关产品或服务价格 P_k、广告A等,影响供给的原材料价格 P_i、相关产品价格 P_r、厂商数量 N_c 等)。这些因素称为需求或供给的决定因素。不同的影响因素与需求或供给的正负相关性不同。斜率参数的正负号决定了影响因素对需求或供给的影响幅度与方向。广义函数在研究某一项影响因素时假定其他影响因素为定值。

3. 通过建立需求与供给函数的等式,可以求出市场均衡点。

4. 现实市场中的广义需求函数和广义供给函数往往是未知的,研究中需要在一个根据市场调研、历史数据进行回归分析,建立相应函数,做出预测。

第一节　需求弹性

一、需求价格弹性

（一）内涵

需求(Demand)是在一定时期内及既定的价格水平下，消费者愿意并且能够购买的商品数量。

需求弹性一般指需求价格弹性，是指在一定时期内，需求量变化相对于价格变化的反应程度。弹性值等于需求量变化的百分比除以价格变化的百分比。弹性概念是决策者保持对市场变化敏感度的一个重要指标，因其简洁、敏锐、高效的特点，在决策分析中被普遍应用。

需求价格弹性不仅能反映产品需求量对于市场价格变化的反应程度，也可以反映产品需求量对替代品、互补品，以及差异化产品的价格变化反应程度。

（二）影响需求价格弹性的因素

1. 商品是否有替代品

一种商品若有许多替代品，那么需求价格弹性就大。因为一旦这种商品价格上涨，甚至是微小的上涨，消费者往往会舍弃这种商品，而去选购它的替代品，从而引起需求量的变化。

2. 商品的性质属于奢侈品还是必需品

某种商品如果是生活必需品，即使价格上涨，人们还得照样买，其需求弹性就小，即缺乏弹性；而非必需的奢侈品，像贵重首饰、高档服装等，只有当消费者购买力提高之后才买得起，其需求弹性就大。

3. 商品的用途

一般来说，一种商品的用途越多，它的需求弹性就越大，反之就越小。人们对任何商品的用途都有重要性的排序。如果某种商品价格上升，消费者会把购买力用于重要的用途上，减少购买不重要的商品。随着不重要商品价格降低，其购买数量会增加。

4. 考察时间的长短

考察时间越短，商品的需求弹性就越小；时间越长，需求弹性就越大。这是因为在长时间内，消费者更可能找到替代品，替代品多了，商品的需求弹性就必然增加。

（三）需求价格弹性的计算

需求价格弹性用弹性系数 E_d 表示，公式为

$$E_d = -\frac{\Delta Q/Q}{\Delta P/P} = \frac{\Delta Q}{\Delta P} \cdot \frac{P}{Q} \tag{2-1}$$

式中,Q 为商品需求量;P 为商品价格;ΔP 为价格的边际变化;ΔQ 为价格变化引起商品需求量变化。

弹性有点弹性与弧弹性两种,计算方法不同。

1. 点弹性

(1) 点弹性公式

点弹性表示需求曲线上两点之间的变化量趋于无穷小时需求的价格弹性,即需求曲线上某一点上的需求量变动对于价格变动的反应程度。点弹性系数与需求曲线上的点(P,Q)的斜率 dQ/dP 有关,故被称为点弹性。点弹性可以精确地表示需求曲线上任一点的弹性值,公式为

$$E_d = \lim_{\Delta P \to 0} -\frac{\Delta Q}{\Delta P} \cdot \frac{P}{Q} \tag{2-2}$$

$$E_d = -\frac{dQ}{dP} \cdot \frac{P}{Q} \tag{2-3}$$

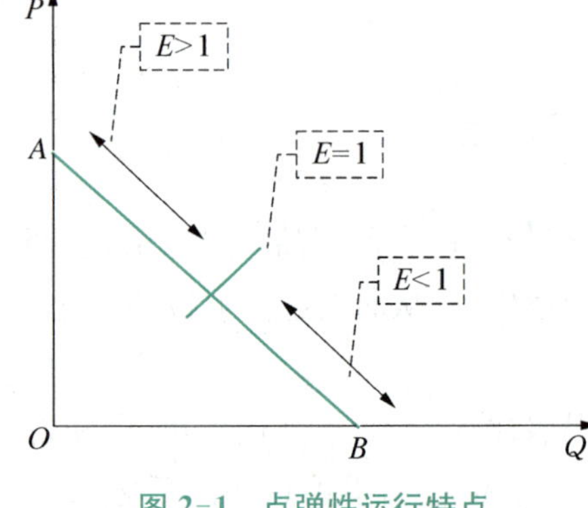

图 2-1 点弹性运行特点

(2) 特征

如图 2-1 所示,纵轴为商品价格 P,横轴为商品需求量 Q。线段 AB 为商品需求量随着价格变化而变化的轨迹。线段上的各点的弹性 E 是不同的。

线段 AB 可理解为需求函数曲线。我们可以通过需求函数证明图 2-1 线段 AB 上各点弹性的特征。

假定需求函数为 $Q = a - bP$,$a > 0$,$b > 0$。则该需求函数在每一价格上斜率相同,为 $dQ/dP = -b$。

点弹性系数 $E_d = (dQ/dP) \cdot (P/Q) = -b \cdot P/Q$

取绝对值,E_d 始终为正值。

因此,对照图 2-1,可以发现随着价格 P 的变化,需求价格弹性 E_d 的变化特征表现为:

① P 越大,弹性越大;P 越小,弹性越小;

② 当 P 的变化引起 Q 的变化比率相等时,该点的弹性 $E_d = 1$。

图 2-1 的需求函数 AB 上各点的点弹性 E 都是不同的,它随着 P 的变化而变化。这个特征对企业的市场价格策略具有重要意义,它提示我们:价格越高时,点弹性系数 E_d 越大,因而降价策略对提升销量的效果较为明显,反之提价策略会引起销量大幅下降;价格越低时,点弹性系数 E_d 越小,因而降价策略对提升销售收益的效果越差,反之提价策略引起销量下降的幅度越小。本节后面会对弹性特征做详细分析。

2. 弧弹性

(1) 弧弹性公式

弧弹性反映在一个区间内,由于自变量(如价格 P)的相对变化会引起因变量(如需求量

Q)发生相对变化的反应程度。弧弹性系数 E_d 的计算公式如下。

$$E_d = -\frac{\Delta Q}{\Delta P} \cdot \frac{P_2 + P_1}{Q_2 + Q_1} \tag{2-4}$$

假定某种商品需求曲线上的两个点分别为 A 和 B,其价格与需求量的组合分别为(P_1, Q_1)和(P_2, Q_2),可求得 ΔP 和 ΔQ,但是在考虑价格和需求量变动的百分比时,是选取(P_1, Q_1)还是(P_2, Q_2)进行计算,其结果并不一样。如果套用弹性系数一般公式(公式 2-1),是不能准确计算出弧弹性的。

(2) 弧弹性的中点公式

在用弹性系数一般公式计算时需要注意,如果分别在两点进行计算,得到的点弹性系数 E 会不同。

假设某商品原价为 10 元,需求量为 40 件;后该商品价格降为 9 元,需求量增至 48 件,可以得到点 A(10, 40)和 B(9, 48)。以 A 点数据计算该商品的弹性系数

$$E_d = \frac{48-40}{9-10} \cdot \frac{10}{40} = -2$$

但以 B 点弹性计算该商品的弹性系数

$$E_d = \frac{48-40}{9-10} \cdot \frac{9}{48} = -1.5$$

这显然是不合理的。

因此,弧弹性的计算要用中点公式解决。

经济学家采用了一个变通但有效的方法来计算弧弹性,即取 AB 两点的中点作为代表,这样计算的基准数值就不会变了。

需求价格的弧弹性中点公式为

$$E_d = \frac{\dfrac{Q_2 - Q_1}{\left(\dfrac{Q_2 + Q_1}{2}\right)}}{\dfrac{P_2 - P_1}{\left(\dfrac{P_2 + P_1}{2}\right)}} = -\frac{\Delta Q}{\Delta P} \cdot \frac{\left(\dfrac{P_2 + P_1}{2}\right)}{\left(\dfrac{Q_2 + Q_1}{2}\right)} = -\frac{\Delta Q}{\Delta P} \cdot \frac{P_2 + P_1}{Q_2 + Q_1} \tag{2-5}$$

需要注意,供给价格的弧弹性中点公式正负号正好相反。

$$E_s = \frac{\Delta Q}{\Delta P} \cdot \frac{P_2 + P_1}{Q_2 + Q_1}$$

弧弹性实际上是一种平均弹性,强调弧上的变化,所以 Q 和 P 用的都是变化前后的均值。

(四) 需求价格弹性的特征

需求价格弹性系数取绝对值后,有以下几种情况。它们具有不同特征,代表不同的意义。

① $E_d > 1$: 需求富有弹性。商品的需求量对价格变动相当敏感,价格较小的变化就会

引起需求量反方向的较大变化。

② $0<E_d<1$：需求缺乏弹性。商品需求量对价格变动不太灵敏，价格较大的变化也只会引起需求量反方向的较小变化。

③ $E_d=1$：需求单位弹性、单元弹性或单一弹性。商品需求量变动的幅度恰好等于价格变动的幅度，调价策略没有效果，价格与需求量的积(即企业销售收入)为常量。

④ $E_d=0$：需求完全缺乏弹性或无弹性。不论价格如何变化，商品的需求量不会发生任何变化。

⑤ $E_d=\infty$：需求完全富有弹性。价格极其微小的变动会使商品的需求量发生无限大的变动。

案例与分析

1. 假设手机充电器的USB插头的市场需求函数为$Q=7\ 000\ 000-1\ 500\ 000P$，其中$Q$为需求量，$P$为价格。分别计算价格为2元和3元时，手机充电器USB插头的需求价格弹性。若价格由2元提高至3元，此时其需求价格弹性是多少？

解：根据需求函数，

$$P=2\text{ 时},Q_1=7\ 000\ 000-3\ 000\ 000=4\ 000\ 000$$
$$P=3\text{ 时},Q_2=7\ 000\ 000-4\ 500\ 000=2\ 500\ 000$$

根据点弹性系数计算公式，

$$P=2\text{ 时},E_d=-\frac{dQ}{dP}\cdot\frac{P}{Q}$$
$$=-1\ 500\ 000\cdot(2/4\ 000\ 000)=-0.75$$
$$P=3\text{ 时},E_d=-\frac{dQ}{dP}\cdot\frac{P}{Q}$$
$$=-1\ 500\ 000\cdot(3/3\ 000\ 000)=-1.5$$

价格为2元和3元时，手机充电器USB插头的需求价格弹性分别为0.75和1.5。

根据弧弹性计算公式，

$$E_d=-(dQ/dP)\cdot[(P_2+P_1)/(Q_2+Q_1)]$$
$$=-1\ 500\ 000\cdot(5/6\ 500\ 000)=-1.154$$

价格由2元提高至3元时，需求价格弹性是1.154。

2. 假设某品牌北京传统布鞋市场需求表如下，计算原价19元、现价18元的需求价格弧弹性，以及原价12元、现价11元的需求价格弧弹性。

P(元)	Q(万双)
20	22
19	24
18	26

续 表

P(元)	Q(万双)
17	28
16	30
12	38
11	40

解：假设需求函数是线性的，其斜率保持不变。根据弧弹性公式：

$$E_d=\frac{\frac{Q_2-Q_1}{\frac{Q_2+Q_1}{2}}}{\frac{P_2-P_1}{\frac{P_2+P_1}{2}}}=-\frac{\Delta Q}{\Delta P}\cdot\frac{P_2+P_1}{Q_2+Q_1}$$

$(P_2+P_1)/(Q_2+Q_1)$ 的值是变化的，它取决于要计算的弹性点在需求曲线上的位置，所以在整个需求曲线上，弹性值总是变化的。

原价 19 元，现价 18 元，需求价格弧弹性为

$$E_d=\frac{\frac{(26-24)}{\frac{(26+24)_1}{2}}}{\frac{(18-19)}{\frac{(18+18)}{2}}}=1.48$$

原价 12 元，现价 11 元，需求价格弧弹性为

$$E_d=\frac{\frac{(40-38)}{\frac{(40+38)_1}{2}}}{\frac{(11-12)}{\frac{(11+12)}{2}}}\approx 0.59$$

3. 假设某公司在它的主要竞争对手降价前，家用电热水壶的每月销量是 30 000 只，每双 100 元。现在竞争对手降价了，该公司每月销量下降到 20 000 只。该公司依照过去的经验，估计需求价格弹性约为－2.0。如果该公司希望将销量恢复到每月 30 000 只，那么需要制定多少价格？

解：根据供给价格弧弹性公式，建立方程。

$$E_s=\frac{\frac{(10\ 000-8\ 000)}{\frac{(10\ 000+8\ 000)}{2}}}{\frac{(P_2-100)}{\frac{(P_2+100)}{2}}}=-2.0$$

$$11P_2=900$$

$$P_2\approx 81.82(\text{元})$$

当价格下降到81.82元时，该企业的销售量会恢复到10 000双。

（五）需求价格弹性与企业价格策略

1. 需求价格弹性与企业总收益

总收益指企业出售一定量商品所得到的全部收入，是销售量与价格的乘积。总收益 $TR=Q\cdot P$。Q 为销售量，P 为价格。

需求价格弹性通过影响企业的销售来影响总收益，起杠杆作用。

如果需求价格弹性小于1，即缺乏弹性，说明商品受价格影响波动较小，或者市场中替代品较少，使得该商品具有较高的需求刚性。该商品价格下降时，需求量增加的比率大于价格下降的比率，总收益会增加；价格上升时，需求量减少的比率大于价格上升的比率，总收益会减少。

如果需求价格弹性大于1，即富有弹性，说明商品受价格影响波动较大，或者市场中替代品较多，或者该商品不太重要。该商品价格下降时，需求量增加的比率小于价格下降的比率，总收益会减少；价格上升时，需求量减少的比率小于价格上升的比率，总收益会增加。

如果需求价格弹性等于1，那么价格变动不会引起销售收入变动。

以上是企业实行"薄利多销"策略的主要理论依据。实行"薄利多销"策略的一般是富有弹性的商品。

2. 总收益最大化的条件

企业总收益的最大化与需求价格弹性有关。

MR 是边际收益，指企业多销售一单位产品所引起的总收益 TR 的变化。MR 是 TR 对销售量 Q 的一阶导数，即 $MR=\mathrm{d}TR/\mathrm{d}Q$。

TR 达到极大值时，$MR=0$。

因为 $TR=P\cdot Q$，所以

$$MR=\frac{\mathrm{d}TR}{\mathrm{d}Q}=\frac{\mathrm{d}(P\cdot Q)}{\mathrm{d}Q}=\frac{\mathrm{d}P}{\mathrm{d}Q}Q+\frac{\mathrm{d}Q}{\mathrm{d}Q}P$$

$$=P\left(1+\frac{Q}{P}\frac{\mathrm{d}P}{\mathrm{d}Q}\right)$$

因为 $E_d=\frac{-1}{\frac{Q}{P}\cdot\frac{\mathrm{d}P}{\mathrm{d}Q}}$，则 $\frac{1}{E_d}=\frac{-Q}{P}\cdot\frac{\mathrm{d}P}{\mathrm{d}Q}$，

$$MR=P\left(1-\frac{1}{E_d}\right) \tag{2-6}$$

因此，当 $E_d=1$ 时，$MR=0$，TR 为极大值。

推导的结论显示：

① 由于商品的需求价格弹性不同，总收益在需求价格弹性机理作用下，在厂商收益达到极限时会形成临界点(值)，即当 $E_d=1$ 时，$MR=0$，TR 为极大值；

② 以收益最大化的临界点为界，通过观察弹性与价格、边际收益以及总收益之间的关系，对价格及销售策略的判断具有指导意义。

案例与分析

假如某证券公司采取 VIP 会员制，以 5 000 元会费提供全年服务，现有 20 000 名会员。由于证券公司更新了设备，导致每人亏损 550 元，因此它将会费从 5 000 元提升到 5 550 元。

假设会员对该服务价格变化反应程度是 1.5。那么，会费价格上调 VIP 会员数是增加还是减少？增加或者减少多少？会费涨价后，证券公司 VIP 业务的收益是增加还是减少？增加或减少多少？

解：

$$E_d=-\frac{\Delta Q}{\Delta P}\cdot\frac{P}{Q}$$

$$1.5=-(\Delta Q/550)\cdot(5\,000/20\,000)$$

$$1.5=-0.25(\Delta Q/550)$$

$$\Delta Q=-3\,300$$

价格变动 550 元，会员人数会减少 3 300 人，即会费涨价 11%将导致会员减少 16.5%。

提价后的总收益为 $5\,550\times(20\,000-3\,300)=92\,685\,000$(元)

提价后总收益低于原总收益 100 000 000 元，提价造成了严重亏损。亏损额为 $100\,000\,000-92\,685\,000=7\,315\,000$(元)

需求价格弹性为 1.5 时，企业会费涨价不仅导致会员流失，还会致使亏损。

二、其他需求弹性

(一) 需求收入弹性

1. 内涵与公式

需求收入弹性，通常简称为收入弹性，表示在一定时期内，消费者偏好、该种商品价格与相关商品价格不变的前提下，消费者对某种商品需求量的变动相对于消费者收入变动的反

应程度。

需求收入弹性公式为

$$E_m=\frac{\frac{\Delta Q}{Q}}{\frac{\Delta I}{I}}=\frac{\Delta Q}{\Delta I}\cdot\frac{I}{Q} \tag{2-7}$$

式中，E_m 为需求收入弹性系数，Q 为需求量，ΔQ 为需求的变动量，I 为收入，ΔI 为收入的变动量。

需求收入弹性也分为点弹性与弧弹性两种。

2. 需求收入弹性系数

需求收入弹性系数可以是正的，也可以是负的。根据商品的需求收入弹性系数，可以判断商品是属于低档品、必需品还是奢侈品，以及需求收入弹性对商品需求量变化的影响。

$E_m<0$，消费者收入增加反而会导致对该商品需求量减少。这类商品属于低档品或劣质品。

$E_m=0$，这是一种特例，说明商品需求量不因消费者收入变化而变化，彼此不相关。

$E_m>0$，该商品需求量随着消费者收入增加而增加。这类商品属于正常商品，又分为以下两种情况。必需品：$0<E_m<1$，收入变化引起的商品需求量变化的比率小于收入变化的比率。奢侈品：$E_m>1$，收入变化引起的商品需求量变化的比率大于收入变化的比率，即消费者收入增加时，对这类商品的需求量将会有更大幅度的增加。

在现实世界中，食物或服装这类必需品的需求是缺乏收入弹性的，而旅游等奢侈品的需求是富有收入弹性的。什么是必需品？什么是奢侈品？这取决于每个人的收入水平。对于低收入的人来说，食物和服装也是奢侈品。因此，收入水平对需求收入弹性有重大影响。在低收入国家中，食物的需求收入弹性较高；在高收入国家中，食物的需求收入弹性较低。

这三类情形与人的行为特征与消费偏好息息相关。比如收入的极大提高会使消费者放弃低档品的消费，而转向高档品甚至奢侈品的消费；而收入水平较低且变化不大时，消费者则会保持低档品的消费。大多数情况下，需求收入弹性处于 0～1 的正常范围内。

案例与分析

经过统计发现，水路运输量与铁路运输量的变化对社会收入变化有较为灵敏的反应。因而可以根据社会人均收入水平的变化，判断其对铁路与水路运输需求量的影响，来测量两种运输方式的运量变化情况。我国制定十年运输业发展总体规划，想知道随着社会人均收入的增长，10 年后水路与铁路各自的市场需求增长规模与速度，以此制定规划，确定未来投资建设规模。根据研究资料已知，水路运输量的收入弹性为 0.9～1.1，铁路运输量的收入弹性为 1.1～1.6，预计 10 年后社会人均实际收入每年会增加 4%～5%。10 年后水路与铁路运输需求量的增加幅度会是多少？

解：

首先估计 10 年后居民人均收入增加多少。

如果每年人均收入增加 4%，则 10 年后增加到

$$(1.04)^{10}=148.02\%$$

即 10 年后每人的实际收入增加 48.02%。

如果每年人均收入增加 5%，则 10 年后可增加到

$$(1.05)^{10}=162.88\%$$

即 10 年后每人实际收入将增加 62.88%。

根据收入弹性计算公式 $E_m=\dfrac{\frac{\Delta Q}{Q}}{\frac{\Delta I}{I}}$

需求量变动(%)=收入弹性×收入变动率(%)

$$即\frac{\Delta Q}{Q}=E_m\cdot\frac{\Delta I}{I}$$

然后将人均收入增加比率代入该式，即可算出需求量变动比率。

(1) 水路运输

已知收入弹性 E_m 为 0.9～1.1，10 年后收入变化比率为 48.02%～62.88%，将其分别代入公式

$$\frac{\Delta Q}{Q}=E_m\cdot\frac{\Delta I}{I}$$

可得 10 年后水路运输需求变化的 4 个结果，如下所示。

收入弹性 ↓ \ 收入增加幅度 →	48.02%	62.88%
0.9	**+43.22%**	+56.59%
1.1	+52.82%	**+69.17%**

可以看出，10 年后水路运输需求总量增加幅度为 43.22%～69.17%。

(2) 铁路运输

已知收入弹性 E_m 为 1.1～1.6，10 年后收入变化比率为 48.02%～62.88%，将其分别代入公式

$$\frac{\Delta Q}{Q}=E_m\cdot\frac{\Delta I}{I}$$

可得 10 年后铁路运输需求变化的 4 个结果，如下所示。

收入弹性 ↓ \ 收入增加幅度 →	48.02%	62.88%
1.1	**+52.82%**	+69.17%
1.6	+76.83%	**+100.61%**

可以看出，10 年后铁路运输需求总量增加幅度为 52.82%～100.61%。

3. 需求收入弹性的应用

(1) 企业

需求收入弹性在企业决策中发挥着重要的指示作用。在投资与市场开拓中,企业投资的行业、产品性质及类别等因素与需求收入弹性、需求交叉弹性之间关系密切。如果决策中能够对其充分考量、善加利用,会收到良好效果。在分析中需要把握如下要点。

第一,奢侈品成长周期。奢侈品的需求收入弹性系数 $E_m > 1$,说明奢侈品在繁荣时期需求增长快于收入增长,但在衰退时期,其需求也会比收入更快地下降。这为企业的市场进入或退出战略提供依据。

第二,必需品的功能。必需品的收入弹性系数 $0 < E_m < 1$,说明必需品需求量因收入变化而发生的变化小于整个经济的变化,它在繁荣时期未必使企业得益很多,但在衰退时期需求的下降也相对有限。所以必需品通常具有抗衰退功能,在经济衰退阶段,推出一系列关系民生的必需品振兴计划,对于抵御经济衰退、重振经济是必要的举措。

第三,需求渠道分类。收入弹性还可以指导企业就营销渠道做出合理安排。比如,企业可以根据需求收入弹性系数的大小判断商品属于奢侈品还是必需品,并据此划分出商品适合的消费者,从而有目的地开展营销活动。在数字化经济的今天,以大数据处理分析目标群体与分类推送商品的方式已被广泛应用。

第四,企业区域拓展战略。企业在开拓不同地区的市场时,所选定目标区域的人均收入或户均收入往往是影响某种产品需求的一个重要因素,利用需求收入弹性能够帮助企业制定市场进入战略、营销策略,进行广告宣传与各类市场营销活动。

(2) 政府

需求收入弹性的研究对于企业及政府制订方针、政策有重要意义。生产高需求收入弹性产品的企业,在经济上升期往往会有良好的发展机会;而生产低需求收入弹性的必需品的企业,在经济衰退或低估期也具有稳定国民经济的功能,从而获得发展的机会。正确理解需求收入弹性的特点对政府调节国民经济与产业发展、制定战略规划起到重要作用。

第一,优先发展需求收入弹性大的产业。在货币财政政策下,社会收入增长往往伴随货币投放及各类投资增长。在政府确定国内各生产部门的发展速度时,需要优先发展生产需求收入弹性大的产品的产业,这可以很好地协同社会普遍收入水平的增长,有效促进价值循环,推动经济增长。否则可能导致产业价值链循环失衡,或导致国内供求失衡乃至产业结构失衡。

第二,收入弹性较低的必需品产业是经济的稳定器。生产需求收入弹性低的产品的企业,对国民收入水平变化的反应没那么灵敏。但是,弹性高低不是评价企业或产业是否具有综合优势的前提条件,不同类型的企业或产业发挥不同作用,需要政策制定者根据不同的社会经济环境采取相应措施,善加利用。

生活必需品的市场需求比较稳定。无论经济高涨还是衰退,人们必须穿衣吃饭,因而必需品的生产者基本上不担心萧条时受到冲击。虽然它们由于不能充分享受经济快速增长的红利,但它们是经济稳定的基础,具有稳定器的作用。政府需要大力支持,保障它们的稳健发展。

政府根据经济周期不同阶段的特点,需要统筹兼顾,根据经济运行机理相机的供给各类配套的政策，充分协调收入增长对经济稳定与促进国民经济增长之间相互支撑与彼此促进的作用。

第三，关注收入与住房问题。自第二次世界大战结束以来，很多国家将改善居民的住房条件作为国家的主要目标之一。

如果住房的需求收入弹性大，那么改善住房条件自然成为繁荣经济的一个辅助方式；如果住房的需求收入弹性小，增加的收入中只有很小一部分花在住房上，那么即使经济繁荣、收入增长，住房条件也不会有多大改善。

现实中存在另一种极端的情况是，住房的需求收入弹性极大，不仅占去了一个工薪家庭的现期可支配收入，还占据了其未来的全部收入用于偿债。这时，即使现期社会收入增长了，短期内居民也还是买不起房。这就导致居民为了住房支出，不断压缩包括必需品在内的其他支出，致使国民经济大环境中的产业投资与价值循环受到影响。各类资本投机房地产业，阻碍了国民经济发展、产业结构调整。在这种情况下，政府要采取合适的措施，如提供廉租房和公租房、实行房租与利息补贴等，在满足居民客观居住需求的同时，促进投资与产业相互协调及稳健发展。

（二）需求交叉价格弹性

1. 内涵与公式

需求交叉价格弹性，简称需求交叉弹性，衡量一种商品需求量对其他商品价格变化的反应程度。当两种商品之间存在着替代或互补关系时，一种商品的价格变动会对另一种商品需求量产生交叉影响。需求交叉弹性可以是正，也可以是负值，它取决于商品之间的关系，即两种商品是替代、不相关还是互补关系。

假设有两种商品 X、Y，需求交叉弹性系数 E_{XY} 的公式为

$$E_{XY}=\frac{\dfrac{\Delta Q_X}{Q_X}}{\dfrac{\Delta P_Y}{P_Y}}=\frac{\Delta Q_X}{\Delta P_Y}\cdot\frac{P_Y}{Q_X} \tag{2-8}$$

式中，Q_X 代表 X 的需求量，ΔQ_X 代表其需求的变动量，P_Y 代表 Y 商品的价格，ΔP_Y 代表 Y 商品价格的变动量。

需求交叉弹性也分为点弹性与弧弹性。

2. 需求交叉弹性系数取值的内涵

（1）替代品

当 $E_{XY}>0$，商品 X、Y 互为替代品。E_{XY} 越大，商品的替代性越强；E_{XY} 越小，商品的替代性越弱。若 X 的价格上涨，Y 的价格不变，消费者会以相对便宜的 Y 替代相对昂贵的 X，从而使 Y 的需求量增加。

对于替代商品来说，一种商品需求量与另一种商品价格呈同向变动，所以其需求交叉弹性系数为正值。如橘子和苹果、茶叶和咖啡等，由于这些商品的功能可以互相代替，因而在

橘子价格提高后，替代品苹果的需求会增加。

(2) 互补品

当 $E_{XY}<0$，商品 X、Y 互为互补品。$|E_{XY}|$ 越大，商品的互补性越强；$|E_{XY}|$ 越小，商品的互补性越差。若 X 的价格上涨，Y 的需求量便会随着 X 的需求量的减少而减少。

互补品是必须在一起配套使用的商品，如手机与手机的芯片、感光相机与胶卷、电筒与电池。对于互补商品来说，一种商品需求量与另一种商品价格呈反向变动，所以其需求交叉弹性系数为负值。如果手机芯片价格降低，配套手机的价格会随之降低，导致手机销量增加。一般情况下，功能互补性越强的商品，交叉弹性系数的绝对值越大。

(3) 不相关商品

当 $E_{XY}=0$，商品 X、Y 相互独立、互不相关，既不是替代品，也不是互补品。商品 X 的价格变动不会对 Y 的需求量造成任何影响，商品 X 的需求量也不受商品 Y 的价格变动的影响。

3. 需求交叉弹性的应用

需求交叉弹性测定各部门之间的商品交叉关系，可以为企业、产业部门制定产品策略、产业群及产业协同发展战略等提供依据。

(1) 企业产品组合的规划

需求交叉弹性对指导企业规划产品战略与价格策略具有重要意义。特别是某些大型企业，拥有多条生产线，同时生产具有替代性或互补性的产品，根据需求交叉弹性的特征规划不同产品的生产组合，可以规避风险安排、建立收益最优组合，实现价值最大化。

(2) 规划区域产业群的群体协同

可以把生产 $|E_{XY}|$ 较大的若干种商品的企业集中在一起，组成彼此支撑的产品组合区域、工业群，或形成一种交叉作用的商业链来，产生协同经济效益。对于促进产业集群或产业链的快速成长，这是一个快速、有效的办法。

4. 关键点

企业的自有产品与其他企业的产品之间交叉弹性系数的大小，对企业和产业的调节与规划具有重要意义。在具体问题中，将需求交叉弹性应用于企业或产业战略，仍需要注意以下关键点。

① 如果相关产品与本企业产品 E_{XY} 为负值，且绝对值较大，说明市场对互补品的配套需求很强，企业需要综合考虑互补产品的配套情况，应注意避免盲目扩大生产规模，否则可能存在瓶颈。同时，企业或产业部门也有必要考虑互补产品协同生产及互补产业的配套发展。

② 如果相关产品与本企业产品 E_{XY} 为正值，且绝对值较大，说明市场上替代品竞争激烈，企业应考虑多种有效的促销手段，或挖掘更多有效的市场渠道。

③ 如果企业同时生产几种关联产品，生产、销售会彼此协同。但是，一种产品的价格会影响另一种产品的需求量，如一种产品提高价格可能对该产品或许是有利的，但对本企业相关产品可能会造成负面影响，反而使企业的整体利益受到损害。在制定市场价格策略时，需要注意这个问题。

需求交叉弹性并不总是对称的，X 商品价格上涨引起的 Y 商品需求量的变化，不一定等于 Y 商品价格上涨引起的 X 商品需求量的变化。以替代品市场需求为例，假设当大豆价格上涨 1%，大米的需求量会增加 0.7%；而当大米价格上涨 1%时，大豆需求量却可能只增加 0.5%。

三、特殊情形的需求弹性

(一) 商品属性与弹性的关系

在未来交通规划决策中，收入变化、收入弹性、替代弹性都会是影响交通运输需求量变化的主要因素。

收入变化影响需求交叉弹性，同时与商品属性约束的运输需求有关，具体表现为：集中于可成箱货的运输，需求的收入交叉弹性较大。在运输方式选择上，随着收入增长，人们更倾向于选择收费相对较贵，但更安全可靠及时的运输方式，收入交叉弹性发生了较大变化。人们对于低档商品与高档商品，倾向的运输方式不同，这就会导致运输的需求量和服务方式的变化都较大。尽管铁路运费较之水路稍高，但总体差异不大，具有一定的替代性。从货类性质上看，干散货一般选择水路运输，而集装箱货物既可以选择水路运输，也可以选择铁路运输，所以集装箱货物的水路与铁路运输有较大的替代性。在物流运输需求快速增长阶段，运输需求的收入交叉弹性会体现出较高的敏感度。

有些商品基于自身特性要求特定运输方式，如需要冷链运输的生鲜品等，其对运输方式选择少、替代性差，因而这类商品的运输需求无论是对收入还是价格的敏感度都不高。在这种情况下，调节价格或收入等对运输需求的影响有限。

(二) 需求目的、性质与弹性的关系

消费者需求的目的不同，也会影响到需求弹性。客运需求的分类属于类似情况。旅游客运需求对价格与收入变化的反应较为灵敏，需求收入交叉弹性较大；公务客运需求对收入及价格变化的反应较为迟钝，需求收入交叉弹性较小。

需求也存在性质差异，如公用与私用的性质差别会影响消费者的行为。不同商品或服务有不同属性和特征，需要针对具体问题加以分析。

第二节　需求与供给函数

一、需求函数[①]

(一) 需求函数的简单形式

需求函数表示某一特定商品或服务的需求量与影响该需求量的各因素之间的函数关

① 参考托马斯，莫瑞斯. 管理经济学(原书第 8 版)[M]. 陈章武，葛凤玲，译. 北京：机械工业出版社，2005：25-27.

系。根据需求曲线在坐标中的形状，以 Q_d 表示需求量，以 P_d 表示商品价格。一般表达式为

$$Q_d = f(P_d) \tag{2-9}$$

通常一种商品的市场需求量 Q_d 与该商品的价格 P 负相关，降价使需求量增加，涨价使需求量减少。因此需求量 Q_d 可以看成是价格 P 的单调递减函数。它实际上是需求法则的函数表现形式。

需求函数的简单表达式为

$$Q_d = a_0 - a_1 P_d (a_0 > 0,\ a_1 > 0) \tag{2-10}$$

（二）广义需求函数

广义需求函数中，影响需求量的因素不仅是商品价格 P，还有很多其他因素。根据具体情况，变量可多可少。较为常见的9项影响因素是：商品或服务的价格 P_d；消费者收入 I；相关产品或服务的价格 P_k；消费者偏好 F；产品预期价格 P_e；市场中消费者的数量 N；广告 A；时间 T；税收或补贴 T_s。

需求量与这9项影响因素之间的关系，就是广义需求函数。其函数表达式为

$$Q_d = f(P_d,\ I,\ P_k,\ F,\ P_e,\ N,\ A,\ T,\ T_s) \tag{2-11}$$

为了更加明白地表达，可以将这种最具普遍意义的数学表达形式做如下变换，表达为线性方程。

$$Q_d = a + bP_d + cI + dP_k + eF + fP_e + gN + hA + iT + jT_s \tag{2-12}$$

式中，$a,\ b,\ c,\ d,\ e,\ f,\ g,\ h,\ i,\ j$ 为参数。

a 为截距参数，它决定其他各项变量取值为0时需求量 Q_d 的值。其他变量的参数称为斜率参数（量），代表对应的自变量作为唯一变量时对需求量产生的影响，即需求 Q_d 对于某一自变量的偏导数。

斜率参数 b 代表单位价格变化对总需求量的影响，$b = \dfrac{\Delta Q_d}{\Delta P}$。$Q_d$ 与 P_d 负相关，则需求的变化量和产品价格变化量的代数符号相反，所以 b 是负的。

斜率参数 c 代表单位收入变化对总需求量的影响，$c = \dfrac{\Delta Q_d}{\Delta I}$。对于普通的商品来说，收入上升时，需求量也会相应上升，因此 c 为正值；对低档商品来说，收入上升时，需求量反而下降，因此 c 为负值。

斜率参数 d 代表相关产品价格的变化对总需求量的影响，$d = \dfrac{\Delta Q_d}{\Delta P_k}$。如果相关产品是互补品，$d$ 为负值；如果相关产品是替代品，d 为正值。

$F,\ P_e,\ N$ 都与购买数量正相关，$e,\ f,\ g$ 都是正值。

(三) 需求函数分析

1. 单独因素影响

虽然广义需求函数描述了 9 项影响因素。但是很多情况下，并非所有因素都产生影响。为了方便分析，我们在探讨其中一种因素单独的效果时，必须假设 Q_d 的其他影响因素不变。这样可以得到不同影响因素与需求量 Q_d 之间的关系。对于其他变量，都取某一定值。

2. 设立定值

假如消费者预先知道宽带费下月涨价，他们不会马上就停用宽带，因为宽带在现代社会几乎是必需的。虽然收入因素是影响消费的主要因素之一，但是消费者的收入通常在一定时间内是不变的，因为收入不可能天天发生变化。由于这类客观情况的存在，分析中往往需要假定这些变量不发生作用，故设定其为“定值”。

3. 建立函数

现在可以将广义需求函数的九项变量缩减为三项。这三项是使用相对广泛的主要变量，需求函数为

$$Q_d = f(P_d) = f(P_d, I', P'_k) \tag{2-13}$$

该函数代表商品的需求量由价格 P_d 决定，I'、P'_k 符号右上的′表示无论商品价格怎么变化，该变量都取定值。

例 2-1：假设某商品的需求函数为

$$Q_d = f(P_d) = 1\,700 - 20P_d + 0.5I - 50P_k \tag{2-14}$$

已知消费者的收入 I' 是 18 000 元，相关产品的价格 P'_k 是 200 元。

将 I' 和 P'_k 的值代入，

$$\begin{aligned} Q_d &= 1\,700 - 20P_d + 0.5 \times 18\,000 - 50 \times 200 \\ &= 1\,700 - 20P + 9\,000 - 10\,000 \\ &= 700 - 20P_d \end{aligned} \tag{2-14-A}$$

可见该需求方程等于线性方程 $Q_d = 700 - 20P_d$。截距参数为 700，代表当价格为 0 时的需求量。斜率参数 $\Delta Q_d / \Delta P$ 为 -20，表示价格每上升 1 元会引起总需求量下降 20 个单位。尽管并非所有的需求函数都是线性的，不过线性需求函数是一种常用的特殊形式。

(四) 需求表、需求曲线

1. 需求表、需求曲线的描绘

需求曲线反映价格与需求量的关系，是指其他条件相同时，在每一价格水平上，消费者愿意而且能够购买的商品数量所形成的轨迹。符合需求法则的需求曲线只能是向右下倾

斜的。

对“案例与分析”中的公式(2-14)做出线性描述。由于除了价格 P_d 其他自变量都是定值,那么就可以描述出,在任意价位上,消费者愿意并且能够购买商品的数量。假设价格为 20 元, $Q_d=700-(20\times20)=300$;假设价格为 10 元, $Q_d=700-(20\times10)=500$。

在其他所有变量不变的条件下,取一系列的价格并计算需求量,可以得到需求表(见表 2-1)。

表 2-1 需求函数 $Q_d=700-20P_d$ 的需求表

价格 P_d(元)	35	30	25	20	15	10	5
需求量 Q_d	0	100	200	300	400	500	600

根据表 2-1 可以描绘出对应的需求曲线,如图 2-2 所示。

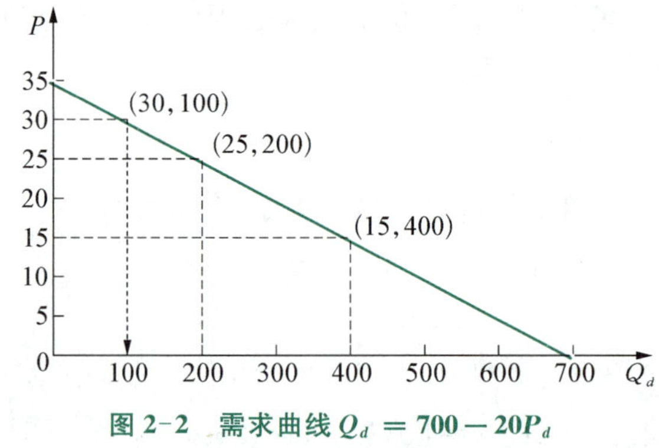

图 2-2 需求曲线 $Q_d=700-20P_d$

案例与分析

假设某洗衣机厂家生产新型的滚筒洗衣机,市场需求函数估计为

$$Q=-300P_d+100I+0.5A$$

Q 为顾客对该厂滚筒洗衣机的需求量;P 为滚筒洗衣机价格;I 为居民的平均收入;A 为广告费用。计划年度 I、A 的值分别预计为 6 000 元和 50 000 元。如果计划期该洗衣机厂拟销售洗衣机 2.5 万台,洗衣机该如何定价?

解:将 I、A 的值代入需求函数,

$$Q=-300P_d+100\times6\ 000+0.5\times50\ 000$$

再将 $Q=25\ 000$ 代入,可解得 $P_d=2\ 000$

每台滚筒洗衣机的价格 P_d 定为 2 000 元,可以实现年度 2.5 万台的销售目标。

2. 需求曲线的移动:需求水平变动

(1) 需求曲线移动的描述

如果不仅价格 P_d 变动,其他影响因素也发生了变化,也就是说其他因素不是定值。这

种价格以外影响因素的变动，将会导致需求曲线移动到一个新的位置。

仍以例 2-1 为例，列出表 2-2。

当商品的单价为 30 元，收入是 18 300 元时，消费者将会购买 250 件该商品；收入为 17 700 元时，消费者将会购买－50 件商品，由于需求不可能为负，代表消费者放弃此商品消费。

当商品单价为 20 元，收入是 18 300 元时，消费者将会购买 450 件该商品；收入为 17 700 元时，消费者将会购买 150 件该商品。

表 2-2　收入因素变化后的需求表

价格 P_d	需求量		
	$I=18\ 000$ $D_0: Q_d=700-20P_d$	$I=18\ 300$ $D_1: Q_d=850-20P_d$	$I=17\ 700$ $D_2: Q_d=550-20P_d$
35	0	150	−150
30	100	250	−50
25	200	350	50
20	300	450	150
15	400	550	250
10	500	650	350
5	600	750	450

描绘表 2-2 中三种收入条件下的需求函数，如图 2-3 所示。

D_0 是收入为 18 000 元时的需求曲线；收入为 18 300 元时，得到 D_1 需求曲线；收入为 17 700 元时，得到 D_2 需求曲线。

在任意的价格水平上，收入增加都会引起需求量的增加，需求曲线整体向右上方移动。在商品价格不变的情况下，D_1 上的任何一点的需求都大于 D_0 上的对应点。这种需求量整体水平的增加，称为需求水平上升。反之，则需求曲线向左下方移动，称为需求水平下降。

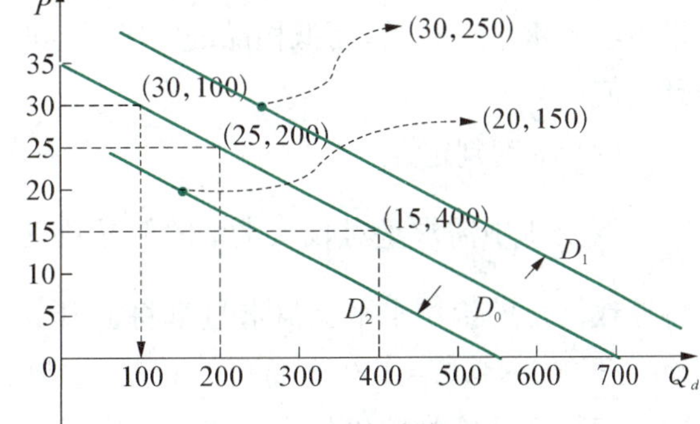

图 2-3　需求决定因素变化形成的需求曲线及其移动

(2) 需求函数的推导过程

回顾最初的需求函数(公式 2-14)。

图 2-2 显示，当 $I=18\ 000$ 元，$P_k=200$ 元，需求曲线为 D_0。当收入上升到 18 300 元，得到新的需求函数。

$$
\begin{aligned}
D_1: Q_d &= 1\,700 - 20P + 0.5 \times 18\,300 - 50 \times 200 \\
&= 1\,700 - 20P + 9\,150 - 10\,000 \\
&= 850 - 20P_d \qquad (2\text{-}14\text{-}B)
\end{aligned}
$$

从表 2-2 中可以观察到，收入上升 300 元后，产品在任意价格的需求量上升了 150。

相反地，当收入降至 17 700 元时，需求曲线从 D_0 移动至 D_2。

$$
\begin{aligned}
D_2: Q_d &= 1\,700 - 20P + 0.5 \times 17\,700 - 50 \times 200 \\
&= 1\,700 - 20P + 8\,850 - 10\,000 \\
&= 550 - 20P_d \qquad (2\text{-}14\text{-}C)
\end{aligned}
$$

产品在任意价格的需求量下降了 150。

3. 需求决定因素、曲线移动方向及幅度判断

需求价格 P_d 以外的 8 个常见变量（I，P_k，F，P_e，N，A，T，T_s）被称为需求的决定因素。这些变量中的任何一个或多个发生变化，都会引起需求函数变化、需求曲线位移，导致需求水平上升或者下降。

需求决定因素发生变化，需求曲线就会右上或左下移动。判定需求曲线移动方向及幅度的简单方式如下。

（1）方向判断

需求曲线的移动方向由发生变化的自变量斜率参数的正负所决定。如收入水平的上升，导致任何价格下的需求量上升。

可以看出，例 2-1 中 I 的斜率参数为正值，收入的增加将导致需求量的增加。但是，还要从商品的性质来判断需求决定因素与需求量变化的关系。前面已经说过，正常品的需求量与收入水平正相关，而低档品的需求量与收入水平负相关。对于低档品，I 的斜率参数就是负值。

（2）幅度判定

例 2-1 中需求量对收入水平的偏导数 $\dfrac{\Delta Q}{\Delta I}=0.5$ 是正值，表明对应于收入每上升 1 元，将导致任意的价格水平上需求量都将上升 0.5 个单位。如果收入上升 300 元，需求量相应地上升 $300\times0.5=150$ 个单位。相反，如果收入下降 300 元，需求量相应地下降 150 个单位。相关产品价格变化与收入变化的分析程序一致。

4. 需求曲线斜率参数及相关性总结

斜率参数的正负决定了需求曲线移动的方向。在例 2-1 中，P_k 前的斜率为负值（-50）。它代表着，每当相关产品价格上升 1 元，任意价格的此种商品的需求量将会下降 50 单位；也就是说，相关产品价格上升会导致需求曲线向左移动。如前所述，P_k 和 Q_d 负相关，相关产品是互补品。

表 2-3 总结了需求决定因素作用的正反方向。

表 2-3 需求曲线斜率参数与需求量相关性总结①

需求决定因素		与需求量的关系	需求增加：需求曲线向右移动	需求减少：需求曲线向左移动	斜率参数的符号
收入(I)	正常品	正相关	I 增加	I 减少	$c>0$
	低档品	负相关	I 减少	I 增加	$c<0$
相关产品价格(P_k)	替代品	正相关	P_k 增加	P_k 减少	$d>0$
	互补品	负相关	P_k 减少	P_k 增加	$d<0$
消费者偏好(F)		正相关	F 增加	F 减少	$e>0$
预期价格(P_e)		正相关	P_e 增加	P_e 减少	$f>0$
消费者数量(N)		正相关	N 增加	N 减少	$g>0$
广告(A)		正相关	A 增加	A 减少	$h>0$
时间(T)		不确定	T 不确定	T 不确定	i 不确定
税收或补贴(T_s)	税收	负相关	T_s 减少	T_s 增加	$j<0$
	补贴	正相关	T_s 增加	T_s 减少	$j>0$

二、供给函数

(一) 供给函数的简单形式

同需求分析的情形一样，通常探讨的供给主要是指供给量。供给主要研究供给量受到相关因素影响时会产生什么样的变化。

供给函数就是某一特定商品或服务的供给量与影响供给量的因素之间的函数关系。它实际上是供给法则的函数表现形式。

商品的市场供给量 Q_s 与商品的价格 P_s 存在一一对应的关系，一般情况下，价格上涨使供给量沿供给曲线增加，价格下降使供给量沿供给曲线减少，因此供给量 Q_s 是价格 P_s 的单调递增函数。简单供给函数表达式为

$$Q_s=g(P_s) \tag{2-15}$$

虽然影响供给的因素有很多，但大多数情况下，在分析中使用最简单的线性函数。

$$Q_s=-b_0+b_1P_s \quad (b_0>0,\ b_1>0) \tag{2-16}$$

(二) 广义供给函数

在研究具体问题时，由于遇到的情况不同，影响供给函数的因变量不同。主要影响因素有：投入市场的商品或服务的价格 P_s；投入生产的原材料及生产要素的价格 P_i；在生产中

① 参考[美] 克里斯托弗·R. 托马斯，[美] 查尔斯·莫瑞斯. 管理经济学(第 8 版)[M]. 陈章武，葛凤玲，译. 机械工业出版社，2005：30.

相关产品的价格 P_r；可获得的技术水平 T_c；产品预期价格 P_e；N_c 厂商的数目或行业内生产能力；T_m 生产周期；税收或补贴 T_s。

广义供给函数表达式为

$$Q_s = g(P_s, P_i, P_r, T_c, P_e, N_c, T_m, T_s) \tag{2-17}$$

g 表示函数关系，用于区分广义供给函数与广义需求函数。

为了更加明白地表达，可以将这种最具普遍意义的数学表达形式做如下变换，表达为线性方程。

$$Q_s = k + lP_s + mP_i + nP_r + oT + pP_e + qN_c + rT_m + sT_c + tT_s \tag{2-18}$$

k 是截距参数；l，m，n，o，p，q，r，s，t 是斜率参数。

（三）供给函数分析

虽然广义供给函数中有 8 项影响因素。但是，为了方便分析，在探讨其中一种因素单独作用供给量 Q_s 的效果时，需要假设 Q_s 的其他影响因素（供给决定因素）不变。这样可以得到不同影响因素与供给量 Q_s 之间的关系。

简单供给函数是在供给决定因素（P_i，P_r，T，P_e，N_c，T_m，T_c，T_s）保持不变的情况下，所得出的供给量与价格的关系，即

$$Q_s = g(P_s, P'_i, P'_r, T', P'_e, N'_c, T'_m, T'_s) \tag{2-19}$$

符号右上角的′表示这些因素是定值。公式 2-19 中，价格是决定变量的唯一因素，也就得到了简单供给函数。

但是，我们要研究供给决定因素对供给量的影响是怎样的。如果将一些现期无影响的因素 P'_r，T'，T'_m，T'_s 作为常量，保留几项现期影响供给量 Q_s 的因素 P_s，P_i，P_r，N_c，供给函数就会简化。简化的广义供给函数表达式如下所示。

$$Q_s = g(P_s, P'_i, P'_r, N'_c)$$

其线性形式表达式为

$$Q_s = k + lP_s + mP_i + nP_r + qN_c \tag{2-20}$$

例 2-2：假设某企业商品供给的广义供给函数为

$$Q_s = 100 + 20P_s - 10P_i + 5N_c \tag{2-21}$$

假定某种重要原料的价格为 30 元，现在有 50 个企业在生产同类产品。

函数显示供给量受到商品价格 P_s、生产原材料价格 P_i，以及生产同类产品的企业数量 N_c 影响。

将 P_i，N_c 的值代入公式 2-21，

$$\begin{aligned} Q_s &= 100 + 20P_s - 10P_i + 5N_c \\ &= 100 + 20P_s - 10 \times 30 + 5 \times 50 \\ &= 50 + 20P_s \end{aligned} \tag{2-21-A}$$

在其他影响供给的变量保持不变的情况下，就得到了一条线性函数，可以求得不同价格时商品的供给量。当产品的价格为 10 元时，

$$Q_s = 50 + 20 \times 10 = 250$$

当价格为 20 元时，

$$Q_s = 50 + 20 \times 20 = 450$$

这样就可以在任意价格水平下建立变量与供给量之间的关系。

(四) 供给表、供给曲线

1. 供给表与供给曲线的描绘

(1) 建立供给表

供给表就是在不同价格赋值下，价格与供给量之间一一对应的关系列表。表 2-4 显示了基于供给函数 $Q_s = 50 + 20P_s$ 的 7 种价格以及与其对应的供给量。

表 2-4　供给函数 $S_0(Q_s = 50 + 20P_s)$ 的供给量表

价格(元)	70	60	50	40	30	20	10
供给量	1 450	1 250	1 050	850	650	450	250

在供给函数 $Q_s = 50 + 20P_s$ 中，截距参数是正值，代表着即使价格为零，企业仍旧愿意提供 50 单位的商品给消费者。实际上，当价格低于某一水平时，企业一定会停产。

因为企业初期投入了大量固定资产，资源配置低效，所以在生产初期，企业通常是亏损的。企业会通过扩大生产，提高资源配置效率。

对于供给函数上的任何一组特定的价格与供给量，存在两种等效的解释：① 在某一特定价格水平下，企业愿意提供的最大产品或服务数量；② 使企业愿意提供该数量的商品与服务所提供的最低价格。这个最低价格是相应产量下的供给价格。

前面说过，充分利用资源是企业生产的默认假设条件。短期内不能充分利用资源的企业，如果不能改变这种情况，在长期就会被市场淘汰。

(2) 供给曲线的描述

根据表 2-4，可以描绘出供给曲线(见图 2-4)。

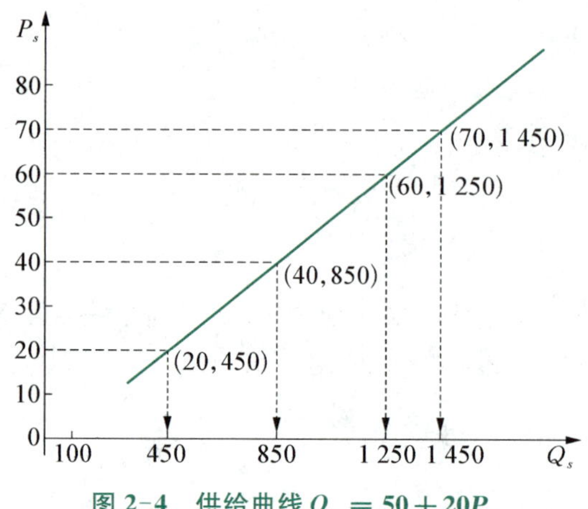

图 2-4　供给曲线 $Q_s=50+20P_s$

供给曲线和需求曲线一样，也是一条平滑、连续的曲线，它是在商品价格和相应供给量的组合的轨迹。供给曲线可以是直线，也可以是曲线。如果供给函数是一元一次的线性函数，则供给曲线为直线。

将供给量作为自变量，商品价格作为因变量，就得到由原方程转置后得到的反供给函数。例 2-2 中原供给函数为

$$Q_s=50+20P_s$$

转置后的函数为

$$P_s=1/20Q_s-5/2$$

Q_s 的斜率参数是 $\Delta P_s/\Delta Q_s=1/20$，为原供给函数斜率参数 $\Delta Q_s/\Delta P_s=20$ 的倒数。

2. 供给曲线的移动：供给水平变动

供给量的变动与商品或服务的价格相关，表现为在特定供给曲线上的某一点沿着曲线轨迹移动。供给水平变动体现为供给曲线整体发生移动，与商品本身的价格无关。

(1) 供给水平变动的一般形式

供给水平变动是由除价格以外的其他影响因素的变动而引起。若这些因素导致供给的整体增加，称之为供给水平上升；反之，则称为供给水平下降。

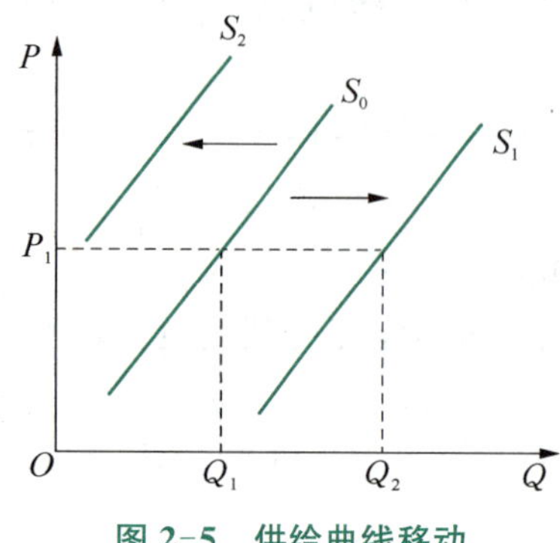

图 2-5　供给曲线移动

图 2-5 显示了供给曲线 S_0 向右整体移动到 S_1，以及向左整体移动到 S_2 的变化情况。供给曲线向右移动，表示在价格不变的情况下，企业能够提供比以前更多的商品，供给水平上升；供给曲线向左移动，表示在价格不变的情况下，企业能够提供比以前更少的商品，供给水平下降。

供给曲线发生移动，在任一价格，与其相对应的供给量也发生变化。如供给曲线 S_0 向右移动到 S_1 后，在价格水平 P_1，供给量由 Q_1 增加到 Q_2。

(2) 供给曲线移动的描述

企业数量下降后，在任意的价格下供给量都下降了。新供给曲线 S_2 在原有供给曲线 S_0 的左方。

根据以上分析，列出表 2-5。

表 2-5　供给决定因素变化后的供给表

(1)	(2)	(3)	(4)
价格(元)	S_0 供给量 $P_i=30$(元) $N_c=50$ $Q_s=50+20P_s$	S_1 供给量 $P_i=20$(元) $N_c=50$ $Q_s=150+20P_s$	S_2 供给量 $P_i=30$(元) $N_c=45$ $Q_s=25+20P_s$
70	1 450	1 550	1 325
60	1 250	1 350	1 225
50	1 050	1 150	1 025
40	850	950	825
30	650	750	625
20	450	550	425
10	250	350	225

根据表 2-5 可描绘出 S_0、S_1、S_2 三条供给曲线(见图 2-6)。

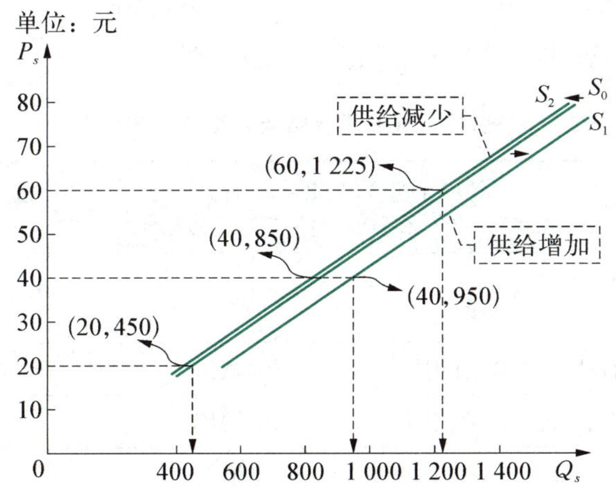

图 2-6　供给的决定因素变化形成的供给曲线及其移动

(3) 供给函数推导

一般情况下，P_i，P_r，T，P_e，N_c，T_m，T_c，T_s 等影响因素是导致供给曲线移动的决定变量。当供给决定因素发生变化时，供给曲线就会发生移动。例如提供生产的原材料价格下降，会引起任意价格下供给量的上升，造成“供给水平上升”，供给曲线向右移动；反之，任意价格下产品的供给量会下降，造成“供给水平下降”，供给曲线向左移动。

回到最初的供给函数（公式 2-21）。

假设原材料价格从 30 元跌至 20 元。同时，企业数量保持不变，依然为 50 家。代入公式 2-21，得到新的供给函数 S_1：

$$
\begin{aligned}
Q_s &= 100 + 20P_s - 10 \times 20 + 5 \times 50 \\
&= 150 + 20P_s
\end{aligned}
\tag{2-21-B}
$$

原材料价格下降后，在任意的价格下供给量都上升了。新供给曲线 S_1 在原有供给曲线 S_0 的右方。

假设投入的原材料保持 30 元不变，生产同类产品的企业数目从 50 家降至 45 家。代入公式 2-21，得到新的供给函数 S_2：

$$
\begin{aligned}
Q_s &= 100 + 20P_s - 10 \times 30 + 5 \times 45 \\
&= 25 + 20P_s
\end{aligned}
\tag{2-21-C}
$$

3. 供给曲线斜率参数及相关性总结

某一供给的决定因素发生变化时，供给曲线的移动方向是由自变量的斜率参数的正负决定的。在例 2-2 中，原材料价格跌至 20 元时，由于 P_i 的斜率参数是负值（$m=-10$），对应任意价格的供给量都增加了，供给量与原材料价格负相关。生产同类商品的企业数量降低到 45 家时，由于 N_c 的斜率参数是正值（$q=5$），对应任意价格的供给量都减少了，供给量与企业数量正相关。

表 2-6 总结了斜率参数与供给量之间的正负相关性。

表 2-6 供给曲线斜率参数与供给量相关性总结①

供给的决定因素		与供给量的关系	供给增加：供给曲线向右移动	供给减少：供给曲线向左移动	斜率参数符号
要素价格（资源或原材料投入）（P_i）		负相关	P_i 减少	P_i 增加	$m<0$
生产中相关产品价格（P_r）	替代品	负相关	P_r 减少	P_r 增加	$n<0$
	互补品	正相关	P_r 增加	P_r 减少	$n>0$
技术状况（T_c）		正相关	T_c 增加	T_c 减少	$s>0$
预期价格（P_e）		负相关	P_e 减少	P_e 增加	$p<0$
行业中企业的数量（N_c）		正相关	N_c 增加	N_c 减少	$q>0$
生产周期（T_m）		负相关	T_m 减少	T_m 增加	$r<0$

① 参考托马斯，莫瑞斯. 管理经济学（原书第 8 版）[M]. 陈章武，葛凤玲，译. 北京：机械工业出版社，2005：35.

续　表

供给的决定因素		与供给量的关系	供给增加：供给曲线向右移动	供给减少：供给曲线向左移动	斜率参数符号
税收与补贴（T_s）	税收	负相关	T_s 减少	T_s 增加	$t<0$
	补贴	正相关	T_s 增加	T_s 减少	$t>0$

影响供给的因素还存在几类特殊情形：价格管制、支持价格、限制价格等。限于篇幅，在此不做展开。

三、供需分析的前置问题

在现实中，除了会遇到影响供给或需求函数的基本因素，还会遇到很多本书没有提及的具体环境、条件等，需要将其作为分析的前置性因素考量。

一方面，由于市场结构差异很大，不同的市场结构中影响供需的因素并不相同，因而市场结构对供给与需求的影响显得更为直接。垄断或寡头市场中决定供需市场价格与数量的方式就很特殊。事实上，完全竞争的情形是很少见的。

另一方面，供给或需求作为现实问题，需要在一定的客观经济背景下进行分析。比如国际市场涵盖了全球性或区域性的贸易、市场及投资等。在推进经济自由化进程中，规则、程序、时间不同，影响因素也各不相同。WTO、区域自由贸易区、关税联盟或区域经济集团、双边或多边协议、FTA 等，都会就不同的商品在参与国家间形成推进关税减免的时间表等。这些时间表的实施会直接影响到相关商品的供需。每个企业都受到经济规律、贸易条件及协议框架等的约束。在越来越开放的世界，类似问题越来越影响到企业主体、个人的经营绩效、商业行为。这些客观因素是分析供需影响因素时首先要考虑的。

第三节　市 场 均 衡

一、市场均衡等式

受到市场机制作用，供给量和需求量会随着价格自发调整，趋于均衡。不过，市场均衡是一种相对的稳态均衡，如果外在因素不变，需求和供给就会保持不变，均衡状态也将维持下去。如果某些事件导致需求或供给发生变动，原有的市场均衡就会被打破，新的均衡又会在市场机制的作用下形成。相对于原有的均衡，新的均衡价格和数量都会发生变动。需求函数 Q_d 与供给函数 Q_s 就是在新旧均衡的交替中，发生动态作用，最终实现供需一致的均衡。

由于

$$Q_d = a_0 - a_1 P_d \tag{2-22}$$

$$Q_s = -b_0 + b_1 P_s \tag{2-23}$$

市场均衡的条件为：$Q_0=Q_d=Q_s$；$P_0=P_d=P_s$

可以得到均衡价格

$$P_0=\frac{(a_0+b_0)}{(a_1+b_1)} \tag{2-24}$$

以及均衡数量

$$Q_0=\frac{(a_0b_1-a_1b_0)}{(a_1+b_1)} \tag{2-25}$$

二、市场均衡分析框架

需求函数与供给函数是如何达到均衡的，影响函数决定因素发生变化后，它们之间又是如何运行的？

（一）需求表与供给表

前面分析了需求函数与供给函数的推导过程。得到了 D_0 和 S_0 对应的需求表。在需求表（见表 2-1）与供给表（见表 2-4）中，可以找出在相同价格下对应的商品数量，发现有 3 组数据。如表 2-7 所示，当价格为 30 元时，供给量为 650，需求量为 100，显示供过于求，过剩供给为 550；当价格为 20 元时，供给量为 450，需求量为 300，依然是供过于求，过剩供给为 150；当价格为 10 元时，供给量为 250，需求量为 500，供不应求（或需求过剩），过剩需求为 250。

最接近均衡的价格是 20 元，但依然存在 150 单位商品供给过剩。要消除这个过剩的供给，均衡价格要在 10～20 元。

将价格在这个区间一直取值下去，比如 10、11、…19、20，就会找到供给量与需求量最接近的价格，也就是最接近均衡位置的价格。

在均衡位置，市场上的商品是出清的，因此均衡价格又被称为“市场出清价格”。

但是，虽然通过需求表与供给表的方式，可以得到最接近于供需均衡的价格及数量，但是这非常低效。

表 2-7　市场均衡：需求表与供给表

(1)	(2)	(3)	(4)
价格（元）	S_0 供给量 $Q_s=50+20P_s$	D_0 需求量 $Q_d=700-20P_d$	过剩供给（+）或 过剩需求（−） Q_s-Q_d
30	650	100	550
20	450	300	150
10	250	500	−250

因此，可以直接通过联立需求函数与供给函数，求解来得到均衡组合。

(二) 通过需求函数与供给函数求解均衡点

因为，$Q_d = Q_s$ 为我们求解均衡所需要达到的状态。所以，供给函数与需求函数间可以建立等式：

$$50 + 20P_s = 700 - 20P_d$$

供给与需求达到均衡时，数量相等，即 $Q_s = Q_d$；价格也相等，即 $P_s = P_d$。

如果以 P_0 代表均衡价格，那么，$P_0 = P_s = P_d$，

解得

$$-650 = -40P_0$$

$$P_0 = 16.25(\text{元})$$

可以看出，求得的均衡价格正好在 10～20 元。

在市场价格为 16.25 元时，将该均衡价格分别代入 S_0、D_0 的函数表达式，可得

$$Q_s = 50 + (20 \times 16.25) = 375$$

$$Q_d = 700 - (20 \times 16.25) = 375$$

则均衡点为(16.25，375)，即均衡价格为 16.25 元，均衡数量为 375 单位。

现在我们将供给曲线与需求曲线表示在一个图中。图 2-7 描绘了需求曲线 D_0 与供给曲线 S_0，两者交于均衡点 E_0。

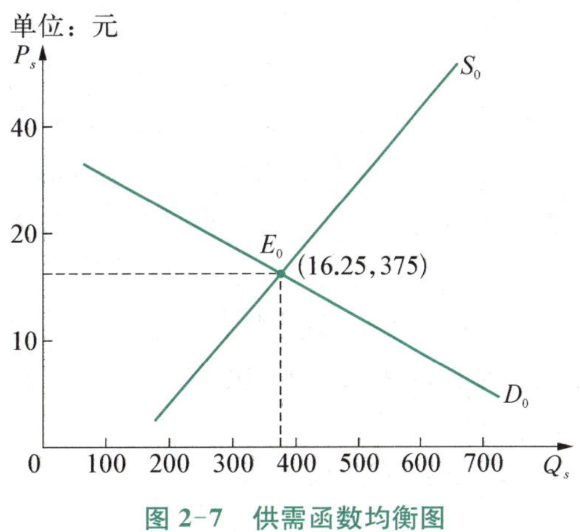

图 2-7　供需函数均衡图

三、市场均衡的变动

供给或需求的决定因素变化会引起供给或需求发生变化，从而导致供给曲线与需求曲线位置移动，进而形成新的市场均衡。

供给或需求的变动导致均衡点的变化，主要分为三种情况：供给不变、需求变化；需求不变、供给变化；供给与需求同时变化。

(一) 供给不变、需求变化

1. 前提

供给决定因素(如原材料价格、生产同类商品的企业数量等)不发生变化，而需求决定因素(如收入、相关商品价格等)发生变化。

假设 D_0 的需求函数为(公式 2-14)

$$Q_d = f(P) = 1\,700 - 20P_d + 0.5I - 50P_k$$

S_0 的供给函数为

$$Q_s = 50 + 20P_s$$

假定收入 I 为 18 000 元，相关产品价格 P_k 为 200 元。D_0 变动为 D_1 是由收入从 18 000 元上升到 18 300 元引起的，D_0 变动为 D_2 是收入从 18 000 元下降至 17 700 元引起的。

2. 需求变化描述

在图 2-8 中，最初的需求曲线 D_0 与供给曲线 S_0 相交于 E_0，E_0 点处于均衡位置，所求得的供需均衡点为 E_0(16.25，375)。

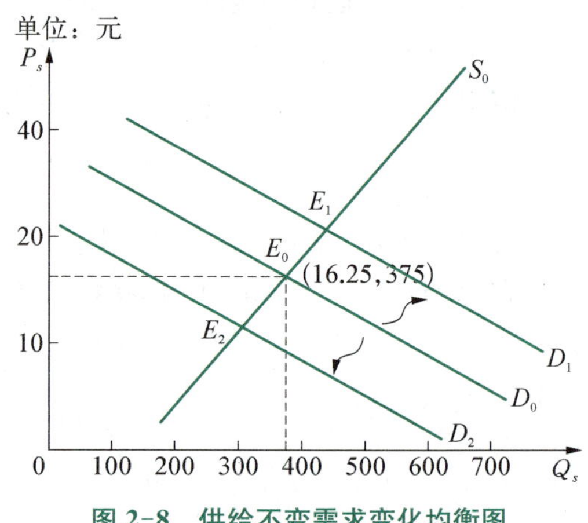

图 2-8　供给不变需求变化均衡图

假设供给曲线位置不变(也就是说供给决定因素不变)。那么，如果需求决定因素收入 I 发生变化，需求曲线就会发生移动。当收入 I 增加，需求曲线向右上方移动，形成新需求曲线 D_1，表示需求上升。当收入 I 减少，需求曲线向左下方移动，形成新的需求函数 D_2，表示需求下降。

两次移动形成两个新均衡点：供给曲线 S_0 与收入 I 增加导致的新需求曲线 D_1 相交形成的均衡点 E_1；供给曲线 S_0 与收入 I 减少导致的新需求曲线 D_2 相交形成的均衡点 E_2。

3. 分析与求解

需求移动时，D_0 变动为 D_1 与 D_2。

以需求曲线从 D_0 变动为 D_1 为例，在供给函数和新需求函数之间建立等式，可以求解均衡点 E_1。

新需求函数推导见公式 2-14-B。

$$D_1: Q_d = 850 - 20P_d$$

供给曲线 S_0 对应的供给函数如下。

$$S_0: Q_s = 50 + 20P_s$$

建立等式，求需求变化后的均衡点：

$$850 - 20P_d = 50 + 20P_s$$

由于 P_0(E_1 处的均衡价格) $= P_d = P_s$ 为均衡条件

解得

$$-40P_0 = -800$$

$$P_0 = 20$$

再将 $P_0=20$ 代入 D_1、S_0 的两个函数，得到 Q_0（E_1 处的均衡数量）$=Q_d=Q_s=450$。

均衡点 E_1 的价格与数量组合为(20, 450)。

同理可以推出需求曲线从 D_0 转变为 D_2 时，均衡点 E_2 表示的价格与数量组合（推导过程略）。

(二) 需求不变、供给变化

1. 前提

需求决定因素（如收入、相关商品价格等）不发生变化，供给决定因素（如原材料价格、生产同类商品的企业数量等）发生变化。

假设 S_0 的供给函数为（公式 2-21）

$$Q_s=100+20P_s-10P_i+5N_c$$

D_0 的需求函数为

$$Q_d=700-20P_d$$

假定原料价格 P_i 为 30 元，生产同类产品的企业数量 N_c 为 50 家。S_0 变动为 S_1 是由原料价格从 30 元降到 20 元引起的，S_0 变动为 S_2 是生产同类产品的企业从 50 家下降到 45 家引起的。

2. 供给变化描述

在图 2-9 中，最初的需求曲线 D_0 与供给曲线 S_0 相交于 E_0，E_0 点处于均衡位置，对应供需均衡点为 E_0。

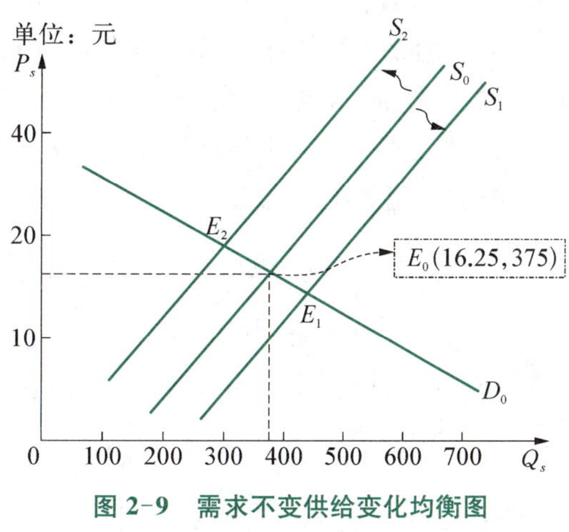

图 2-9　需求不变供给变化均衡图

假设需求曲线 D_0 位置不变（也就是说需求决定因素不变）。那么，如果供给决定因素原材料价格 P_i 与生产同类商品的企业数量 N_c 发生变化，供给曲线 S_0 就会发生移动。当原材料价格 P_i 降低，供给曲线向右下方移动，形成新供给曲线 S_1，表示供给上升。当厂家数量 N_c 减少，供给曲线向左上方移动，形成新的供给曲线 S_2，表示供给下降。

如图 2-9 所示，两次移动形成两个新均衡点：需求曲线 D_0 与原材料 P_i 降价导致的新供给曲线 S_1 相交形成的均衡点 E_1；需求曲线 D_0 与企业数量 N_c 减少导致的新供给曲线 S_2 相交形成的均衡点 E_2。

3. 分析与求解

以供给曲线从 S_0 变动为 S_1 为例，在供给函数与新需求函数之间建立等式，可以直接求解均衡点 E_1。

新供给函数推导见公式 2-21-B。

$$S_1: Q_s = 150 + 20P_s$$

需求曲线 D_0 对应的需求函数如下。

$$D_0: Q_d = 700 - 20P_d$$

建立等式，求供给变化后的均衡点：

$$150 + 20P_s = 700 - 20P_d$$

由于 P_0(E_1 处的均衡价格)$=P_d=P_s$ 为均衡条件

解得 $$40P_0 = 550$$

$$P_0 = 13.75$$

再将 $P_0=13.75$ 代入 S_1、D_0 的两个函数，可以得到 Q_0(为 E_1 处的均衡数量)$=Q_d=Q_s=425$。

均衡点 E_1 的价格与数量组合为(13.75，425)。

同理可以推出供给曲线从 S_0 转变为 S_2 时，均衡点 E_2 表示的价格与数量组合(推导过程略)。

(三) 需求与供给同时变化

供给需求同时变化有四种情形(见图 2-10)。

1. 需求与供给都增加

需求增加，需求曲线 D_0 向右上方移动到 D_1；供给增加，供给曲线 S_0 向右方移动到 S_1。需求曲线 D_1 与供给曲线 S_1 相交于 E_1。

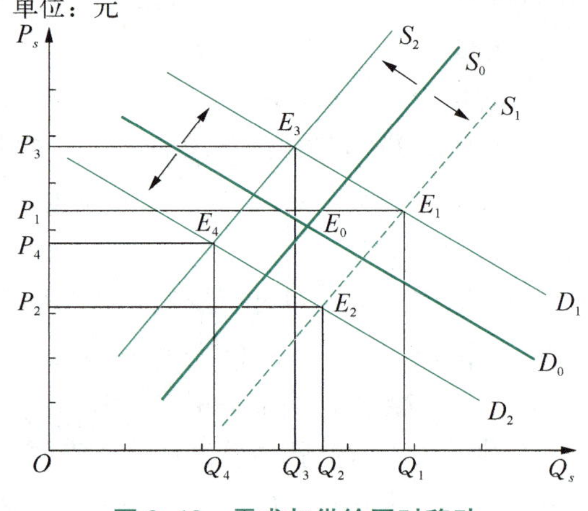

图 2-10 需求与供给同时移动

根据上面的推导可知

$$D_1: Q_d = 850 - 20P_d$$

$$S_1: Q_s = 150 + 20P_s$$

在均衡点 E_1，$P_1=P_d=P_s$，建立等式，解得

$$850 - 20P_d = 150 + 20P_s$$

$P_1=17.5$(均衡点 E_1 的均衡价格)

将其代入 D_1、S_1 的两个函数中，即可得到 E_1 点的均衡数量 $Q_1=Q_d=Q_s=500$。均衡点 E_1 的价格与数量组合为(17.5，500)。

2. 需求减少供给增加

需求减少，需求曲线 D_0 向左下方移动到 D_2；供给增加，供给曲线 S_0 向右方移动到 S_1。需求曲线 D_2 与供给曲线 S_1 相交于 E_2。

根据上面的推导可知

$$D_2: Q_d = 550 - 20P_d$$
$$S_1: Q_s = 150 + 20P_s$$

建立等式,解得

$$P_2 = 10$$

将其代入 D_2、S_1 的两个函数中,可得 $Q_2 = 250$。

均衡点 E_2 的价格与数量组合为(10, 250)。

3. 需求增加供给减少

需求增加,需求曲线 D_0 向右上方移动到 D_1;供给减少,供给曲线 S_0 向右方移动到 S_2。需求曲线 D_1 与供给曲线 S_2 相交于 E_3。

根据上面的推导可知

$$D_1: Q_d = 850 - 20P_d$$
$$S_2: Q_s = 25 + 20P_s$$

建立等式,解得

$$P_3 = 20.625$$

将其代入 D_1、S_2 的两个函数中,可得 $Q_3 = 437.5$。

均衡点 E_3 的价格与数量组合为(20.625, 437.5)。

4. 需求与供给都减少

需求减少,需求曲线 D_0 向右上方移动到 D_2;供给减少,供给曲线 S_0 向右方移动到 S_2。需求曲线 D_2 与供给曲线 S_2 相交于 E_4。

根据上面的推导可知

$$D_2: Q_d = 550 - 20P_d$$
$$S_2: Q_s = 25 + 20P_s$$

建立等式,解得

$$P_4 = 13.125$$

将其代入 D_1、S_2 的两个函数中,可得 $Q_4 = 287.5$。均衡点 E_4 的价格与数量组合为(13.125, 287.5)。

案例与分析①

原油是很多行业的动力燃料,原油价格对众多行业的供给或需求都会形成影响。国际原油市场价格经常发生变动,且有时变化幅度很大。这迫使很多企业需要分析原

① 借鉴方博亮. 管理经济学:现代观点[M]. 北京:中国人民大学出版社,2005:137-147,166-167.

油价格的大幅波动对现期行业市场均衡的影响，并预判新的市场均衡点的走向。下面给出一个原油价格波动导致供给函数变化而需求函数不变的例子。

已知油轮运输服务的需求函数为 $Q_d=20-0.1P$，供给函数为 $Q_s=1+aP-bf$（假设 $a=0.1$；$b=0.2$），即 $Q_s=1+P-0.2f$，P 和 f 分别代表油轮服务的价格和燃料成本。价格 P 的单位为美元／吨·海里；数量 Q 的单位为百万吨·海里／年。假设最初 $f=5$，供给函数为 $Q_s=0.1P$。

(1) 求市场均衡点。

(2) 如果燃料成本下降 20%，求市场均衡点。

解：

(1) 画出供需市场均衡图（图 2-11）。

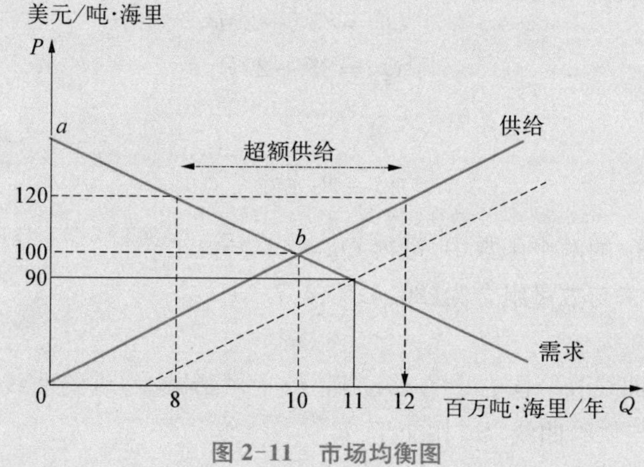

图 2-11　市场均衡图

市场均衡时，需求量等于供给量：

$$Q_d=Q_s$$

$$20-0.1P=0.1P$$

解得 $P=100$

所以，

$$Q_d=Q_s=10$$

价格为 100 美元/吨·海里，数量为 1 000 万吨·海里/年时，达到市场均衡。均衡点为图 2-11 中的 b 点。

(2) 因为系数 a、b 给定，所以可以直接用代数法来分析供给与需求移动的影响。成本 f 初始为 5，下降 20%后变为 4。将 $f=4$ 代入供给函数，得到

$$Q_s=5+0.5P-4=1+0.5P$$

市场均衡时，需求量等于供给量：

$$Q_d = Q_s$$

$$25 - P = 1 + 0.5P$$

解得 $P = 16$，所以 $Q_d = Q_s = 9$

价格为 16 美元/每吨·海里，数量为 900 万吨·海里/年时，达到新的市场均衡。

四、市场均衡与决策

（一）考量客观变化的思维

虽然无论供需双方力量如何变化，总指向一个最终的均衡点，但是价格与产量却不会永远固定在某个均衡点上。因为市场瞬息万变，供需均衡经常会被打破。市场瞬息万变的原因除了价格与本书提到的其他影响因素以外，还有诸多本书未涉及的因素，特别是企业所面临的国内外经济政治环境。

不论消费者还是企业都处于复杂多变的社会、经济、政治、科技、政策、国际关系等众多不确定因素中。“十倍速变化的社会”环境提供了企业家发挥才能的机会。每次均衡的打破，也是企业迎接战略转折点的机遇期。

一个成熟的决策者在进行决策分析时，一定不会画地为牢，他的头脑中时刻在分析各种客观条件、影响因素及其作用关系。事实上，有着长期从业经历与丰富实践经验的专业人士的决策经验正是如此。他们将客观条件作为首要考量因素，提炼出前提性或决定性的影响因素，再分析其对经济变化的具体影响、及其作用机制等。在此基础上，再构建供需函数，具体分析市场趋势以及市场达到均衡的路径等问题。这是科学决策的前提。

在科学决策过程中，掌握数据及信息的变化很重要。有时，一项价格以外的影响因素的介入会导致供需市场发生关联性波动，导致市场均衡位置的变动。因而随时跟踪客观条件变化的相关数据与信息，对所掌握的相关历史数据进行充实完善，对变量及变量间函数关系加以调整，会帮助我们更加客观地认识市场变化、做出正确分析。因而，经济分析与决策工作须事事有充分准备，谋定而后动，才能做到心中有数。

（二）决策者的前置性思考

客观条件变化了，已有的分析前提与框架也就随之变化了。现实中没有理想的市场环境，不存在一成不变的条件与框架。思维固化是处理现实问题的大忌。

不少走出校门的学生在从事专业实践后经常会发现，根据给定条件的微观经济分析方法分析客观问题，经常会出现失误，如对市场趋势把握不准或对市场成长中的供需空间判断存在偏差等。

失误的存在并非说明市场体系出了问题，也并非说明经济理论丧失了指导人们认识市场运行趋势的能力。而是市场体系总是处于具体历史时期的社会经济条件下的，它时刻受到来自政治、经济、科技、文化等因素的影响。

当前，世界政治经济关系以及国际形势处于飞速变迁与洗牌中。在任何历史阶段，这些前置性因素都会深刻影响着国际关系、区域关系、市场关系、行业关系、产业竞争关系、经贸往来关系，并对企业与消费者追求利益最大化的行为产生直接影响。

因而，决策分析应从客观实际出发，调整分析框架，将问题分析置于客观环境中。这是做出正确决策的前提。

第四节　回归分析与供需预测

在本章前几节的分析中，需求函数和供给函数都是提前给定的，是已知的。如果它们是未知的，则需要我们在具体环境下建立需求函数或供给函数。这会涉及一些构建函数所需的未知因素，除了自变量与因变量，还有函数的截距参数以及各自变量前的斜率系数。建立一个全新市场的供给或需求函数，则需要通过历史数据将未知因素逐一求得。回归分析是构建需求函数或供给函数的一项可行方法，也是以供给或需求函数来预测趋势的相对有效的手段。

目前社会已经习惯通过计算机工具进行直接解题，虽然这种方式比手算便捷，但是导致学习者并不理解解题过程的数学与经济学含义，不利于他们处理实际问题。因而在本章中，一些题目通过手算方式进行说明。

一、经济变量关系与回归分析法

经济变量关系体现为因果关系与相关关系。商品总销售额等于商品销售数量与单位价格的乘积，属于因果关系。对因变量效果产生干涉与牵制作用的自变量，与因变量之间的关系则属于相关关系。回归分析在分析自变量和因变量的相关关系上具有独特优势。它通过构建变量间的回归方程，分析自变量与因变量之间的作用关系，以预测因变量的变化趋势。

回归分析不仅可以用于构建供给或需求的趋势函数，还可以根据历史数据确定趋势函数中的未知变量或系数，从而使分析或预测能够建立在已知变量与系数的函数的基础上。它也是一种较为常用的市场预测方法。

(一) 趋势函数的变量关系与解决方法

1. 趋势函数的变量关系

在第二章分析广义需求函数与广义供给函数时，可能会注意到几个特点。

在函数的描述上，需求函数或供给函数都是线性函数。因变量与各影响因素之间存在两类关系：一类是确定性关系，如产品销售总额=产品价格×销售量；一类是不确定性关系，称之为相关关系。比如相关商品价格等因素对需求或供给造成的影响，它们以一定的相关性影响需求或供给。

同时，我们注意到需求或供给函数，决定了趋势函数的运行轨迹。简单说，它决定了我们对未来需求或供给趋势的预测。

我们在分析需求及供给函数的各决定因素时，曾分别辨别了它们独立发挥作用时对函数和曲线位移的影响。但是，如果价格以外的其他决定因素及其斜率参数(系数)是未知的，我们就不能分析函数如何发生变化以及其变化趋势。这些未知的影响因素综合发生作用时会对供给或需求函数变化趋势造成什么影响？效果如何？为了解决这些问题，就有必要借助回归分析来求解未知量。

2. 趋势函数的回归思路

在之前的分析中，本书提供的所有需求函数或供给函数都是已知的，即截距参数和各自变量的系数等都是已知的。但面对未知的市场及事物时，这些参数需要我们自行确定。在现实经济问题中，虽然有一些行业或企业长期的函数关系已知，但是绝大多数情况下，我们往往并不预先知道其具体的函数关系。这就要求我们根据客观条件及历史数据样本，建立一个符合实际情况的函数。

除了需求函数与供给函数，在以后的学习中我们还会遇到很多线性函数，回归分析是解决该类问题的一项可行方法。

(二) 回归分析的特征

1. 回归分析的类型

回归分析有多种类型。根据自变量数量，可分为一元回归分析和多元回归分析。一元回归分析中只有一个自变量；多元回归分析中有两个以上的自变量。根据自变量对因变量影响方式及所形成的运行轨迹特征，可分为线性回归分析和非线性回归分析。

2. 回归方程的基本关系

以简单回归方程为例，简单的线性回归模型用一个线性函数(称之为真实的回归直线)将因变量 Y 与一个独立的解释变量 X 联系起来：

$$Y = a + bX \tag{2-26}$$

式中，a 为坐标 Y 轴上的截距，b 为回归直线的斜率$\frac{\Delta Y}{\Delta X}$。回归直线表示了变量 X 的每个值对应的 Y 的平均值(见图 2-12)。

3. 回归分析的适用性

在线性回归中，如果因变量只受到一个自变量的影响，称为简单回归；多元线性回归是指描述一个因变量与多个自变量间的线性关系的回归方程，又称复回归。需求或供给函数受到价格影响的同时，还会受到诸如社会收入、技术水平、相关商品价格、原材料价格、消费者偏好、企业数量、政府税收及补贴等因素的影响，也适合构建多元回归方程。

(三) 回归预测的一般步骤

① 根据预测目标,确定自变量和因变量。如预测具体目标是下一年度的销售量,那么销售量Y就是因变量。通过市场调查和查阅资料,寻找与预测目标的相关影响因素,即自变量,并从中选出主要的自变量。

② 建立回归预测模型。依据自变量和因变量的历史统计数据样本进行计算,在此基础上建立回归分析方程,即回归分析预测模型。

③ 进行相关性分析。回归分析是对具有因果或相关关系的影响因素(自变量)和预测对象(因变量)所进行的数理统计分析处理。只有当自变量与因变量确实存在某种关系时,建立的回归方程才有意义。因此,自变量与因变量是否有关、相关程度如何、判断这种相关程度的把握多大,就成为回归分析前必须要解决的问题。相关性分析一般以相关系数的大小来判断自变量和因变量的相关程度。

④ 检验回归预测模型,计算预测误差。回归预测模型是否可用于实际预测,取决于模型的检验和误差的计算。只有通过各种检验,且误差较小,才能将回归方程作为预测模型。

⑤ 计算并确定预测值。利用回归预测模型计算预测值,并对预测值进行综合分析,确定最终结果。

二、线性回归模型及应用

(一) 一元回归模型

1. 描绘趋势预测线:判断适用的函数

假设根据某一企业的调研数据样本,企业销售量增长主要体现在因变量Y和自变量X的关系上。

调研后的第一项工作是将样本数据一一描绘在坐标图上,形成坐标图上分散的各点。将各点联系起来,观察分布特点,画出趋势曲线。这样做的目的是判断其属于哪种函数类型。

如图 2-12 所示,如果各点的分布呈直线趋势,根据线性函数的特点,用一元回归方式表达:

$$Y = a + bX + \delta_i \tag{2-27}$$

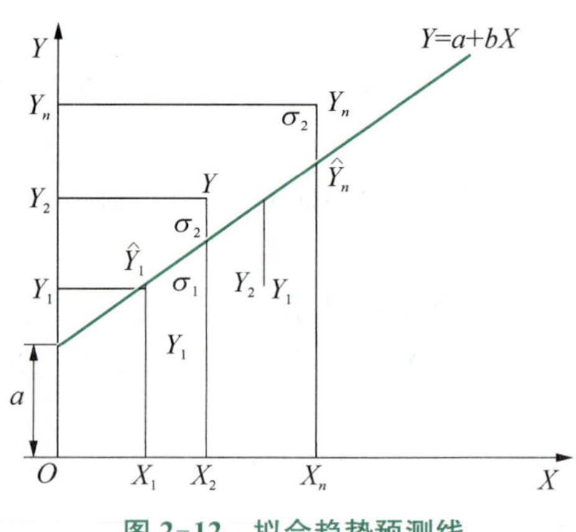

图 2-12 拟合趋势预测线

式中,a为固定系数,b为回归系数,δ_i为误差项。

2. 拟合的性质与方法:系数a与b的确定

(1) 拟合:使估计值与实际值的总误差最小

为了使回归直线上的估计值更加接近于实际值,要求拟合的直线尽可能通过或接近各个数据点,使它们的误差总值最小。这是确定系数a、b的唯一根据。但误差δ_i有正有负,在求总误差的过程中就会产生正负抵消,因而反映不出总误差的实际状况。若将误差δ_i平方再求和就不会出现抵消的现象。分析过程如下。

总误差等于

$$Q=\sum_{i=1}^{n}\delta_i^2 \tag{2-28}$$

已知 $\delta_i=Y_i-\hat{Y}_i$，代入公式(2-28)，可以得到

$$Q=\sum_{i=1}^{n}(Y_i-\hat{Y}_i)^2$$

式中，Y_i 为真实值，$\hat{Y}_i$ 为估计值。

$$Q=\sum_{i=1}^{n}[Y_i-(a+bX_i)]^2 \tag{2-29}$$

为了使总误差最小，只需求 Q 的最小值。根据微分知识，Q 最小时，其偏导数为零：

$$\begin{cases}\dfrac{\partial Q}{\partial a}=-2\sum\limits_{i=1}^{n}(Y_i-a-bX_i)=0\\\dfrac{\partial Q}{\partial b}=-2\sum\limits_{i=1}^{n}(Y_i-a-bX_i)=0\end{cases} \tag{2-30}$$

(2) 确定系数 a、b 的计算公式

解方程组 2-30，得到系数 a、b 的计算公式：

$$b=\frac{n\sum(X_iY_i)-\sum X_i\cdot\sum Y_i}{n\sum X_i^2-(\sum X_i)^2} \tag{2-31}$$

$$a=\frac{\sum Y_i-b\sum X_i}{n} \tag{2-32}$$

采用平均值数据：

$$\overline{Y}=\frac{\sum Y_i}{n}$$

$$\overline{X}=\frac{\sum X_i}{n}$$

式中，n 为样本数量。

可以得到

$$b=\frac{\sum(X_iY_i)-\overline{X}\sum Y_i}{\sum X_i^2-\overline{X}\sum X_i} \tag{2-33}$$

$$a = \overline{Y} - b\overline{X} \tag{2-34}$$

（二）多元回归模型

由于经济运行大多受多种因素影响，一元回归预测往往属于特例。为了保证预测结果的准确性，就需要考虑多因素产生影响的情况。多元线性回归模型就是考虑一个因变量可同多个变量 $X_i(i=1, 2, \cdots n)$ 间的线性关系问题的。其一般形式如下。

$$Y = a + b_1X_1 + b_2X_2 + \cdots + b_nX_n \tag{2-35}$$

式中，Y 为因变量；X_1，X_2，$\cdots X_n$ 为自变量；a 为常数；b_1，b_2，$\cdots b_n$ 为偏回归系数。

（三）分析流程

下面通过案例来说明，如何根据调研样本建立回归方程，并对其进行检验，做出预测。

例 2-3：某地企业邀请研究机构来预测下一年度本地区笔记本电脑的销售总额。根据初步分析，销售总额同本地区在职员工工资总额有关，预计第 16 年度比第 11 年增加 30%，用回归分析法进行预测。

各年的统计资料见表 2-8。

表 2-8　统计数据表　（单位：百万元）

年　份	年销售额 Y	在职员工工资总额 X
1	30	81
2	33	95
3	35.5	115
4	37.3	127
5	39.7	168
6	45	197
7	51.6	233
8	56.7	266
9	62.7	318
10	71	369
11	77	400
平均值	49.05	215.36

1. 绘制数据分布趋势图

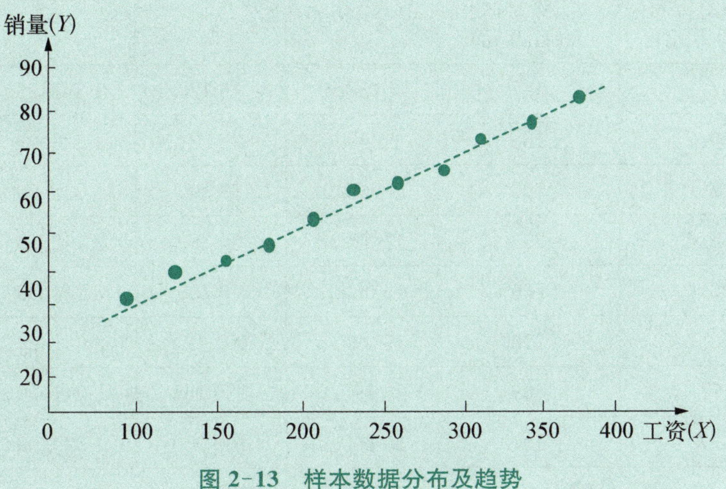

图 2-13 样本数据分布及趋势

数据点的分布呈直线趋势，说明产品的销售额随员工工资总额的增长而增长，并且近似于线性关系。因此，可运用线性回归模型进行预测。

2. 计算系数 a、b 的值，建立回归分析模型

设回归分析模型为

$$Y = a + bX$$

已知

$$b = \frac{n\sum(XY) - \sum X \sum Y}{n\sum X^2 - (\sum X)^2}$$

$$a = \frac{\sum Y - b\sum X}{n}$$

在此例中，$n=11$。$\sum X_1$，$\sum Y$、$\sum XY$、$\sum X^2$ 根据表 2-8 的实际数据计算，列入表 2-9。

表 2-9 公式元素 $\sum X$、$\sum Y$、$\sum XY$、$\sum X^2$ 等数值表

年份	商品销售额 Y(百万元)	工资总额 X(百万元)	$X \cdot Y$	X^2	Y^2	$X-\overline{X}$
1	30	85	2 550.0	7 225	900.00	−130.36
2	33	95	3 135.0	9 025	1 089.00	−120.36
3	35.5	115	4 082.5	13 225	1 260.25	−100.36

续 表

年份	商品销售额 Y(百万元)	工资总额 X(百万元)	$X \cdot Y$	X^2	Y^2	$X-\overline{X}$
4	37.3	127	4 737.1	16 129	1 391.29	−88.36
5	39.7	168	6 669.6	28 224	1 576.09	−47.36
6	45	197	8 865.0	38 809	2 025.00	−18.36
7	51.6	233	12 022.8	54 289	2 662.56	17.64
8	56.7	266	15 082.2	70 756	3 214.89	50.64
9	62.7	318	19 938.6	101 124	3 931.29	102.64
10	71	369	26 199.0	136 161	5 041.00	153.64
11	77	400	30 800.0	160 000	5 929.00	184.64
$\sum$	$\sum Y=539.5$	$\sum X=2\,369$ $\overline{X}=215.36$	$\sum XY=$ 134 081.8	$\sum X^2=$ 634 967	$\sum Y^2=$ 29 020.37	$\sum(X-\overline{X})=4.04$

将表 2-9 最末一行的计算代入上式，求得

$$b=\frac{11\times 134\,081.8-2\,369\times 539.5}{11\times 634\,967-(2\,369)^2}$$
$$=0.143\,4$$

$$a=\frac{539.5-0.143\,4\times 2\,369}{11}$$
$$=18.16$$

得到回归方程模型：

$$Y=18.16+0.143\,4X$$

3. 确定相关系数，进行相关检验

相关检验就是判定应变量 y 与自变量 x 相关程度或两者之间线性关系的检验。

Y 与 X 之间的相关程度指 Y 的值由 X 决定的比重(%)有多大。应用误差统计原理，可以在数学上给出一种定量的检验方法：根据已知数据，求一个相关系数 r，然后根据 r 的大小来判断 Y 与 X 的相关程度，这就是相关性检验。

相关系数 r 的计算公式为

$$r=\frac{n\sum(XY)-\sum X\cdot\sum Y}{\sqrt{[n\sum X^2-(\sum X)^2][n\sum Y^2-(\sum Y)^2]}} \tag{2-36}$$

r 的大小反映 Y 与 X 的相关程度，在图上表现为数据点的离散程度，如图 2-14 所示。一般的，$-1 < r < 1$，r 符号的正负决定回归直线的趋向。

$r \approx 1$ 或 -1 时，Y 与 X 密切相关，数据点几乎全部在直线上。

$r \approx 0$ 时，Y 与 X 不相关，数据点无规律地散布，说明无线性关系。

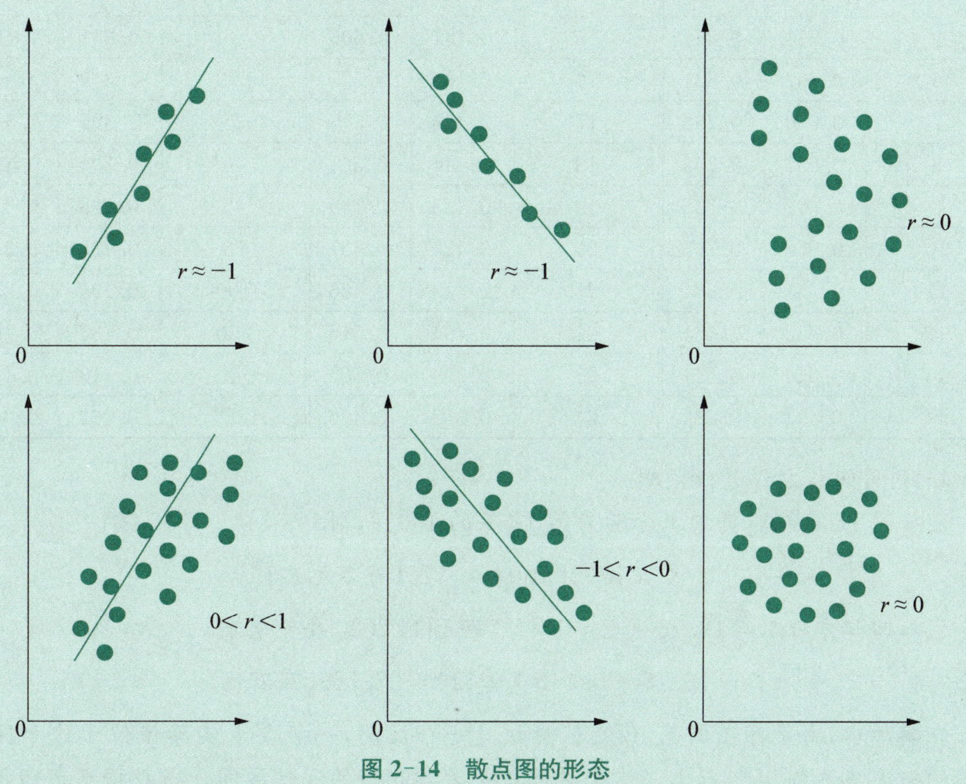

图 2-14　散点图的形态

为了保证回归方程的最低程度的线性关系，要求 r 值大于临界值 r_α。临界值是相关性检验的标准。α 是显著性水平，一般有 0.01，0.02，0.05，0.10 四种情况，它显示 Y 与 X 相关关系的置信水平。置信水平为 $100 \times (1-\alpha)\%$，如 $\alpha = 0.05$ 时，置信水平为 $100(1-0.05)\% = 95\%$，f 是自由度，等于数据点个数减回归方程的变量数(在本例中，$f = n-2$)。表 2-10 是相关系数检验表。

将数据代入公式 2-36，可得

$$r = \frac{11 \times 134\,081.8 - 2\,369 \times 539.5}{\sqrt{(11 \times 634\,967 - 2\,369^2)(11 \times 29\,020.37 - 539.5^2)}}$$

$$= \frac{196\,824.3}{199\,133.3}$$

$$\approx 0.988$$

对照表 2-10，已知 $f=n-2=11-2=9$，若 $\alpha=0.05$，则 $r_{\alpha}=0.602$。

$r=0.988>r_{0.05}=0.602$，相关性检验通过。

表 2-10 相关系数检验表

自由度(f) $n-2$	α 0.05	α 0.01	自由度(f) $n-2$	α 0.05	α 0.01	自由度(f) $n-2$	α 0.05	α 0.01
5	0.754	0.874	15	0.482	0.606	25	0.381	0.487
6	0.707	0.834	16	0.468	0.590	30	0.349	0.44
7	0.666	0.798	17	0.456	0.575	35	0.325	0.418
8	0.632	0.765	18	0.444	0.561	40	0.304	0.393
9	0.602	0.735	19	0.433	0.549	45	0.288	0.372
10	0.576	0.708	20	0.423	0.537	50	0.273	0.354
11	0.553	0.684	21	0.413	0.526	100	0.195	0.254
12	0.532	0.661	22	0.404	0.515	200	0.138	0.181
13	0.514	0.641	23	0.396	0.505	300	0.113	0.148
14	0.497	0.632	24	0.388	0.496	1 000	0.062	0.081

4. 利用回归方程进行预测

已知第 16 年在职员工工资额为第 11 年的 130%，则

$$X=400\times130\%=520\text{(百万元)}$$

代入回归方程 $Y=18.16+0.143\,4X$，可预测 2020 年销售额。

$$\hat{Y}=18.16+0.143\,4\times520=92.728\text{(百万元)}$$

在实际中，由于存在偏差，预测值应该是一个区间，一般要求实际值位于这个区间范围的概率应达到 95%以上。这个区间被称为预测值的置信区间。当数据点在回归直线附近并接近正态分布时，置信区间应为 $\hat{Y}\pm2S$，其中，

$$S=\sqrt{\frac{1}{n-2}\sum(Y-\hat{Y})^2}$$

即

$$S=\sqrt{\frac{(1-r^2)\left[\sum Y^2-\frac{\left(\sum Y\right)^2}{n}\right]}{n-2}}$$

这样可得出本例中置信区上、下限的两条控制线：

$$S=\sqrt{\frac{(1-0.988^2)\left(29\,020.37-\frac{539.5^2}{11}\right]}{11-2}}\approx2.62$$

上限

$$Y_i = \hat{Y} + 2S = 92.728 + 5.24 = 97.968\text{（百万元）}$$

下限

$$Y_i = \hat{Y} - 2S = 92.728 - 5.24 = 87.488\text{（百万元）}$$

故第 16 年该厂笔记本电脑销售额预测值的置信区间为 8 748.8 万～9 796.8 万元。

（四）总结

回归分析进行预测涉及以下基本工作。

① 求真实回归直线的系数。使样本数据散点图中各点到真实回归直线的误差平方和最小，对数据点进行拟合。

② 用最小二乘法找到对样本拟合得最好的回归直线。

③ 进行相关性检验，验证回归曲线的拟合效果是否符合要求。

④ 确定置信区间，估计预测值的上下限约束。

案例与分析

假设某地区一家玻璃幕墙生产企业，需要预测玻璃幕墙的市场需求量。根据经验可知，玻璃幕墙的需求量与城镇建筑竣工面积和 20 层以上商务楼竣工面积有关。将玻璃幕墙需求量作为预测对象 Y（因变量），城镇建筑竣工面积作为自变量 X_1，把 20 层以上商务楼竣工面积作为自变量 X_2，初步判断预测函数其符合如下二元回归方程：

$$Y = a + b_1X_1 + b_2X_2 \tag{2-37}$$

(1) 根据表 2-11 的样本数据建立市场需求预测的回归方程。

(2) 从该地区最新的十年城市规划可知，城镇建筑竣工面积 X_1 和 20 层以上商务楼的竣工面积 X_2 在 10 年后分别增长 70%与 95%。请对 10 年后该城镇玻璃幕墙的需求量做出预测。

表 2-11 样本数据

时间（年）	玻璃幕墙需求量 Y（万平方米）	城镇建筑竣工面积（百万平方米）X_1	20 层以上商务楼竣工面积（百万平方米）X_2	$X_1 \cdot Y$	$X_2 \cdot Y$	$X_1 \cdot X_2$	X_1^2	X_2^2
1	47	9	1.4	423	65.8	12.6	81	1.96
2	61	9	1.2	549	73.2	10.8	81	1.44

续 表

时间（年）	玻璃幕墙需求量 Y（万平方米）	城镇建筑竣工面积（百万平方米）X_1	20层以上商务楼竣工面积（百万平方米）X_2	$X_1 \cdot Y$	$X_2 \cdot Y$	$X_1 \cdot X_2$	X_1^2	X_2^2
3	46	10	1.1	460	50.6	11.0	100	1.21
4	37	18	0.9	666	33.3	16.2	324	0.81
5	53	19	1.1	1 007	58.3	20.9	361	1.21
6	80	19	1.5	1 520	120.0	28.5	361	2.25
7	103	23	1.3	2 369	133.9	29.9	529	1.69
8	141	21	1.7	2 961	239.7	35.7	441	2.89
9	110	10	1.2	1 100	132.0	12.0	100	1.44
10	111	22	1.2	2 442	133.2	26.4	484	1.44
Σ	789	160	1.26	13 497	10 400	204.0	2 862	16.34

解：

(1) 利用最小二乘法，推导出三个联立方程，求解三个系数。

$$\begin{cases} \sum(Y)=na+b_1\sum X_1+b_2\sum X_2 \\ \sum(X_1Y)=a\sum X_1+b_1\sum X_1^2+b_2\sum(X_1\cdot X_2) \\ \sum(X_2Y)=a\sum X_2+b_1\sum(X_1\cdot X_2)+b_2\sum X_2^2 \end{cases}$$

然后，计算系数 a 和偏回归系数 b_1、b_2。

将表中的数据代入方程组，得到

$$\begin{cases} 10a+160b_1+12.6b_2=789 \\ 160a+2\,862b_1+204b_2=13\,497 \\ 12.6a+204b_1 16.34b_2=1\,040 \end{cases}$$

求解方程组得

$$a=-66.446$$

$$b_1=2.196$$

$$b_2=87.474$$

则二元回归方程为

$$Y=-66.446+2.196X_1+87.474X_2$$

（本例通过检验）

(2) 由题意可知，该城镇十年后建筑竣工面积

$$X_1 = 22 \times 170\% = 37.4 \text{（百万平方米）}$$

该城镇 10 年后 20 层以上商务楼的竣工面积

$$X_2 = 1.2 \times 195\% = 2.34 \text{（百万平方米）}$$

代入公式 2-37，得到该城镇十年后玻璃幕墙市场的需求量

$$\begin{aligned} Y &= -66.446 + 2.196X_1 + 87.474X_2 \\ &= 66.446 + 82.13 + 204.69 \\ &= 353.27 \text{（百万平方米）} \end{aligned}$$

因此，预测该城市 10 年后玻璃幕墙的市场需求量为 3.532 7 亿平方米。

三、以线性化解决非线性函数的经济问题

(一) 非线性经济问题的线性解决

经济变量间的线性关系并非普遍存在，它们大多数呈现为各种非线性关系。如果经济变量关系在图形描述中表现为形态各异的曲线，就属于非线性回归的范畴。其中，曲线函数关系的问题在经济中最为常见。

目前，我们探讨的需求与供给函数多以线性为主，但客观上很多也是呈曲线形态。比如农产品的供给会受到季节影响，形成波动；创新产品在推出后，其供需会受到产品兴衰周期的影响而体现为波动曲线；寒冷地区的工程施工或冬季于寒带海域航行会受到季节性冰冻期的影响等。这些都会导致供给与需求呈现非线性的特点。

国民经济部门大多数是常年生产、常年消费的。但是，也有不少部门是季节性生产、常年消费的，如农副业、蔗糖、甜菜加工等；有些部门是常年生产、季节性消费的，如空调、壁炉、电冰箱、电风扇及应时服装等；有些部门是季节性生产、季节性消费的，如清凉饮料、某些蔬菜和水果等。

因此，做好商品随季节性波动的预测，对于认识和掌握特定商品的供需特性，合理安排与组织生产，提高企业经济效益，为社会生产适销对路的产品，具有十分重要的意义。

在熟悉以线性回归分析供需问题后，对一些涉及季节性波动的非线性问题的解决，可以通过一定的方式转换为线性问题加以解决。非线性回归方程参数估计的基本方法是将非线性方程转化为线性方程，把曲线回归问题转变换成线性回归问题来处理。

（二）季节性波动的市场预测

例 2-4： 某企业生产某种季节性波动的产品，第 1～2 年各月销量数据，如表 2-12 所示。现在要求预测该企业第 3 年 1、2、3 月份的销售量。

表 2-12 第 1～2 年各月份数据表

月份 X	销售量 Y（万件）	X^2	$X \cdot Y$	估计值	季节性系数 (6)=(2)/(5)
(1)	(2)	(3)	(4)	(5)	(6)
（第 1 年）1	6.51	1	6.51	5.476	1.189
2	6.05	4	12.10	5.536	1.093
3	5.51	9	16.53	5.596	0.985
4	5.20	16	20.80	5.656	0.919
5	5.11	25	25.55	5.716	0.894
6	5.10	36	30.60	5.776	0.883
7	5.15	49	36.05	5.836	0.882
8	5.21	64	41.68	5.896	0.884
9	5.47	81	49.23	5.956	0.918
10	6.42	100	64.20	6.016	1.067
11	6.95	121	76.45	6.076	1.144
12	7.11	144	85.32	6.136	1.159
（第 2 年）13	7.07	169	91.91	6.196	1.141
14	6.83	196	95.62	6.256	1.092
15	6.43	225	96.45	6.316	1.018
16	6.08	256	97.28	6.376	0.954
17	5.95	289	101.15	6.436	0.924
18	5.88	324	105.84	6.496	0.905
19	5.91	361	112.29	6.556	0.901
20	5.99	400	119.80	6.616	0.905
21	6.15	441	129.15	6.676	0.921
22	6.77	484	148.94	6.736	1.005
23	7.43	529	170.89	6.796	1.093
24	7.71	576	185.04	6.856	1.125
$\sum X=$ 300	$\sum Y=$ 147.99	$\sum X^2=$ 4 900	$\sum XY=$ 1 919.38		

对季节性波动预测的分析步骤如下。

1. 描绘数据分布图

根据表 2-12，确定波动形式，如图 2-15 所示。

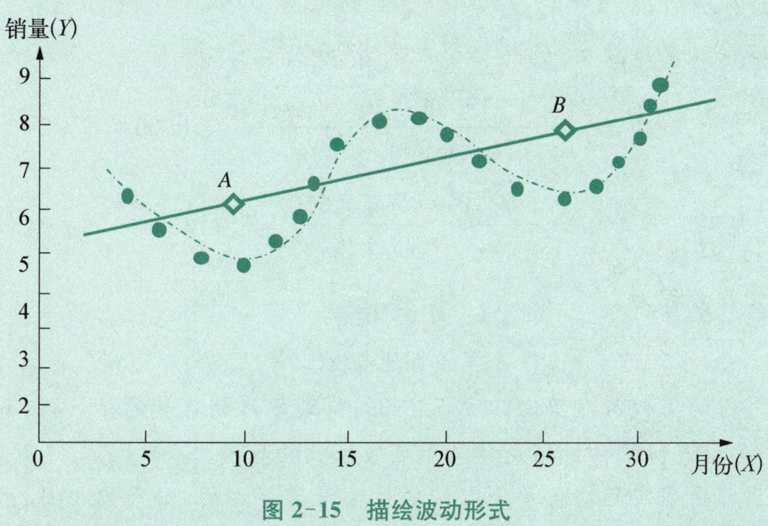

图 2-15 描绘波动形式

图 2-15 描绘的曲线波动形态包括两种变动：一是季节性波动，12 个月为一个变动周期，春、冬两季为旺季，夏、秋两季为淡季；一是趋势变动，销售量逐月变动的总体趋势，由直线 AB 表示，是一元线性回归方程，函数表达式为

$$Y = a + bX \tag{2-38}$$

2. 确定长期波动趋势

长期增长趋势波动的确定，根据对预测质量的要求不同，有三种方法。

(1) 随手画法

如果增长趋势接近于直线，就可以采取随手画法，利用直尺，根据数据点的分布，画一条直线，直线尽可能经过所有各点的中间，能反映数据点的总趋势。这种方法误差较大，只有在预测质量要求不高时可采用。

(2) 利用月平均增长率定点画出一条直线

根据表 2-12 的数据，分别求出第 1、2 年的月平均销售量。

$$第\ 1\ 年月平均销售量 = \frac{69.79}{12} = 5.816(万件)$$

$$第\ 2\ 年月平均销售量 = \frac{78.2}{12} = 6.517(万件)$$

$$两年间每年平均增长量 = \frac{6.517 - 5.816}{2} = 0.351$$

如果将平均销售量作为年中(6 月份)的销售量,可在图 2-15 标出 A、B 两点。其中 A 点为第 1 年 6 月份,Y 坐标值为 5.776;B 点为第 2 年 6 月,Y 坐标值为 6.496。连接 A、B 两点即为长期趋势。这种方法误差也比较大。

(3) 回归分析

以最小二乘法求系数 a、b,根据公式 2-33 和公式 2-34,

$$b=\frac{24\times 1\,919.38-300\times 147.99}{24\times 4\,900-300^2}=0.06$$

$$a=\frac{147.99-0.06\times 300}{24}=5.416$$

则趋势回归方程为

$$Y=5.416+0.06X \tag{2-39}$$

将各个月份的值代入趋势回归方程 2-39,得到各月销售量的估计值,如表 2-12 第(5)列所示。各个月份的估计值是计算季节性系数的基础。

季节性系数是用实际销售量除以销售量估计值得到的,如表内 1 月份季节性系数的算法为

6.51÷5.476=1.189 (第 1 年 1 月份)

5.95÷6.436=0.924 (第 2 年 1 月份)

因为从实际数据观察这是两个完整循环周期,因此应将每年相同月份的季节性系数进行平均,取其平均值,作为预测时不同月份的季节性系数,如表 2-13 所示。

表 2-13 第 1、2 年季节性系数表

月 份	第 1 年季节性系数	第 2 年季节性系数	平均季节性系数
1	1.189	1.141	1.165
2	1.093	1.092	1.093
3	0.985	1.018	1.002
4	0.919	0.954	0.937
5	0.894	0.924	0.909
6	0.883	0.905	0.894
7	0.882	0.901	0.892
8	0.884	0.905	0.895
9	0.918	0.921	0.92
10	1.067	1.005	1.036
11	1.144	1.093	1.119
12	1.159	1.125	1.142

3. 建立预测函数并预测

假设季节性系数为 S_t，如果预测某月(t)销量，则 t 月的预测值为

$$Y=(a+bX_t)S_t$$

则第3年1～3月的产品销售量分别为

1月份 $Y_{25}=(5.416+0.06\times 25)\times 1.165=8.057$(万件)

2月份 $Y_{26}=(5.416+0.06\times 26)\times 1.093=7.625$(万件)

3月份 $Y_{27}=(5.416+0.06\times 27)\times 1.002=7.050$(万件)

(三) 其他可线性化的曲线函数

常见的非线性函数还有幂函数、对数函数、指数函数及龚珀资(Compertz)函数，可以将它们转化为线性函数来解决问题。

1. 幂函数

$$Y=aX^b$$

两边取对数，

$$\lg Y=\lg a+b\lg X$$

令 $\lg Y=Y'$, $\lg a=a'$, $\lg X=X'$

则 $Y=a'+bX$

2. 对数函数

$$Y=a+b\ln X$$

令 $X'=\ln X$

则 $Y=a+bX'$

3. 指数函数

$$Y=ae^{bx}$$

两边取自然对数，

$$\ln Y=\ln a+bX$$

令 $Y'=\ln Y$, $a'=\ln a$

则 $Y'=a'+bX$

3. 龚珀资函数

龚珀资曲线是一种常见的增长曲线，初期增长速度慢，随后增长速度渐次加快，达到一定水平后，生产率逐渐降低，进入稳定状态。

产品生命周期就属于这一类。新产品开发初期，产品在试销阶段，增长速度较慢；市场打开之后，产品适销，销量迅速增长；随后市场达到饱和，这时的产品如果不加改进，就会进入滞销阶段，进入衰退及消亡期。

龚珀资函数方程为

$$Y = Ka^{bt}$$

两边取自然对数，可得

$$\ln Y = \ln K + (\ln a)bt$$

令 $Y' = \ln Y$，$K' = \ln K$，$a' = \ln a$，$b' = bt$

则 $Y' = K' + a'b'$

第三章

生产与决策

本 章 导 读

1. 短期生产函数指一种可变要素投入的生产函数，习惯上将这个生产要素设定为劳动力 L。它有三项主要衡量指标：总产出 TP、平均产出 AP 、边际产出 MP。$MP=0$ 时，TP 有极值。通过三大主要指标及其关系的分析，可以总结出许多常用的准则，可根据这些特点求解最大、最小等极值问题。

2. 长期生产中所有要素都是可变的，通常选取劳动力 L 与资本 K 两种可变要素进行分析。两种要素的投入关系是确定最优生产规模的核心问题。通过确定等产量线的斜率，可以分析两种生产要素的投入方式(如采用固定投入的生产、固定替代比生产)。在可变投入关系中，边际技术替代率 $MRTS_{LK}$ 递减影响了要素投入组合。通过分析，可以提炼出生产成本最小或产出最大时的边际技术替代率准则，确定生产的经济区域与不经济区域。

3. 企业生产中经常会用固定投入比生产函数以及柯布-道格拉斯生产函数进行分析。最后，除了单个企业的生产，社会范围的生产会涉及多个相互关联的经济部门，可以用投入-产出表分析。

第一节　短期生产函数与决策

一、一种可变要素的生产函数

（一）内涵与公式

短期生产函数的基本假设是，技术条件不变，至少一种要素投入不变，而其他要素可变。对于生产要素，一般只考虑劳动 L 和资本 K 两种要素，通常假定劳动 L 为可变要素，资本 K 为不变要素。这种情况通常表示短期内固定资产的投入难以改变，而劳动投入可变。这样的函数被称为一种可变要素的生产函数。

短期生产函数的函数表达式为

$$Q=f(L,\overline{K})$$

$\overline{K}$ 代表资本要素 K 不变。

如果只考虑可变变量劳动 L，也可以将其直接表达为一种可变要素的生产函数：

$$Q=f(L)$$

总产量、平均产量和边际产量是生产函数的三项主要指标。在研究一种可变要素的短期生产函数时，同样涉及这三项主要变量。

假设某工厂，短期内土地、厂房、设备、原料，以及技术等生产要素维持现有水平，产量只与劳力投入数量 L 相关，当 L 由 1 单位增至 8 单位时，其产量变化如表 3-1 所示。

表 3-1　随劳动变化 *TP*、*MP*、*AP* 变化数据表

劳动 L	总产量 TP	边际产量 $MP=\Delta TP/\Delta L$	平均产量 $AP=TP/L$
1	49	49	49
2	120	71	60
3	197	77	65.67
4	270	73	67.50
5	328	58	65.60
6	356	28	59.33
7	345	−11	49.29
8	288	−57	36

总产量 TP、边际产量 MP 与平均产量 AP 随 L 投入量的变化关系分析如下所示：

① 各指标达到最高产量时，要素投入量不同，最高点前后变化趋势不同。从表 3-1 中发现，在资本不变的情况下，随着劳动的投入，总产量、边际产量与平均产量先是递增，在达到各自的最高点时，又分别开始递减。三者达到最高点的要素投入数量是不同的。

② 如表 3-1 所示，劳动投入第 3 个时，边际产量达到最大值 77。这时平均产量递增趋势还未结束，在劳动继续投入到第 4 个时，平均产量才达到最大值 67.5。边际产量最大时，总产量 TP 为 197，未达到最大值。平均产量最大时，总产量为 270，也不是最高点。再继续投入劳动，这时边际产量与平均产量都呈现递减趋势。当劳动投入增加到第 6 个时，总产量达到最大值 356，对应的边际产量为 28，平均产量为 59.33。如果继续增加工人投入，我们首先注意到，边际产量开始出现负值。第 7 个劳动投入时，边际产量变为 −11，平均产量由于继续平均以前的产量，下降速度必然比边际产量慢，其达到负值必然晚于边际产量。

③ 产品价格与数量的决定。由于总产量是边际产量累加而成的，当边际产量为负值前，企业总产量达到最大值。投入第 6 个单位劳动时，总产量最大。

（二）短期生产函数分类

1. 总产量

总产量指一定数量的生产要素可以生产出来的最大产量。在资本不变的条件下，总产量指一定的劳动投入量可以生产出来的最大产量，通常记为 TP_L，表达式为

$$TP_L = f(L, \overline{K})$$

或

$$TP_L = f(L)$$

相反，如果劳动不变、资本可变，总产量通常记为 TP_K，表达式为

$$TP_K = f(\overline{L}, K)$$

或

$$TP_K = f(K)$$

2. 平均产量

劳动的平均产量指每单位可变劳动投入的平均产量，通常记为 AP_L，表达式为

$$AP_L = \frac{TP_L}{L}$$

资本的平均产量指每单位可变资本投入的平均产量，通常记为 AP_K，表达式为

$$AP_K = \frac{TP_K}{K}$$

3. 边际产量

边际产量指增加一单位某要素投入量所增加的产量，表示生产要素投入量变化所导致

的总产量的变化。若生产要素投入的变动是连续的极其微小的变化,可通过对总产量函数求导而得,以 $MP = \mathrm{d}TP/\mathrm{d}X$ 表达。X 为投入的生产要素数量。

如果以投入以单位增量增加,边际产量表达式为

$$MP = \frac{\Delta TP}{\Delta L}$$

$$MP = \lim_{\Delta L \to 0} \frac{\Delta TP(L)}{\Delta L} = \frac{\mathrm{d}TP(L)}{\mathrm{d}L}$$

劳动的边际产量 MP_L 指增加一单位劳动投入量所增加的产量,表达式为

$$MP_L = \frac{\Delta TP_L}{\Delta L}$$

资本的边际产量 MP_K 指增加一单位资本投入量所增加的产量,表达式为

$$MP_K = \frac{\Delta TP_K}{\Delta K}$$

二、短期生产函数分析

(一)边际报酬递减规律

1. 数据表分析

可以列出数据表来分析短期生产的三个主要变量——总产量、平均产量和边际产量的变化情况,并通过建立随着劳动 L 投入的变化而变化的产量情况,观察 TP、AP、MP 的变化趋势及规律,同时观察彼此间的变化关系。下面举例说明,假设 TP、AP、MP 的变化数据如表 3-2 所示。

表 3-2 短期生产 TP、AP、MP 变化数据表

L	*TP*	*AP*	*MP*
0	0	0	—
1	1.50	1.5	1.50
2	5	2.50	3.50
3	10	3.33	5
4	16.50	4.13	6.50
5	20.50	4.10	4
6	22	3.67	1.50
7	19	2.71	−3
8	14	1.75	−5

根据以上数据，可以绘制 TP、AP 与 MP 的趋势曲线，如图 3-1 所示。

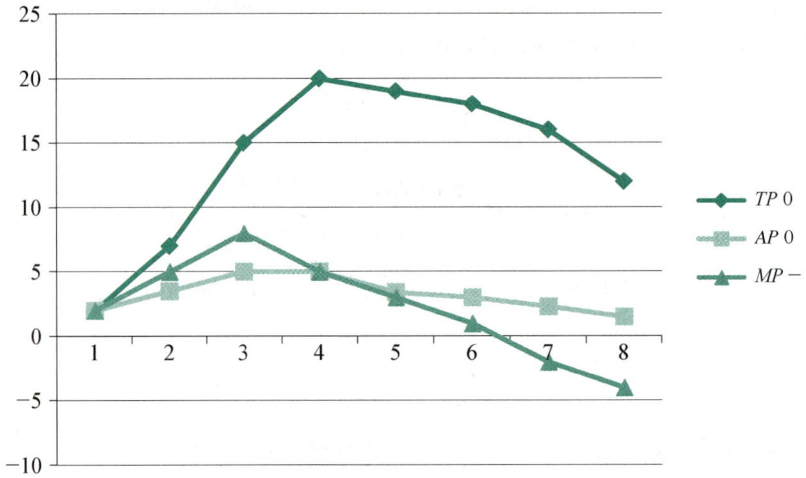

图 3-1 描绘 TP、AP 与 MP 的运行趋势曲线

处于最高位的是 TP 曲线，位于其下的则为 AP 曲线与 MP 曲线，而且两者在投入第 4 个劳动时形成交点。AP 曲线与 MP 曲线除了与 TP 曲线在起点一致，始终在 TP 曲线下方。

2. 边际报酬递减规律及成因

在技术水平一定的条件下，如果一种要素的投入量不断增加，其他要素投入量保持不变，开始时会使产量增加；但当这种要素的投入量增加到一定程度后，产量增加的速度会变慢，即该要素的边际产量会逐渐减小；若继续增加要素的投入量，最终可能会导致产量减少。

边际报酬递减规律的原因是，随着可变要素投入量的变化，固定投入与可变投入的比例也在不断变化。开始时配置由不合理逐渐变得合理，生产效率有所提高；而后再由合理逐渐变得不合理，生产效率逐渐降低。该规律在各行各业生产系统中普遍存在，说明了投入与产出之间的内在关系。

在表 3-2 与图 3-1 中都可以发现，当一种可变要素，如劳动投入达到一定数值时，MP 达到最高，再继续投入劳动，MP 将会逐渐降低。

（二）短期生产函数的特点与相互关系

1. 总产量曲线

从图 3-2 中可以看出，随着劳动的投入，总产出从 O 点开始逐渐增加，在经过 L_1 后一直增加到 L_2。这说明在 L_2 之前企业的边际产量 MP 是处于正值状态。但是，总产量 TP 曲线并非一直在递增，而企业的总收益则处于一直递增状态。

可以通过原点 O 作射线与 TP 曲线相交的方式，获得平均产量 AP，表达式为

$$AP=\frac{TP}{L}$$

其值等于从原点出发过 TP 曲线上的每一点射线的斜率。

2. 平均产量曲线与边际产量曲线

在图 3-3 中，随着劳动的投入，MP 曲线经历了递增、递减但仍为正值、递减且为负值三个阶段。分别处于 L'_1 之前，L'_1 与 L_2 之间，以及 L_2 以后。

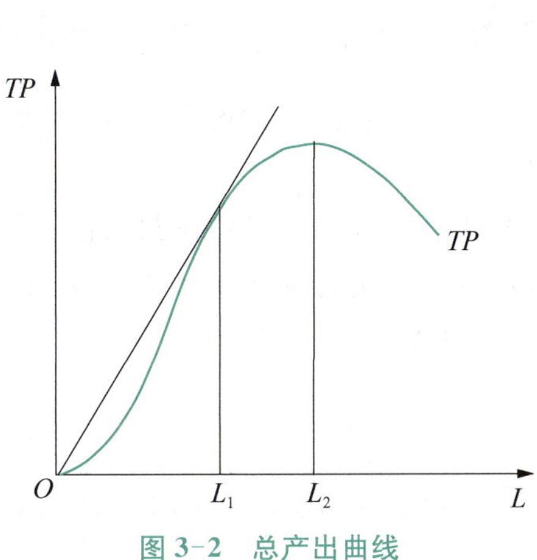

图 3-2　总产出曲线

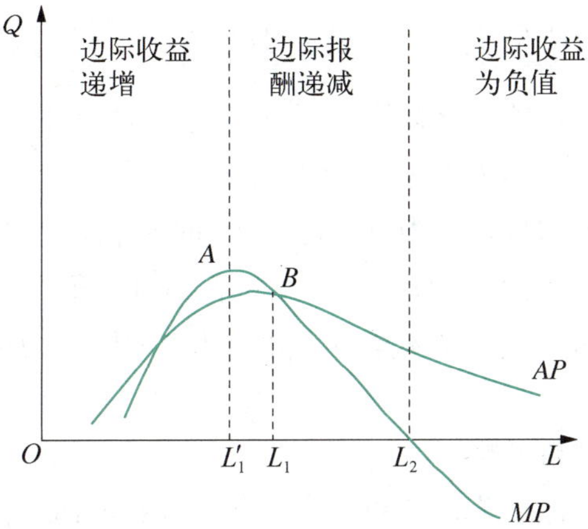

边际收益递增　边际报酬递减　边际收益为负值

图 3-3　平均产量曲线与边际产量曲线

在 MP 曲线达到最高点 A 后，AP 仍在继续递增，直到劳动投入到 L_1，AP 曲线才达到最高点 B。B 点也是 AP 曲线与 MP 曲线的交点。B 点以后，AP 曲线开始递减，但仍位于 MP 曲线之上，即 AP 大于 MP。

3. TP、AP、MP 之间的关系

如图 3-4 所示，把 TP、AP、MP 曲线放到一起加以对比。

$MP > AP$ 时，AP 随要素投入量的增加而增加；$MP < AP$ 时，AP 随要素投入量的增加而减少；$MP = AP$ 时，AP 有极值。

可以用数学的方法证明 MP 曲线与 AP 曲线相交于 AP 曲线的最高点：

$$\frac{\mathrm{d}AP}{\mathrm{d}L}=\frac{\frac{\mathrm{d}TP}{\mathrm{d}L}\cdot L-TP}{L^2}=\frac{\frac{\mathrm{d}TP}{\mathrm{d}L}-\frac{TP}{L}}{L}$$

$$=\frac{MP-AP}{L}$$

当 $MP > AP$ 时，$\frac{\mathrm{d}AP}{\mathrm{d}L}>0$，说明随着 L 的增加，AP 曲线上升；$MP < AP$ 时，$\frac{\mathrm{d}AP}{\mathrm{d}L}<0$，说明随着 L 的增加，AP 曲线下降；$MP = AP$ 时，$\frac{\mathrm{d}AP}{\mathrm{d}L}=0$，说明 AP 有极值。

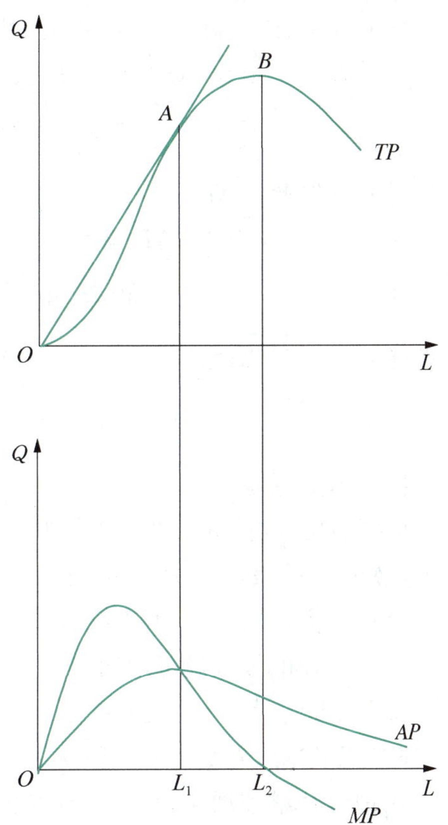

图 3-4　TP、AP 与 MP 的关系图

劳动投入为 L_1 时，AP 最大，此时 $AP=MP$。对应 TP 曲线上的点 A，从原点出发与 TP 曲线相切于 A 点的射线斜率最大。只要 MP 大于 AP，AP 即呈上升趋势；只要 MP 小于 AP，AP 就会开始下降。所以，MP 与 AP 的交点必然在 AP 的最大值点。

MP 是 TP 的一阶导数 $\left(MP=\frac{\mathrm{d}TP}{\mathrm{d}L}\right)$，$MP$ 值等于 TP 曲线上各点的切线的斜率。$MP>0$ 时，TP 随要素投入量的增加而增加；$MP<0$ 时，TP 随要素投入量的增加而下降；$MP=0$ 时，TP 有极大值。

劳动投入量为 L_2 时，MP 曲线与横轴相交，MP 为 0，对应 TP 曲线的最大值点 B，B 点切线斜率为 0。MP 为 0，意味着不再为 TP 贡献边际值。在此之前，只要 MP 为正值，TP 就会增加。劳动投入量一旦超过 L_2，MP 变为负值，TP 开始下降。

案例与分析

假设某工厂的生产函数为 $TP=48L+18L^2-2L^3$，分析该工厂的 TP、AP、MP 的极大值与 L 值。

解：当 $MP=0$ 时，TP 有极大值，则

$$MP=48+36L-6L^2=0$$

解得 $L=8.12$，此时 $TP=2\,647.35$

当 $MP'=0$ 时，MP 有极大值，则

$$MP'=36-12L=0$$

解得 $L=3$，此时 $MP=114$

当 $MP=AP$ 时，AP 有极大值

$$48+36L-6L^2=48+18L-2L^2,$$

解得 $L=4.5$，此时 $AP=88.5$

（三）生产阶段

根据前文分析，可以将生产分为三个阶段进行观察（见图 3-5）。

(1) 第Ⅰ阶段：L 的投入量在 $0\sim L_1$，$MP>AP>0$

随着劳动 L 的投入，要素配置效率不断提高，产品的平均成本趋于下降。该阶段不断增加劳动要素 L 的投入量可增加产量。

(2) 第Ⅱ阶段：L 的投入量在 $L_1\sim L_2$，$AP>MP>0$

TP 增长速度趋缓。该阶段从 AP 曲线最高点开始，MP 已经处于递减趋势，但 MP 仍大于 0，故 TP 继续增长，直至达到最大值。由于 MP 开始递减，导致其对 TP 的贡献度也开始递减，因而第二阶段 TP 增长速度递减。另外，此时 AP 开始递减，MP 小于 AP。

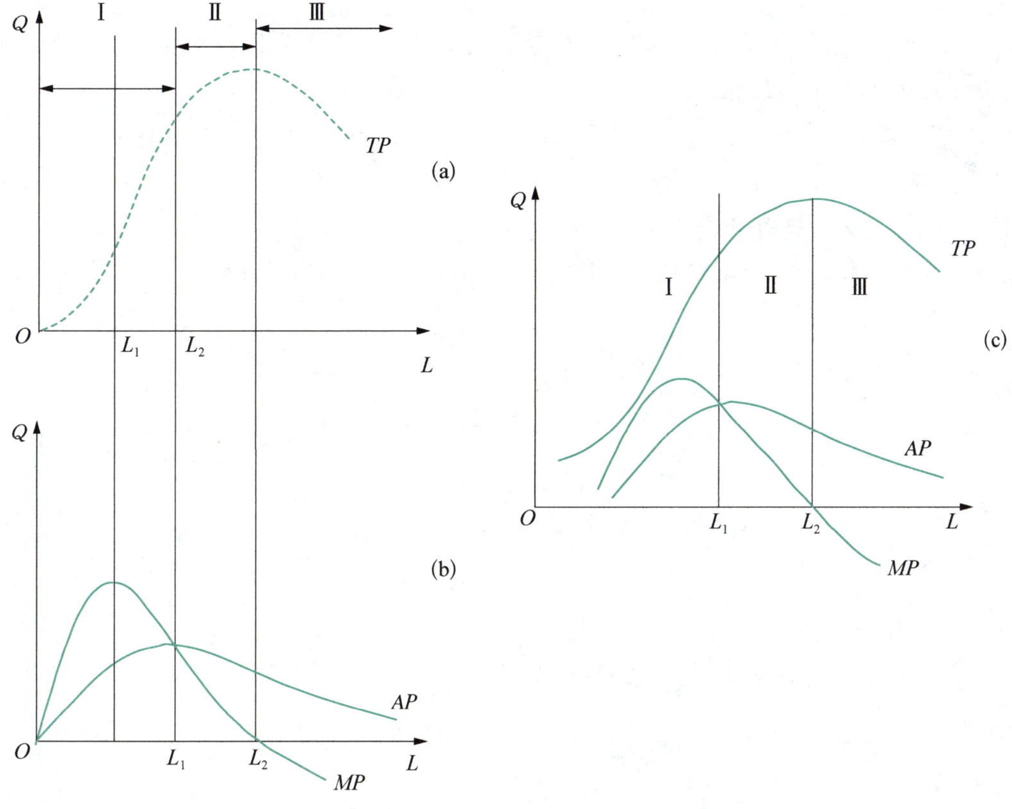

图 3-5　生产三阶段图

(3) 第Ⅲ阶段：L 的投入量超过 L_2，$MP < 0$

在该阶段，随着劳动 L 投入量增加，TP 开始下降。边际产量 MP 为负，企业不会继续投入劳动以增加产量。这时投入愈多，损失愈大。

从如上三个阶段的生产特性分析可知，理性的企业会在第二阶段安排生产，因此，第二阶段又被称为“经济区域”。但究竟在这个阶段的哪一点生产，必须要考虑成本问题，现在尚无法确定。企业怎样确定在经济区域的哪一部分安排生产？我们用如下两个例题来说明。

案例与分析

1. 假设已知某公司的短期生产函数为 $Q = 24X^2 - 0.7X^3$，求边际产量与平均产量函数。

解：求生产函数的一阶导数，得到边际产量函数为

$$MP = 48X - 2.1$$

平均产量函数为

$$AP = (24X^2 - 0.7X^3)/X$$
$$= 24X - 0.7^2$$

这样，在确定要素 X 的不同投入量后，根据边际产量函数和平均产量函数就能求出相应的 MP 与 AP 值。

2. 求边际产量函数及平均产量函数，并判断是否处于生产的合理区间。

假设某厂商的短期生产函数为 $Q=28L+12L^2-L^3$。

(1) 求该企业的平均产量函数和边际产量函数。

(2) 如果 $L=6$，是否处于短期生产的合理区间范围内？为什么？

解：

(1) 平均产量函数：

$$AP(L)=Q/L=(28+12L-L^2)/L$$

边际产量函数：

$$\begin{aligned}MP(L)&=\mathrm{d}Q/\mathrm{d}L=\mathrm{d}(28L+12L^2-L^3)/\mathrm{d}L\\&=28+24L-3L^2\end{aligned}$$

(2) 首先确定 L 投入量的合理区间：

在合理区间的左端，$AP=MP$，则有

$$28+12L-L^2=28+24L-3L^2$$

解得 $L=0$ 或 6

因为 $L>0$，则 $L=6$

在合理区间的右端，$MP=0$，则有

$$28+24L-3L^2=0$$

解得 $L=-0.37$ 和 $L=9.7$

因为 $L>0$，则 $L=9.7$

由此可得，L 投入量的合理区间为[6, 9.7]。因此，$L=6$ 处于短期生产的合理区间的左端点处。

三、可变要素与最优投入量分析

(一) 单一可变要素的最优投入量

如果固定资产一定，企业雇佣多少工人合适？假设某空调制造厂实物资产为 2 000 亿元人民币。我们可以假定这就是该企业的固定资本。但是，多少人使用这些资本存量会使效益最大呢？这是企业普遍面临的问题。

对于研究者来说，正常的考虑路径是，增加一名工人所付出的工资不能大于增加他所能够带来的收益。假定劳动的边际产量是 5 个单位，每单位商品价格 10 000 元，那么，可预见如果企业增加雇佣一名工人，其收益是 50 000 元。如果这名工人的用工成本（工资）是 40 000 元，那么，企业雇佣他可以获得 50 000－40 000＝10 000 元净收益，是值得的。但是，如果这名工人的工资是 55 000 元，那么，就会使企业亏损 5 000 元，因此企业不应该雇佣这名工人。

这个决策原则可以表述为：应当追加可变要素直到其最后一个单位的边际收益产量 MRP 与边际要素成本 MFC 相等。因此，对于劳动要素来说，工人将被雇佣直到边际收益产量 MRP_L 等于工资 W，其表达式为

$$MRP_L = W$$

对等式两边除以 MP_L，可以得到

$$MR = MC$$

它表示边际收益等于边际成本。

下面将对此作详细的阐述。

（二）MRP、MFC 与要素最优投入

1. 内涵

生产三阶段的分析只能找出可变要素投入量的合理区间，若要确定可变要素的最优投入量，必须明确可变要素的边际产量收益 MRP 和边际要素成本 MFC 的概念以及彼此的关系。边际收益产量 MRP 是指增加一单位可变要素（如劳动 L）的投入带来的总收益 TR 的增加量。如果劳动（如以工时计价的劳动）投入的变化无穷小，边际收益产量收益是总收入函数对该投入要素的一阶导数，表达式为

$$MRP_L = \frac{\Delta TR}{\Delta L} = \frac{\mathrm{d}TR}{\mathrm{d}L} \tag{3-1}$$

已知

$$MR = \frac{\Delta TR}{\Delta Q} = \frac{\mathrm{d}TR}{\mathrm{d}Q} \tag{3-2}$$

$$MP_L = \frac{\Delta Q}{\Delta L} = \frac{\mathrm{d}Q}{\mathrm{d}L} \tag{3-3}$$

将公式 3-2、3-3 代入式 3-1，可以得到

$$MRP_L = \frac{\Delta R}{\Delta Q} \cdot \frac{\Delta Q}{\Delta L} = MR \cdot MP_L \tag{3-4}$$

这表示边际收益产量＝边际收益×边际产量。

边际要素成本 MFC 是指增加一单位可变要素的投入给企业带来的总成本 TC 的增加量。如果该可变要素为劳动 L，表达式为

$$MFC_L = \frac{\Delta TC}{\Delta L} \tag{3-5}$$

如果该可变要素为资本 K，表达式为

$$MFC_K = \frac{\Delta TC}{\Delta K} \tag{3-6}$$

2. 生产弹性

生产弹性将投入要素变化与产量变化直接联系起来。

生产弹性是指在生产过程中其他要素不变的条件下，某一可变要素 X 的数量发生一定百分比的变化所引起的产量 Q 的变化百分比。生产弹性反映产量对于某给定要素变动的反应程度，生产弹性函数可以用要素投入的数量关系来表示。生产弹性系数以 E_X 表示，公式为

$$E_X = \frac{\mathrm{d}Q}{Q} \cdot \frac{X}{\mathrm{d}X} \tag{3-7}$$

整理后得

$$E_X = \frac{\mathrm{d}Q}{\mathrm{d}X} \cdot \frac{X}{Q}$$

因为

$$MP_X = \frac{\mathrm{d}Q}{\mathrm{d}X}$$

$$AP_X = \frac{Q}{X}$$

所以

$$E_X = \frac{MP_X}{AP_X} \tag{3-8}$$

该式表明生产弹性等于投入要素 X 的边际产量与平均产量的比值。

3. 单一可变要素的最优投入量

将劳动 L 作为单一可变要素。

分析的前提条件是：企业在经营中以利润最大化为追求目标；其他要素投入不变，MFC_L 只来源于 L 的增加。

$MRP_L > MFC_L$ 时，说明增加一单位 L 的投入，增加的收益超过了增加的成本，企业应增加 L 的投入量，增加总利润。

$MRP_L < MFC_L$ 时，说明增加一单位 L 的投入，增加的收益小于增加的成本，企业应减少 L 的投入量，减少亏损。

$MRP_L = MFC_L$ 时，说明增加一单位 L 的投入，增加的收益等于增加的成本，企业总利润最大，L 要素投入量最优。

图 3-6 中的曲线是边际收益产量 MRP_L。$L=5$ 时，$MRP=2\ 000$；$L=15$ 时，

$MRP = 400$。劳动的最优数量是由边际收益产量 MRP_L 等于要素边际成本 MFC_L 的条件决定的。假设单位劳动价格为400元，$L = 5$时，边际收益产量 MRP_L 大于要素边际成本 MFC_L，企业应该追加劳动的投入，直到两者相等。因此，L 应增加到15，第15个单位劳动的价格与边际收益产量相等。到达此处后，应停止继续增加劳动投入。

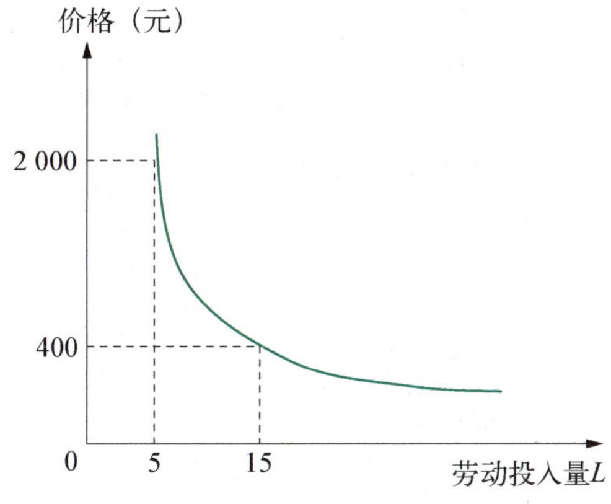

图3-6　边际收益产量与劳动价格

在只有一种可变要素时，很多情况下，该要素的投入量并非越大越好，而是要适度，否则就会发生要素浪费，提高生产成本。

案例与分析[①]

1. 已知生产函数为 $Q=2L^{1/2}K^{1/2}$，求劳动和资本的边际产量函数。

解：

劳动边际产量函数：

$$MP_L=\frac{\mathrm{d}Q}{\mathrm{d}L}=2\left(\frac{1}{2}\right)K^{1/2}L^{\frac{1}{2}-1}=\frac{K^{1/2}}{L^{1/2}}$$

资本边际产量函数：

$$MP_K=\frac{\mathrm{d}Q}{\mathrm{d}K}=2\left(\frac{1}{2}\right)K^{\frac{1}{2}-1}L^{\frac{1}{2}}=\frac{L^{1/2}}{K^{1/2}}$$

2. 假设某机械配件厂的生产函数为 $Q=2L^{1/2}K^{1/2}$。已知 $K=25$，产品价格 P 为8元，工资率 W 为10元，最优劳动投入量是多少？如果工资率 W 增加到15元呢？

解：

$$MRP_L=P\cdot MP_L=P\sqrt{K/L}=8\sqrt{25/L}=\frac{40}{\sqrt{L}}$$

使 MRP_L 与工资率相等：

$$MRP_L=W$$

$$\frac{40}{\sqrt{L}}=10$$

① 彼得森，刘易斯. 管理经济学(第三版)[M]. 吴德庆，译校. 北京：中国人民大学出版社，1998：143-144.

解得 $L=16$

$W=10$ 时,应投入 16 单位劳动

若 $W=15$

$$MRP_L=W$$

$$\frac{40}{\sqrt{L}}=15$$

解得 $L\approx 7.11$

$W=15$ 时,应该投入 7.11 单位劳动。如果劳动单位为人数,则取整。

$$利润\ \pi=TR-TC=80L^{1/2}-15L$$

当 $L=7$ 时,$\pi=106.66$;当 $L=8$ 时,$\pi=106.27$

因此,此时应该雇佣 7 个劳动力。

3. 假设某山地自行车厂商处于短期生产阶段,生产函数 $Q=8KL-2L^2-K^2$,$K=10$。

(1) 求劳动的总产量 TP_L 函数、平均产量 AP_L 函数和边际产量 MP_L 函数。

(2) 分别计算当总产量 TP_L、平均产量 AP_L 和边际产量 MP_L 各自达到极大值时劳动的投入量。

解:

(1) 把 $K=10$ 代入生产函数,得总产量函数为

$$TP_L=f(L,K)=8\times 10L-2L^2-10^2=80L-2L^2-100$$

劳动的平均产量函数为

$$AP_L=\frac{TP_L}{L}=\frac{80L-2L^2-100}{L}=80-2L-\frac{100}{L}$$

劳动的边际产量函数为

$$MP_L=TP'_L=80-4L$$

(2) 当 $MP_L=0$ 时,TP_L 达到极大值

$$80-4L=0$$

解得 $L=20$

当 $AP_L=MP_L$ 时,AP_L 达到极大值

$$80-2L-\frac{100}{L}=80-4L$$

解得 $L=7.07$

$$MP'_L=-4$$

说明 MP_L 始终处于递减阶段，所以 $L=0$ 时，MP_L 达到极大值

第二节　长期生产函数与决策

一、两种可变要素的生产函数

(一) 内涵与公式

从生产的长期趋势看，所有要素都是可变的。理解长短期生产的一个重要差别，就是不变要素的概念仅仅是针对短期生产而言。在长期，常用的两种生产要素劳动 L 与资本 K 都是可变的。长期生产函数也称为两种可变要素投入的生产函数。

假设只有资本 K 与劳动 L 两种生产要素，长期生产函数为

$$Q=f(L, K)$$

不同生产要素在一定程度上可以相互替代的，比如 K 与 L 在同一产量下会有很多种不同数量的要素的组合。

(二) 等产量曲线

1. 内涵与特征

等产量曲线是在技术水平不变的条件下，生产同一产量的两种生产要素投入量的所有不同组合的轨迹，反映两种投入和产出的关系，其表达式为

$$Q=f(L, K)=Q_0(\text{常数})$$

如图 3-7 所示，等产量曲线近似于无差异曲线，曲线上各点代表的要素投入组合的产量都相等。

一般来说，一个坐标图上可以有无数条等产量曲线，其位置越高，代表的产量水平也就越高。它具有如下特征：

① 任意两条等产量曲线都不相交；

② 等产量曲线向右下方倾斜；

③ 等产量曲线凸向原点，斜率递减。

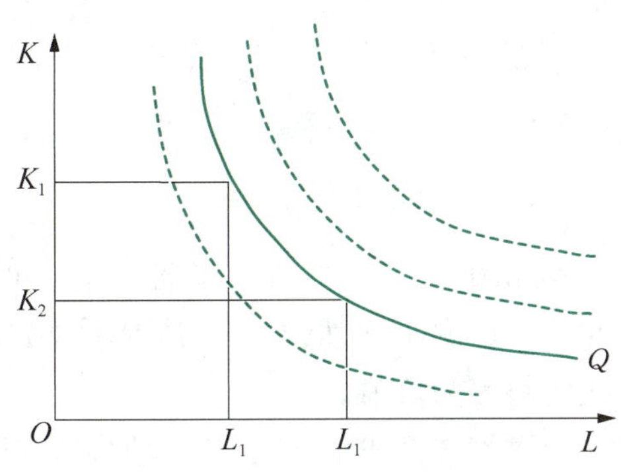

图 3-7　等产量曲线图示

2. 等产量曲线的绘制

表 3-3 记录了某食品公司的两种可变要素资本 K 与劳动 L 的不同组合与相对应的产量。

表 3-3 要素投入组合数据表

资本	劳动				
	1	2	3	4	5
1	15	30	55	65	75
2	25	55	75	80	90
3	55	75	90	95	100
4	65	85	105	115	115
5	75	90	115	120	120

可以发现,不同的 L 和 K 组合可能会形成相同的产量,如表 3-3 中的标记所示。将相同产出的投入组合点表示在图 3-8 中,并画出等产量曲线。

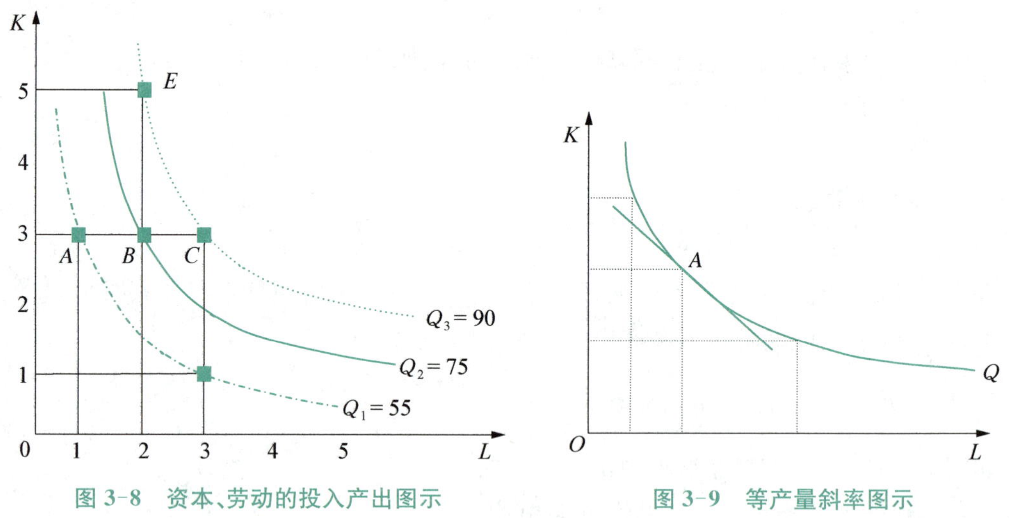

图 3-8 资本、劳动的投入产出图示

图 3-9 等产量斜率图示

3. 等产量曲线的斜率

如图 3-9 所示,等产量曲线 Q 上的各点虽然代表相同的产量,但是它们的斜率都是不同的。这说明,产量不变的情况下,增加一种要素投入需要减少另一种要素投入。等产量曲线的斜率为负值。

在等产量线上,假设 L 增加了,其增加所带来的产量增加,恰好等于 K 减少所导致的产量减少。可以得到如下等式。

$$-\mathrm{d}K \cdot MP_K = \mathrm{d}L \cdot MP_{LX}$$

则等产量曲线的斜率为 $\frac{\mathrm{d}K}{\mathrm{d}L} = \frac{MP_L}{MP_K}$

4. 特殊的等产量曲线

(1) 固定投入比例生产函数的等产量曲线

固定投入比例生产函数又称里昂惕夫生产函数，表示要素投入量的比例是固定的，这种情形在化工行业较为常见。详细分析见本章末附录。其等产量曲线如图 3-10 所示。

固定投入比例生产函数的通常形式为

$$Q = \min\left(\frac{L}{u}, \frac{K}{v}\right)$$

式中，u 和 v 分别表示为固定的劳动和资本的生产技术系数，它们分别表示生产一单位产品所需要的固定的劳动投入量和资本投入量。

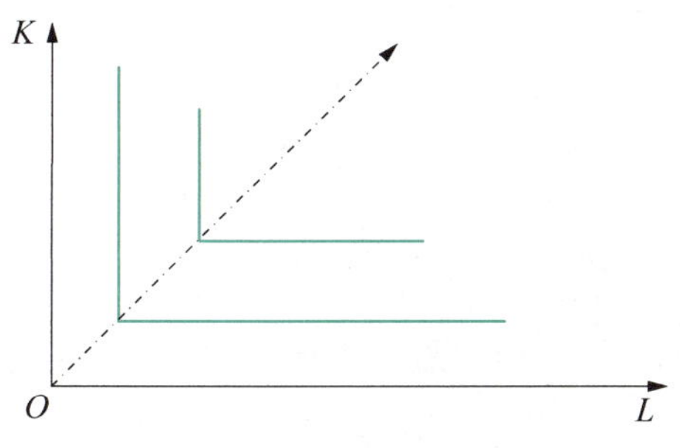

图 3-10 固定投入比例等产量曲线

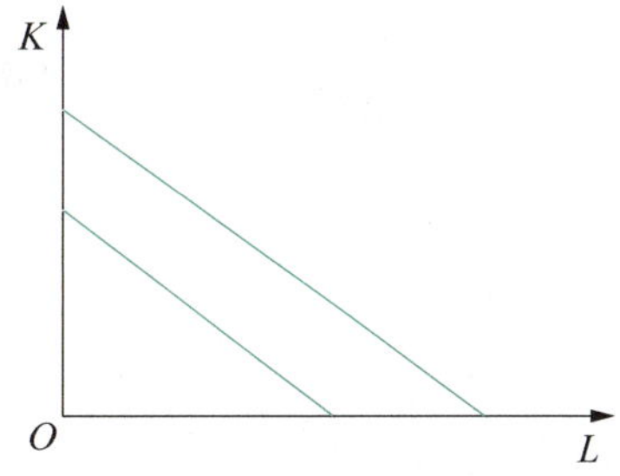

图 3-11 固定替代比例的等产量曲线

(2) 固定替代比例的等产量曲线

固定替代比例生产函数表示资本与劳动的替代比例不变，其等产量曲线如图 3-11 所示。

固定替代比例生产函数公式的通常形式为

$$Q = aL + bK$$

式中，a、b 为不等于 0 的常数，这种情况下劳动对资本的边际技术替代率 $MRTS_{LK}$ 为 $-a/b$。

二、边际技术替代率

(一) 内涵

边际技术替代率 $MRTS$ 是指在维持产量水平不变的条件下，增加一单位的某种要素投入量与所减少的另一种要素的投入量之间的比率。

如图 3-12 所示，当 L 从 L_b 减少到 L_a，K 的变化方向是反向的，从 K_b 增加到 K_a。这样才能使两个要素投入组合的产量保持一致，维持在等产量曲线的轨迹上。

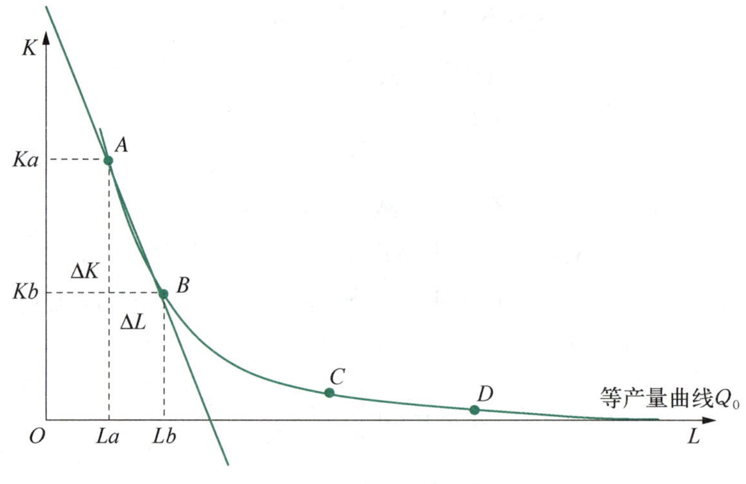

图 3-12　边际技术替代率

劳动对资本的边际技术替代率为

$$MRTS_{LK}=-\frac{\Delta K}{\Delta L}$$

当 $\Delta L\to 0$，则

$$MRTS_{LK}=\lim_{\Delta L\to 0}-\frac{\Delta K}{\Delta L}=-\frac{\mathrm{d}K}{\mathrm{d}L}$$

等产量曲线上某一点的边际技术替代率就是该点斜率的绝对值。

（二）边际技术替代率递减规律

要素之间相互替代的能力有限，并且都是由高到低的，产品的生产终归是多种生产要素组合的结果。因此，有边际技术替代率递减规律：对于两种可变要素，在维持产量不变的前提下，当一种生产要素的数量不断增加时，每增加一单位的这种生产要素所能替代的另一种生产要素的数量是递减的。由于边际技术替代率递减，等产量曲线斜率的绝对值也是递减的，因而等产量曲线凸向原点。

随着一种要素投入量的不断增加，该要素的边际产量不断下降。为了维持同一产量，另一种要素投入量减少，于是边际产量不断增加。因此，需要增加更多该种要素投入，才能够抵消另一种要素减少导致的产量减少。

三、生产的经济区域条件

（一）生产经济区域与不经济区域

前面讨论的是生产的一般情况，即经济区域，但如果考虑特殊情况，则还存在非经济区域。

1. 生产的经济区域

生产的经济区域指等产量曲线斜率为负的区域。如果要保持等产量曲线上的产量不变,企业在连续增加一种要素的投入量时,会不断减少另一种要素的投入量。这种要素替代过程使得企业可以选择不同要素组合中成本最低的,从而达到利益最大化。

2. 生产的不经济区域

在生产的不经济区域,等产量曲线斜率为正,也就是说,企业增加一种要素投入量时,要保持产量处于等产量曲线上,必须同时增加另一种要素投入量,才能保持产量不变。两种要素都增加也只能保持相同的产量,要素投入量增加只会导致成本增加,厂商是难以获得收益的,就会导致亏损。没有一家企业会在等产量曲线斜率为正的点上运营,因为在这种点上总会有一种要素的边际产量为负。

(二) 脊线

1. 内涵

脊线指将等产量曲线上斜率为正值的区域与斜率为负值的区域分开的曲线,是不同等产量曲线的斜率由正变负的转折点所连接起来的线。

具体而言,脊线有两条:一条连接等产量曲线上斜率为 0 的点,一条连接等产量曲线上斜率为无穷大的点。

脊线以内的区域为生产的经济区域,又称生产的相关范围,两种要素的边际产量为正值。脊线以外的区域为生产的非经济区域,有一种要素的边际产量为负值。在这一区域生产,会造成资源的浪费。

2. 脊线的绘制

如图 3-13 所示,有一组等产量曲线,这些等产量曲线不仅有斜率为负的部分,也有为正的部分。等产量曲线的斜率为正值时,说明其中一种生产要素的投入量已达到饱和,再继续使用这种要素时,其边际产量反而为负值,这时不得不靠增加另一种要素的投入量来加以弥补,才能维持总产量不变。

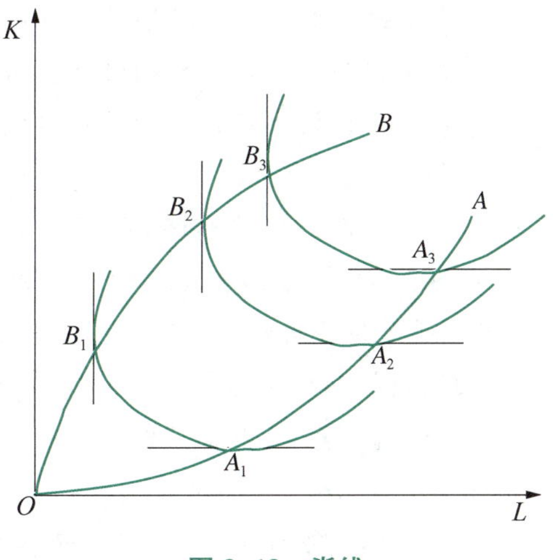

图 3-13 脊线

A_1、A_2、A_3 都是 $MP_L=0$ 的点,将它们连接可得到脊线 OA;B_1、B_2、B_3 都是 $MP_K=0$ 的点,将它们连接可得到脊线 OB。脊线 OA 上每一点,都表示生产某一既定产量水平所必须使用的最小劳动投入量和可能使用的最大资本投入量;脊线 OB 上每一点,都表示生产某一既定产量水平所必须使用的最小资本投入量和可能使用的最大劳动投入量。可见,OA、OB 分别是使用 L、K 的数量的上限,生产者应在 OA、OB 所围成的经济区域内进行生产。

附录 3-1　常见的生产函数

(一) 固定投入比例生产函数[①]

固定比例生产意味着只有一种投入比例可以用来生产。如果产量变化，所有要素只需要依据同一固定比例调节用量。例如，一个工人要配一把铁锹，增加一把锹不会提高生产率。在此类例子中，生产者对投入要素的配比没有决定权，而只能决定产量。但从长期来看，生产者会引入新的工序、发现新的要素等，从而使生产者可以对投入比例进行一定控制。

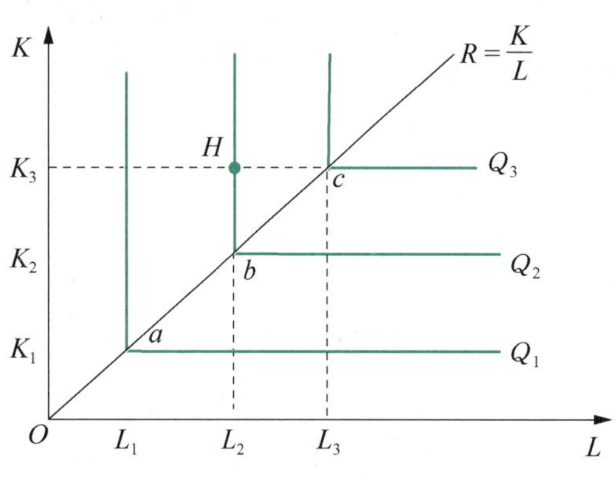

图 3-14　固定投入比例生产函数

一组固定投入比例的等产量曲线如图 3-14 所示，每一个产量水平上任何一对要素投入量之间的比例是固定的，不能相互替代。a、b、c 是不同产量水平下成本最低的点。将这些点连接起来，就形成了一条企业增加产量的路径线 R。只有沿着这条线增加产量成本才是最低的，这条线之外的所有点，要素的组合都不是最优的。

案例与分析

1. 假设某工艺品工厂的生产函数 $Q=\min(15L, 3K)$。

(1) 画出 $Q=120$ 时的等产量曲线。

(2) 推导该生产函数的边际技术替代率函数。

(3) 分析该生产函数的规模报酬情况。

解：

(1) 生产函数 $Q=\min(15L, 3K)$ 是固定投入比例生产函数，其等产量曲线如图 3-15 所示为直角形状，且在直角交点处两要素的固定投入比例为 $K:L=15:3=5:1$。

当产量 $Q=120$ 时，要素投入的产出效果可表达为 $15L=3K=120$，即 $L=8$，$K=40$。相应的 $Q=120$ 的等产量曲线如图 3-15 所示。

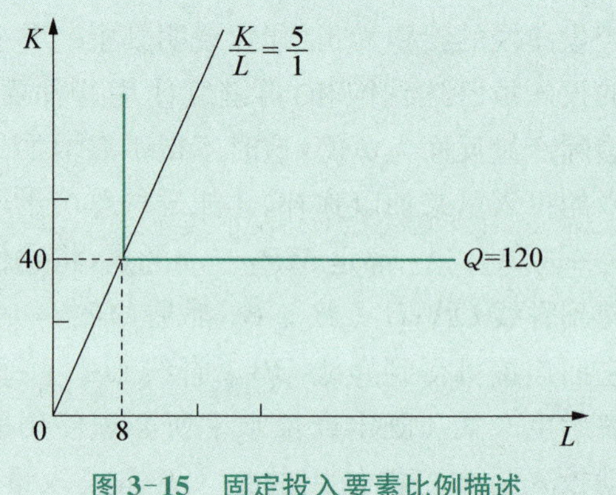

图 3-15　固定投入要素比例描述

---

① 托马斯，莫瑞斯. 管理经济学(原书第 8 版)[M]. 陈章武，葛凤玲，译. 北京：机械工业出版社，2005：216.

(2) 由于该生产函数为固定投入比例生产函数，L 与 K 之间没有替代关系，边际技术替代率 $MRTS_{LK}=0$。

(3) 因为 $Q=f(L, K)=\min(15L, 3K)$

$f(\lambda L, \lambda K)=\min(15\lambda L, 3\lambda k)=\lambda \min(6L, 2K)$

所以该生产函数呈现出规模报酬不变的特征。

2. 已知某制药公司需要生产一份溶液制剂，需要两种原料 X、Y 进行配比。生产函数为 $Q=\min(4X, 5Y)$。

(1) $Q=100$ 时，X 与 Y 的最小值分别是多少？

(2) 如果生产要素的价格分别为 $P_x=10$, $P_y=15$，则生产 500 单位产量时的最小成本是多少？

解：

(1) 生产函数 $Q=\min(4X, 5Y)$ 是固定投入比例生产函数，则成本最优时，

$$Q=4X=5Y$$

$Q=100$，解得 $X=25$, $Y=20$

(2) $Q=4X=5Y=500$

解得 $X=125$, $Y=100$

因为 $P_x=10$, $P_y=15$，则

$$TC=P_xX+P_yY=10\times 125+15\times 100=2\ 750$$

生产 500 单位产量的最小成本为 2 750。

(二) 柯布-道格拉斯生产函数

柯布-道格拉斯生产函数是应用较为普遍的生产函数形式，由数学家柯布和经济学家道格拉斯于 20 世纪 30 年代提出来。它的一般公式为

$$Q=AL^{\alpha}K^{\beta}(0<\alpha<1, 0<\beta<1)$$

A、α 和 β 为参数，A 表示技术水平，α 是劳动所得在总产量中所占的份额，β 是资本所得在总产量中所占的份额。α、β 分别代表劳动与资本在生产中的相对重要性。$\alpha+\beta>1$ 时，规模报酬递增；$\alpha+\beta=1$ 时，规模报酬不变；$\alpha+\beta<1$ 时，规模报酬递减。

本书第二章第四节介绍了非线性函数线性化的生产函数参数估计方法，柯布-道格拉斯生产函数也可以用此方法来估计参数。对柯布-道格拉斯生产函数两边取对数，获得线性回归方程

$$\text{Log } Q=\log A+a\log K+b\log L \tag{3-9}$$

令 $Y=\log Q$, $A'=\log A$, $X_1=\log K$, $X_2=\log L$。代入公式 3-9 得

$$Y = A' + aX_1 + bX_2 \tag{3-10}$$

这样就可以用最小二乘法来估计参数，确定生产函数等式，然后取反对数恢复生产函数原有形式。

案例与分析

某项产品生产的产量函数为柯布-道格拉斯生产函数，$Q = AK^{\alpha}L^{\beta}$。投入两种生产要素劳动 L 与资本 K。表 3-4 是给定的 10 个生产期的产量和要素投入量的数据。

表 3-4 生产期、两种投入要素与产量数据表

生 产 期	产量(Q)	资本投入量(K)	劳动投入量(L)
1	225	10	20
2	240	12	22
3	278	10	26
4	212	14	18
5	199	12	16
6	297	16	24
7	242	16	20
8	155	10	14
9	215	8	20
10	160	8	14

(1) 估计柯布-道格拉斯生产函数的参数(a、b)。

(2) 请用估计出来的参数判断规模收益情况，并计算劳动、资本的边际产量函数。

(3) 如果投入要素组合为 $K = 20$，$L = 30$，请计算资本和劳动的边际产量。

解：

(1) 对函数取自然对数，

$$\ln Q = \ln A + \alpha \ln K + \beta \ln L$$

运行标准的多元回归计算机程序，可得到结果。

$$\ln Q = 2.322 + 0.194 \ln K + 0.878 \ln L$$

$$R^2 = 0.97$$

估计的参数 $\alpha = 0.194$，$\beta = 0.878$，取 2.322 的反对数得 $A = 10.2$。因此，估计的生产函数原来的形式为：

$$Q = 10.02K^{0.194}L^{0.878}$$

(2) 该生产的规模收益递增，因为 $\alpha+\beta=1.072>1$。

资本和劳动的边际产量函数为

$$MP_K=\alpha AK^{\alpha-1}L^{\beta}=0.194(10.02)K^{0.194}L^{0.878}$$

$$MP_L=\beta AK^{\alpha}L^{\beta-1}=0.878(10.02)K^{0.194}L^{0.878}$$

(3) 代入 $K=20$，$L=30$，得出边际产量。

$$MP_K=0.194(10.02)(20)^{0.194}(30)^{0.878}=3.5$$

$$MP_L=0.878(10.02)(20)^{0.194}(30)^{0.878}=10.58$$

附录 3-2　投入-产出分析①

经济分析的计量方法可用来预测一个部门的生产或需求规模与数量的变化，但这种模型不能用来评价这种变化对其他部门的影响。现在的经济体系互相紧密联系，分析产业间的影响和传导机制越来越显示出重要性。

一个经济部门需求的变化，会在很大程度上影响其他部门的需求。例如，钢材、橡胶、玻璃和塑料是生产汽车的重要投入物，因而汽车需求的增加就会引起这四种物品的需求也增加。汽车需求除了对钢材、橡胶、玻璃和塑料生产部门产生直接影响，还会对其他部门产生间接影响。就拿钢材需求来说，为了满足汽车增产的需要，就要增加钢材产量，为此，钢铁业的经理们就需要购进更多的投入物，诸如铁矿、煤和电等。如果预期钢材需求的增加是永久性的，管理当局还可能要购买新的资本物品如炼钢炉等来扩大生产能力。依此下去，这些行为就会进一步影响国民经济的其他部门。这样，随着时间的推移，汽车需求的增加会引起成百个行业的需求也发生变化。

投入-产出分析法又称产业关联分析法，主要用于分析不同产业之间的投入与产出间的价值关系以及彼此影响及作用。这一方法不仅考虑直接影响，而且还考虑对国民经济其他部门的间接影响，对促进国民经济规划及部门间协调均衡发展非常重要。

一、投入-产出表

投入-产出分析是通过说明行业之间历史购销模式的表格来进行的，表格中的数据是通过对企业样本的调查得来的。简单的两部门投入产出表格，如表 3-5 所示。两个部门是制造业和农业，每个部门有生产特定产品的企业组成。例如，制造业部门可能包括生产电子零

① 彼得森，刘易斯. 管理经济学(第三版)[M]. 吴德庆，译校. 北京：中国人民大学出版社，1998：122-125.

部件和计算机的企业;农业部门可能包括生产棉花和羊毛的企业。

表 3-5 的各行表示每个部门的产品是卖给谁的,即产出。表头下的第 1 行第 1 列表示制造业向本部门销售了金额为 8 亿元的产品,属于部门内部交易。例如,电子零部件制造商将产品卖给计算机制造商。表头下的第 1 行第 2 列表示制造业部门卖给农业部门金额为 10 亿元的产品。两者合起来表示制造业销向其他部门的产品金额,称为中间产品,因为它们是生产者卖给其他生产者的,其他生产者再将这些中间产品加工成最终产品卖给消费者。表头下的第 2 行第 1、2 列表示农业产品部门的中间产品。每一行第 3 列是最终产品,即最终卖给消费者的产品。第 4 列是总产出,是售给其他部门的中间产品和售给消费者最终产品之和。

表 3-5 两个部门的投入-产出表

单位:亿元

投入		产出			
		中间产品		最终产品(最终需要)	总产出
		制造业	农业		
中间投入	制造业	8	10	2	20
	农业	6	12	12	30
增加值		6	8		
总投入		20	30		

表 3-5 的各列表示各个部门如何使用自己的收入,即投入。第 1 列表示制造业部门从本部门购买 8 亿元中间产品,从农业部门购买 6 亿元中间产品。部门总投入减去中间投入,剩下的就是增加值,它是最终产品与中间投入的价值的差额。增加值包括工人、资产所有者和政府的支付。表 3-5 中,制造业增加值为 20−8−6=6(亿元)

总产出等于总投入。中间产品和中间投入一起构成交易矩阵。根据表 3-5,投入-产出矩阵如表 3-6 所示。

表 3-6 交易矩阵

单位:亿元

投入		产出	
		中间产品	
		制造业	农业
中间投入	制造业	8	10
	农业	6	12

二、直接消耗系数矩阵

如果交易矩阵中的每个元素都除以该部门产品的总产出(总投入),就得到直接消耗系数矩阵,也叫投入系数矩阵或直接需要矩阵。直接消耗系数矩阵中的每一列可解释为,该列所代表的部门每增加 1 元产出会向每个部门购买的金额。上例的直接消耗系数矩阵如表 3-7 所示。

表 3-7 直接消耗系数矩阵

	制 造 业	农 业
制造业	0.40	0.33
农 业	0.30	0.40

第 1 列表示，制造业部门每增加 1 元产出，会向制造业部门购买 0.4 元中间产品，向农业部门购买 0.3 元中间产品。第 2 列表示，农业部门每增加 1 元产出，会向制造业部门购买 0.33 元中间产品，向农业部门购买 0.4 元中间产品。直接消耗系数矩阵用 A 表示。

三、完全消耗系数矩阵

直接消耗系数矩阵表示一个部门产量变化的直接消耗，但没有考虑间接消耗。例如，制造业部门要生产产品，就要向制造业和农业部门购买中间产品，生产中间产品的企业又会购买它们所需的中间产品……这样，最后的消耗系数就会大于直接消耗系数，这个最后的消耗系数被称为完全消耗系数。它与直接消耗系数的差值被称为间接消耗系数。

完全消耗系数矩阵的推导和运算已经超出本书的范围。习惯上，它用符号 $(I-A)^{-1}-I$ 来表示。A 是直接需要矩阵，I 是单位矩阵，指数－1 表示逆矩阵。就上面的例子来说，完全消耗系数矩阵见表 3-8。

表 3-8 完全消耗系数矩阵

	制 造 业	农 业
制造业	2.30	1.26
农 业	1.15	2.30

每一列表示由该列所代表的部门的总产出每变化 1 元，会使有关部门的产出变化多少。例如，第 1 列表示，在考虑了直接和间接消耗后，制造业总产出每变化 1 元，会使制造业部门的产出变化 2.3 元，农业部门的产出变化 1.15 元。

四、用投入-产出模型进行预测

完全消耗系数矩阵可以用来预测总产出的变化对各部门带来的影响。在上面的例子中，假设农业部门的总产出增加了 50 亿元，制造业部门的产出增加 63（＝50×1.26）亿元，农业部门的产出增加 115（＝50×2.30）亿元。

投入-产出分析法也能用来预测产出变化对就业的影响。方法是假定就业与总产出之间的比率是个常数。例如，假定制造业部门的总产出是 100 亿元，该部门的职工人数为 1 000 000 人，那么就业比例就是 1∶10 000。即每 1 亿元总产出能提供 10 000 个工作岗位。

因此，假设农业总产出增加 50 亿元，制造业产出就会增加 63 亿元，也就会提供 63 万（＝63×10 000）个工作岗位。

案例与分析

一个玻璃厂在考虑扩建，它预计未来汽车总产出将比现在增加 100 亿元。投入-产出模型包括了汽车和玻璃等 5 个部门，完全消耗系数矩阵和就业比率如表 3-9 所示。预期最终需求的增加，会对玻璃业的生产和就业产生什么影响？

表 3-9　完全消耗系数矩阵

	钢	汽　车	计算机	玻　璃	电　力
钢	0.034	0.334	0.008	0.010	0.010
汽车	0.008	0.010	0.009	0.002	0.007
计算机	0.003	0.004	0.110	0.001	0.100
玻璃	0.009	0.090	0.048	0.004	0.005
电力	0.142	0.045	0.010	0.086	0.009
单位产出提供工作岗位数	200 个	1 000 个	800 个	450 个	100 个

完全消耗系数矩阵中第 2 列表示因汽车生产部门总产出变化 1 元引起的各部门产出的变化量。对玻璃行业来说，这个系数为 0.09。因而汽车总产出增加 100 亿元估计将会增加消耗玻璃 0.09×100＝9 亿元。玻璃生产部门的就业比率为每单位产出提供 450 个工作岗位。因此，9 亿元新增玻璃产出估计将创造新的工作岗位 4 050 个。

五、评价与总结

投入-产出模型的主要价值在于，它考虑了部门之间的相互联系。但是除了成本很高外，它还有一定的局限性。最主要的是投入-产出预测法假定所根据的比率是固定的。这一假设在技术变革十分迅速的情况下可能不太现实。

历史上，企业一般很少建立这样的模型，但有些政府机构会。随着数字化、大数据、人工智能的应用，投入-产出模型以前在应用中存在的局限和制约已被逐步突破。

第四章

成本、收益与决策

本章导读

1. 总成本 TC、平均成本 AC、边际成本 MC 等曲线的特征与彼此关系，是分析短期或长期成本问题的依据。短期边际成本 MC 曲线会通过短期平均成本 AC 曲线与短期总成本 TC 曲线的最低点。边际成本 MC 函数为总成本 TC 函数的一阶导数。通过建立 $MC=TC$ 或 $MC=AC$ 之间的函数等式，就可以求解 MC 与 TC 或 MC 与 AC 的交点，即 TC 或 AC 的最低点。

2. 等成本线确定生产要素预算约束。通过成本方程可以确定要素投入的最优组合的条件。等成本线的斜率为 $-w/r$，是两种生产要素价格之比的负数。若要素价格发生变化，等成本线的倾斜程度也会发生变化。通常有三种方法来评价要素最优配置：成本既定，使产量最大；产量既定，使成本最小；利润最大化的产量。

3. 假设要素价格不变，企业增成本投入，等成本线会向远离原点的方向移动，连接各阶段生产点就形成了生产规模的扩展线。根据两种要素投入的增长速度，扩展线分为三种类型：不变要素比例扩展线、资本密集型扩展线、劳动密集型扩展线。

4. 规模报酬描述了企业生产规模变化与产量变化之间的关系，规模报酬有递增、不变及递减三种情形。柯布-道格拉斯生产函数 ($Q=AK^{\alpha}L^{\beta}$)，根据 $(\alpha+\beta)$ "大于""小于""等于" 1，可以判断规模报酬递减、递增还是不变，齐次生产函数也遵循这种判定。

5. 范围经济是企业同时生产两种或多种产品的费用低于分别生产两种产品需要的成本时，企业做出的一种明智的生产选择。

6. 成本函数与生产函数类似，通常为多项式函数或对数函数，一般以三次成本函数与二次成本函数表达。在成本-收益的决策分析中，可以根据多条线性成本函数之间的交点判断产量区间和最优点。

7. 线性规划是在约束条件下进行成本-收益的最优分析的有效方法。

第一节　成本函数与决策

成本函数指在技术水平和要素价格不变的条件下，成本与产出之间的函数关系。简单表达式为

$$C = \Phi(Q)$$

函数关系表示为 Φ，是为了区别于需求函数与供给函数。

需要注意，成本函数和成本方程不同，成本函数表示成本和产量之间的关系，而成本方程表示成本等于投入要素价值的总和。如果只考虑劳动 L 和资本 K，则成本方程是 $C = L \cdot P_L + K \cdot P_k$。成本方程是一个恒等式，而成本函数则是成本和产量的函数关系式。

一、短期成本函数与决策

（一）短期成本的分类

成本可以分为总成本、平均成本、边际成本。在短期，成本又有不变成本（又称不变成本）和可变成本之分。这种分类只针对短期生产而言，因为在长期所有成本都是可变的。因此，短期成本可以分为七种：总不变成本、总可变成本、总成本、平均不变成本、平均可变成本、平均总成本、边际成本。

总不变成本 TFC：短期内生产一定数量的产品对不变生产要素支付的总成本。它不随产量变动而变动，是一个常数。

总可变成本 TVC：短期内生产一定数量的产品对可变生产要素支付的总成本。它会随产量变动而变动，其形状由边际报酬递减规律决定。

总成本 TC：短期内生产一定数量的产品对全部生产要素支付的总成本，包括不变成本和可变成本。

$$TC = TFC + TVC$$

平均不变成本 AFC：短期内平均生产每一单位产品的不变成本。

$$AFC = \frac{TFC}{Q}$$

平均可变成本 AVC：短期内平均生产每一单位产品的可变成本。

$$AVC = \frac{TVC}{Q}$$

平均总成本 AC：短期内平均生产每一单位产品的总成本。

$$AC = \frac{TC}{Q} = AFC + AVC$$

边际成本 MC：短期内增加一单位产量所增加的总成本。

$$MC=\frac{\Delta TC}{\Delta Q}=\frac{\Delta TVC}{\Delta Q}=\frac{\mathrm{d}TC}{\mathrm{d}Q}$$

(二) 短期成本函数之间的关系

图 4-1 所示，总成本 TC 位于总可变成本 TVC 之上，TFC 曲线是总不变成本曲线和总可变成本曲线的叠加。

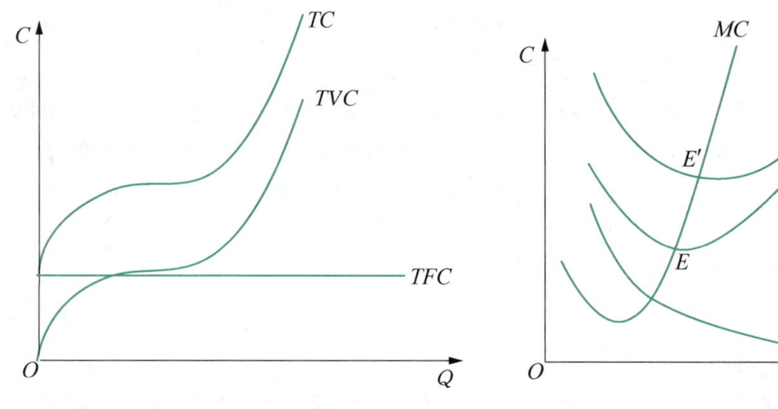

图 4-1　总成本、总不变成本、总可变成本曲线

图 4-2　边际成本、平均成本、平均可变成本、平均不变成本曲线

如图 4-2 所示，平均成本曲线是平均不变成本曲线与平均可变成本曲线的叠加。由于 AVC 曲线是"U"形，所以 AC 曲线也是"U"形。

MC 曲线通过 AC 曲线与 AVC 的最低点 E 与 E'①。

AFC 曲线向右下方倾斜，代表平均不变成本，随产量的增加而递减。

AC 曲线与 AVC 曲线都呈 U 形，随着产量增加，AVC 线无限趋近于 AC 线。

从原点出发过 AC 上某一点的射线的斜率等于该点对应的 AC 值，斜率最小时，是 AC

---

① 数学证明如下：

$$\frac{\mathrm{d}AC}{\mathrm{d}Q}=\frac{\mathrm{d}\left(\frac{TC}{Q}\right)}{\mathrm{d}Q}=\frac{\left[\left(\frac{\mathrm{d}TC}{\mathrm{d}Q}\right)\cdot Q-TC\right]}{Q^2}=\frac{1}{Q}\cdot\left(\frac{\mathrm{d}TC}{\mathrm{d}Q}-\frac{TC}{Q}\right)=\frac{1}{Q}\cdot(MC-AC)$$

$MC<AC$ 时，AC 曲线斜率为负，递减；$MC>AC$ 时，AC 曲线斜率为正，递增；$MC=AC$ 时，AC 曲线斜率为 0，达到极值点(此处为极小值)。

$$\frac{\mathrm{d}AVC}{\mathrm{d}Q}=\frac{\left[\left(\frac{\mathrm{d}TVC}{\mathrm{d}Q}\right)\cdot Q-TVC\right]}{Q^2}=\frac{1}{Q}\cdot\left(\frac{\mathrm{d}TVC}{\mathrm{d}Q}-\frac{TC}{Q}\right)$$

$TC(Q)=TVC(Q)+TFC$，TFC 为常数，则$\frac{\mathrm{d}TC}{\mathrm{d}Q}=\frac{\mathrm{d}TVC}{\mathrm{d}Q}$

$$\frac{\mathrm{d}AVC}{\mathrm{d}Q}=\frac{1}{Q}\cdot(MC-AVC)$$

$MC<AVC$ 时，AVC 曲线斜率为负，递减；$MC>AVC$ 时，AVC 曲线斜率为正，递增；$MC=AVC$ 时，AVC 曲线斜率为 0，达到极值点(此处为极小值)。

曲线达到最低点。从原点出发过 AVC 上某一点的射线的斜率等于该点对应的 AVC 值，斜率最小时，是 AVC 曲线达到最低点。

案例与分析

已知总成本函数 $TC=5\,000+20Q-Q^2+0.05Q^3$，求平均变动成本最低时的产量。

解：

边际成本是总成本函数的一阶导数

$$\frac{\mathrm{d}TC}{\mathrm{d}Q}=MC=20-2Q+0.15Q^2$$

从总成本函数中减去不变成本 5 000 元，可得到总可变成本函数 TVC：

$$TVC=20Q-Q^2+0.05Q^3$$

把 TVC 除以产量 Q，求出平均可变成本 AVC：

$$AVC=\frac{TVC}{Q}=\frac{20Q-Q^2+0.05Q^3}{Q}$$

$$AVC=20-Q+0.05Q^2$$

因为 AVC 曲线的最低点是与 MC 曲线的交点，使 $AVC=MC$，则

$$AVC=MC$$
$$20-Q+0.05Q^2=20-2Q+0.15Q^2$$
$$-0.1Q^2+Q=0$$

解得，$Q=0$ 或 10

$Q>0$，故 $Q=10$

AVC 最低的产量为 10 单位。

也可以使 AVC 的一阶导数等于 0，来求得 AVC 最低时的产量 Q：

$$\frac{\mathrm{d}AVC}{\mathrm{d}Q}=-1+0.1Q=0$$
$$0.1Q=1$$
$$Q=10$$

（三）短期成本函数的图形

一些函数是在以样本数据描绘出曲线后，通过观测而获得的。它是通过对客观事物的

总结而来。特定的曲线应该是什么样子，很多已形成一定的范式。生产函数、成本函数都是如此。大多数成本函数用多项式函数、对数函数来表示。

1. 多项式函数

(1) 三次成本函数

总成本函数通常显示为非线性递增的特点。成本函数曲线的不同阶段会显示出不同的形态，经济学中一般假设短期总成本曲线呈 S 状，可用一个三次函数来表示，如图 4-3(a)所示。常用的函数表达式为

$$STC = -a + bQ + cQ^2 + dQ^3$$

根据变量关系，在知道总成本函数后，边际成本函数与平均成本函数也就随之可知。边际成本函数为总成本函数对数量 Q 的一阶导数，常用的函数表达式为

$$MC = \frac{\mathrm{d}STC}{\mathrm{d}Q} = b + 2CQ + 3dQ^2$$

平均成本函数常用的函数表达式为

$$AC = \frac{STC}{Q} = \frac{a}{Q} + b + Cq + dQ^2$$

由于在短期不变成本是一个常数，可变成本函数与总成本函数的形式基本相同。

(2) 二次成本函数

可以从统计上检验多项式函数中的高次方变量（Q^2，Q^3）的影响，如果回归分析的结果表明 Q^3 不具备统计显著性，那么短期总成本可以用 Q^2 的成本关系来表示，如图 4-3(b)所示。其函数表达式变为

$$STC = a + bQ + cQ^2 \tag{4-1}$$

一般企业成本数据有明显的递增或递减性质时，可以尝试使用这种成本函数。若企业成本处于递增阶段，则 $c > 0$；处于成本递减阶段，则 $c < 0$。

相应的边际成本函数和平均成本函数为

$$MC = \frac{\mathrm{d}(STC)}{\mathrm{d}Q} = b + 2cQ \tag{4-2}$$

$$ATC = \frac{STC}{Q} = \frac{a}{Q} + b + cQ \tag{4-3}$$

从公式(4-2)可以看到，这种二次方的总成本函数意味着边际成本随产量水平的增加而显著增加。边际成本上升几乎是所有制造业的本质特点。

图 4-3 描绘了三次与二次函数的总成本曲线、边际成本曲线和平均总成本曲线。

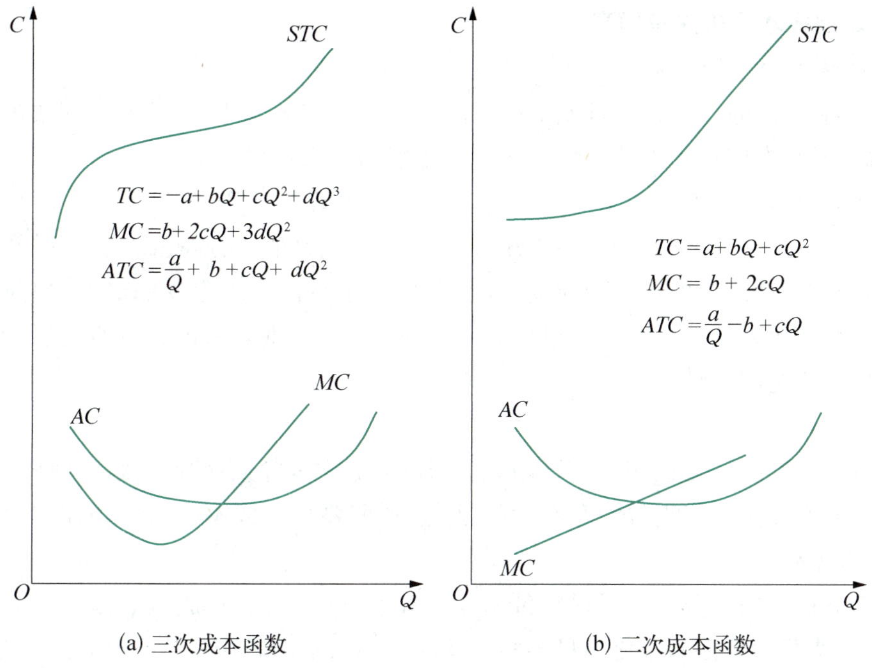

图 4-3 三次、二次成本函数的曲线

2. 对数函数

对于高次成本函数，可以使用对数函数来代表。以短期总成本函数为例，两边取自然对数后，可采取以下形式。

$$\ln STC = a + b\mathrm{Ln}\, Q$$

在第二章第四节中介绍了非线性函数线性化求取系数及确定回归方程的处理程序。两者关系如图 4-4 所示。

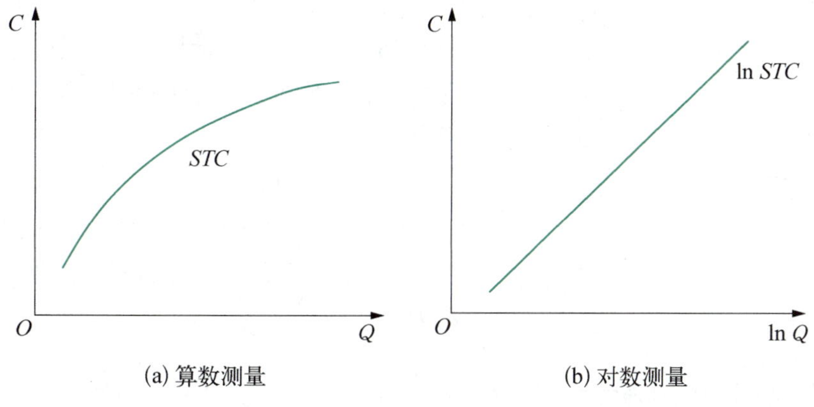

图 4-4 对数的成本-产量关系

对于一个多产品、多投入要素的厂商或生产过程来说，函数方程会变得非常复杂，因为对于所有不同产品和投入要素价格都要增加线性、二次和交叉乘积项。

（四）短期成本分析注意因素

1. 选择适当的分析时期

在观察期内，产品、厂房、设备或工作方法不应发生重大变化，管理方法和政策也应保持不变。例如，不宜在施行重大的降低成本等计划期间进行数据采集。

观察期的长短要对若干因素加以权衡。若采用短暂观察期（如一天或一周），要确保产量在该时间内大致不变，同时能收集大量关键指标的观察值，由此提高统计分析的可靠性。若采用长观察期，就要考虑在不同时期匹配、分摊成本与产量时出现的误差，如前期的成本投入在后期发挥效果。观察期的理想长度还部分取决于企业具有的或调查者所能获得的会计记录的真实情况和详细程度。

2. 修正数据

通过各种标准的矫正程序，可以从成本-产量数据中消除某些其他变量影响。

如果从成本发生期到报告期存在时间延滞，则需要分摊成本。如维修成本的跨周期增加或减少，就需要分摊。

如果在分析期内工资率或原材料价格发生显著变化，就要对成本数据进行通胀或通缩的调整，以反映要素价格的变化。只要利用反映真实水平的恰当价格指数，不同时点上发生的成本就可以表示为购买力相同的真实货币值。

二、长期成本函数与决策

（一）长期成本的分类

长期来看企业的所有成本都是可变的，因而不存在不变成本与可变成本的分类。这个特点会影响到长期平均成本与边际成本函数。

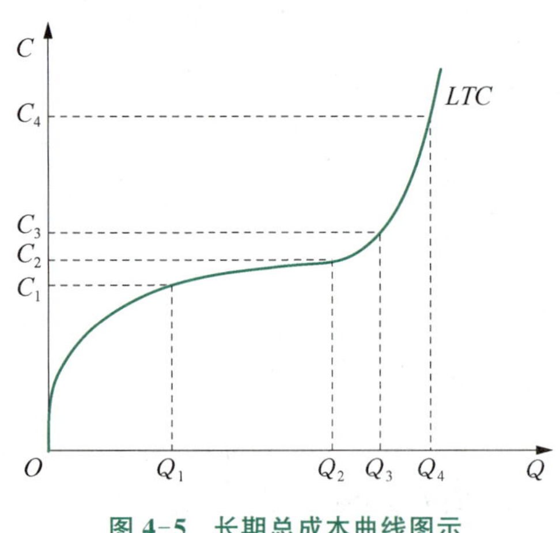

图 4-5 长期总成本曲线图示

1. 长期总成本

长期总成本 LTC 指在工厂规模可以变动的条件下，企业在每个产量水平选择最优生产规模所花费的最低总成本。长期总成本 LTC 曲线如图 4-5 所示。

2. 长期平均成本

长期平均成本 LAC 表示企业在长期内按产量平均计算的最低成本。长期平均成本公式为

$$LAC=\frac{LTC}{Q}$$

（三）长期边际成本

长期边际成本 LMC 指企业生产规模变动条件下，企业每增加一单位产量所增加的长

期总成本，是在长期中增加一个单位产量所引起的成本的增加量。长期边际成本公式表示为

$$LMC=\frac{\Delta LTC}{\Delta Q}$$

$$或\ LMC=\frac{dLTC}{dQ}$$

（二）长期成本与短期成本的关系

1. 长期总成本与短期总成本

如图 4-6 所示，若企业的规模可以无限细分，*LTC* 曲线上的每一点都是该产量水平上最优生产规模的 *STC* 曲线上的点，将这些点连接便形成随生产规模扩大而扩张的 *LTC* 曲线。*LTC* 曲线是无数条 *STC* 曲线的包络线。

在每个产量水平，*STC* 曲线与 *LTC* 曲线都相切，该 *STC* 曲线表示不同产量所对应的最佳生产规模。切点外均有 $STC > LTC$，切点处就是最低总成本。

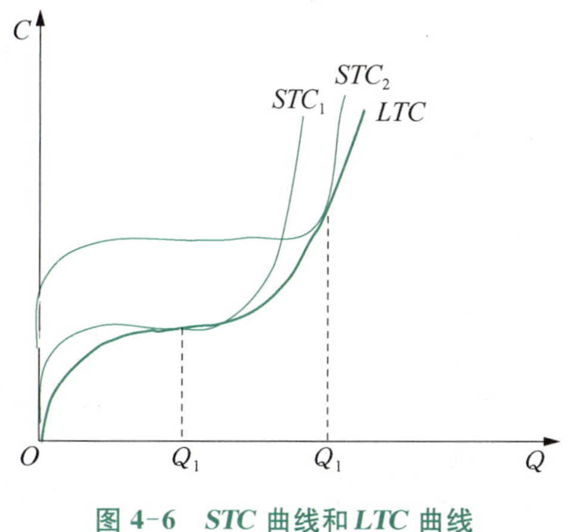

图 4-6　*STC* 曲线和 *LTC* 曲线

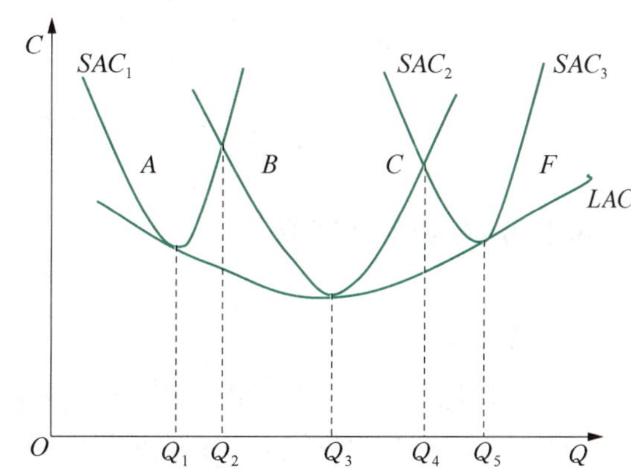

图 4-7　*LAC* 曲线和 *SAC* 曲线

2. 长期平均成本与短期平均成本

长期平均成本 *LAC* 曲线是无数条短期平均成本 *SAC* 曲线的包络线。

如图 4-7 所示，*LAC* 曲线是一条先下降而后上升的"U"形曲线，与短期平均成本 *SAC* 曲线相同。但 *LAC* 曲线在下降和上升时都比较平坦，这说明长期平均成本的减少和增加都变动较慢。这是由于在长期中全部生产要素可以调整，每次调整会经历边际成本递减到递增的周期，同时从规模收益递增到递减之间也有一个较长的规模收益不变阶段，而在短期中，规模收益不变阶段很短，甚至没有。*LAC* 曲线呈 U 形是规模经济与规模不经济造成的；*SAC* 曲线呈 U 形的原因是要素的边际报酬递减。

如图 4-7 所示，三条 *SAC* 曲线分别表示不同生产规模的短期平均成本的变化情况，越是往右，代表生产规模越大。每条 *SAC* 与 *LAC* 相切，从而形成一条包络曲线。这是为了降

低成本而对生产规模选择的结果。对于切点外所有点，都有 $SAC > LAC$。

若 LAC 曲线与 SAC 曲线的切点在 SAC 曲线最低点左侧，那么 $LMC < LAC$；若切点在 SAC 曲线最低点右侧，那么 $LMC > LAC$；若切点在 SAC 曲线的最低点，那么 $LMC = LAC = SAC = SMC$。

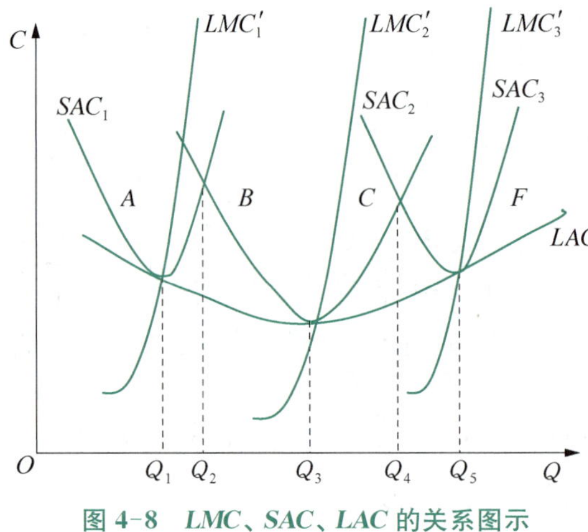

图 4-8 *LMC*、*SAC*、*LAC* 的关系图示

3. 长期边际成本与短期边际成本

如图 4-8 所示，LAC 曲线是无数个 SAC 曲线的包络线，长期边际成本 LMC 曲线通过 LAC 曲线的最低点。

每条 SAC 曲线与 LMC 曲线只有一个交点，交点对应的产量即是 SAC 与 LAC 相切时的产量。

在 LMC 曲线与 LAC 曲线交点的左边，LMC 曲线总是位于 LAC 曲线的下面；在交点的右边，LMC 曲线总是位于 LAC 曲线的上面。短期边际成本的变动特征也是如此。

第二节 成本收益分析与决策

一、成本方程与等成本线

（一）成本方程

企业使用生产要素需要付出成本，但其必须在预算约束下实现产出最大化。成本方程表明了企业进行生产的限制条件：购买生产要素所花的钱不能大于或小于预算。大于预算无法实现购买，小于预算则无法实现最优。如果给定成本，成本方程给出了企业可以使用的所有不同的要素组合。

劳动 L 的价格为工资率 w，资本 K 的价格为利息率 r，成本方程为

$$C = wL + rK \tag{4-4}$$

由成本方程可得

$$K = \frac{C}{r} - \frac{w}{r}L \tag{4-5}$$

（二）等成本线

等成本线是在既定成本和既定生产要素价格条件下，企业可以购买到的两种生产要素的不同数量组合的轨迹。等成本线的函数表达式就是成本方程。由于成本方程是线性的，

所以等成本线是一条直线。

如图 4-9 所示，纵轴上的点 A 代表全部成本都用于购买资本，成本为 $\frac{C}{r}$；横轴上的点 B 代表全部成本用于购买劳动，成本为 $\frac{C}{w}$。连接这两点的线段就是等成本线。

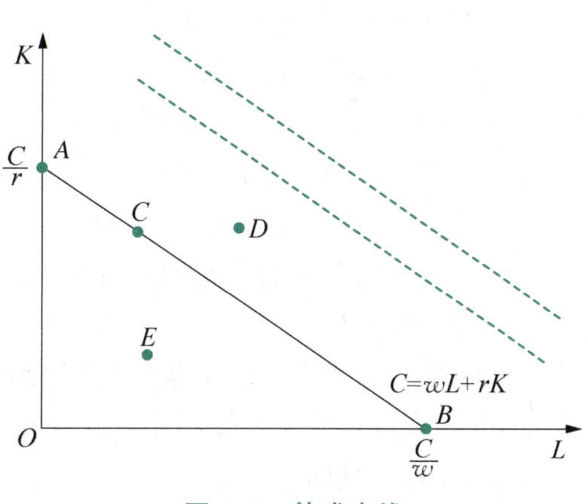

图 4-9　等成本线

等成本线的斜率为 $-\frac{w}{r}$，是两种生产要素价格之比的负数。若要素价格发生变化，则等成本线的倾斜程度也会发生变化。

等成本线上各点的成本是相等的，位置高的等成本线代表较高的成本。等成本线以内区域中的任何一点，表示既定成本用来购买该点的要素组合以后还有剩余，成本未充分利用；等成本线以外的区域中的任何一点，表示购买该点的要素组合的费用超出既定成本；只有在等成本线上的点才表示用既定成本刚好能购买到的要素组合，代表资源充分利用。

等成本线有无数条，每一条对应不同成本。如果既定成本改变，等成本线将发生平移。既定成本增加时，等成本线向右上平移，表明可购买更多的要素；既定成本减少时，等成本线向左下平移，表明可购买更少的要素。由于要素价格不变，斜率不变。

案例与分析

假设利息率 $r=200\ 000$ 元，工资率 $w=40\ 000$ 元，总成本 $C=3\ 000\ 000$ 元，求全部购买资本或全部购买劳动时的数量。

解：

$$C=rK+wL$$

$$3\ 000\ 000=200\ 000K+40\ 000L$$

$L=0$ 时，$K=15$。

$K=0$ 时，$L=75$。

二、要素的最优组合

（一）要素最优组合的确定

一般采用以下三种方法来评价生产中的要素有效配置问题①：

① 成本既定，使产量最大；

① 彼得森，刘易斯. 管理经济学(第三版)[M]. 吴德庆，译校. 北京：中国人民大学出版社，1998：144.

② 产量既定，使成本最小；

③ 使利润最大化的产量。

1. 既定成本下的产量最大化

图 4-10 中有三条等产量曲线 Q_1、Q_2、Q_3，以及等成本线 AB。通过分析三条等产量曲线与等成本线之间的关系，可以确定既定成本下产量最大化的点。

Q_3 代表三者中最大的产量，却是现有成本下达不到的。Q_1 与等成本线相交于 G、H 点。在等成本线下方的点都没有充分利用成本，故其不是最优组合。因为 Q_1 曲线的产出水平低于 Q_2，所以 G、H 两点的产出水平低于 F 点，但成本与 F 点相同。只要产量比 Q_1 高的等产量曲线与等成本线有交集，就能达到既定成本下更高的产量。Q_2 与等成本线相切于 F 点，F 点代表成本既定时取得最大产量的要素组合。

因而，等产量曲线与等成本线的切点为既定成本下的最大产量点。

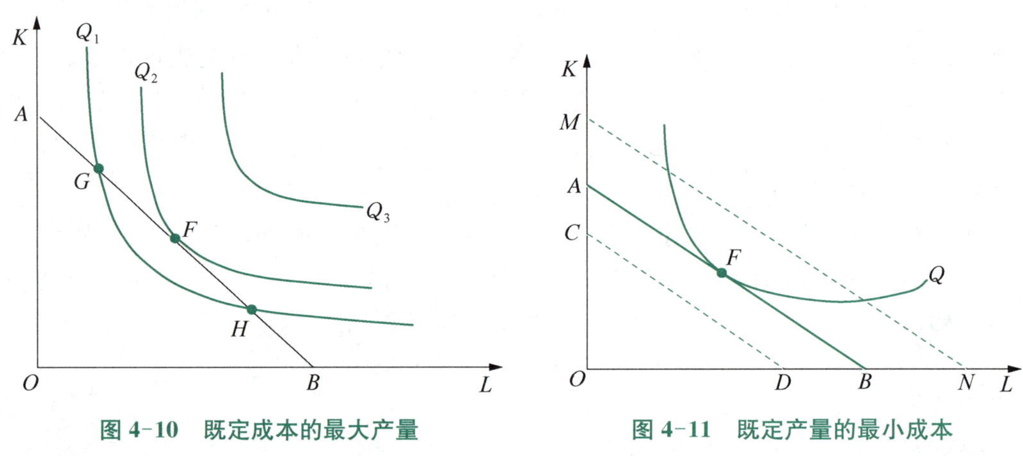

图 4-10　既定成本的最大产量　　　图 4-11　既定产量的最小成本

2. 既定产量下的成本最小化

图 4-11 中有等产量曲线 Q 和三条等成本线 AB、CD、MN，AB 与等产量曲线相切于 F 点。通过分析三条等成本线与等产量曲线之间的关系，可以确定既定产量下成本最小化的点。MN 线代表三者中最大的成本。由于产量既定，只要比 MN 低的等成本线与等产量曲线 Q 有交集，就能达到既定产量下更低的成本。CD 代表的成本最低，但它与等产量曲线 Q 没有交集，其最大产量达不到既定产量。AB 与等产量曲线相切于 F 点，代表了在产量既定时成本最小的最优生产要素组合。

因而，等产量曲线与等成本线的切点为既定产量下的最小成本点。

3. 利润最大化产量

使企业利润最大化一般需要满足两个条件：一是成本充分利用，二是在使产量最大同时使成本最小。因而，最优生产要素组合是等产量曲线与等成本线的切点。等成本线的斜率为 $-\frac{w}{r}$。在切点等产量曲线的斜率等于等成本线的斜率，等于该点的边际技术替代率 $MRTS$。

$$\text{切点的斜率} = MRTS_{LK} = \frac{\mathrm{d}K}{\mathrm{d}L} = \frac{MP_L}{MP_K} = \frac{w}{r} \tag{4-6}$$

（二）最优组合的条件

在企业需要用多种要素来生产一种产品的情况下，如果花费在每一种生产要素上的最后1单位成本所增加的边际产量都相等，则要素组合最优。

假设要素为资本 K 和劳动 L。若上述条件不能成立，是因为 $\frac{MP_L}{w} > \frac{MP_K}{r}$ 或 $\frac{MP_K}{r} > \frac{MP_L}{w}$。这说明在某要素上花费1单位成本所取得的产量增量，大于在另一要素上花费1单位成本所取得的产量增量。此时的要素组合并非最优。企业显然应该增加对该要素的支出，而减少对另一要素的支出。受边际报酬递减规律影响，这样调整的结果是其中一种要素的边际产量趋于减少，而另一种要素的边际产量趋于增加。$\frac{MP_L}{w}$ 与 $\frac{MP_K}{r}$ 趋向于相等。最优组合条件为

$$\frac{MP_L}{w} = \frac{MP_K}{r} \tag{4-7}$$

如果有多种要素，最优组合的条件为

$$\frac{MP_X}{P_X} = \frac{MP_Y}{P_Y} = \cdots = \frac{MP_N}{P_N} \tag{4-8}$$

三、扩展线

（一）内涵

假设要素价格不变，企业增加投入成本，等成本线就会向远离原点的方向移动，它们和各等产量曲线会有一系列切点，均衡产量就会沿着这些切点逐步增加。这些切点连接而成的线就是扩展线。扩展线上的点都符合最优组合条件：$MP_L/w = MP_K/r$。企业沿着扩展线扩大生产，可以始终实现生产要素的最优组合，从而使生产规模沿着最有利的方向扩大。

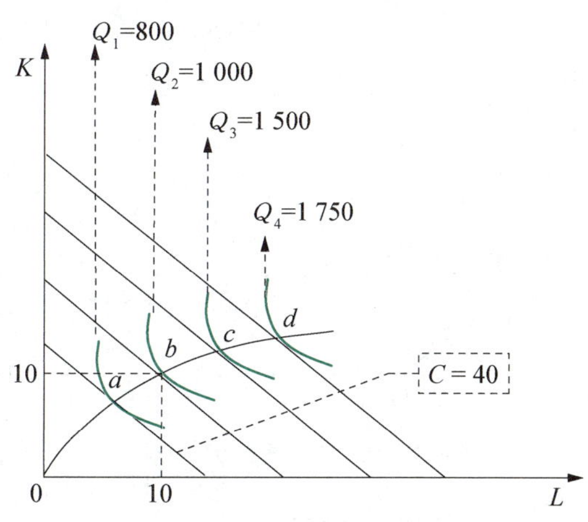

图 4-12　扩展线

如图4-12所示，假设 $w = 2$ 元，$r = 2$ 元。一个企业用10个单位资本与10个单位劳动生产800个单位产量，即在 a 点进行生产，成本为40元。等产量曲线 Q_1 与40元的等成本线相切于 a 点。企业将怎样扩大生产？根据上面的推理可知，如果要生产1 000个单位，就应在切点 b 生产；如果要生产1 500个单位，就应在切点 c 生产；如果要生产1 750个单位，就应在切点 d 生产。

扩展线的分析涉及三个条件：一是投入要素价格不变；二是技术不变；三是成本变化。

不同成本线约束下的要素最优组合的轨迹即为扩大路线。

(二) 扩展线类型

扩展线主要有三种类型。

1. 不变要素比例扩展线

在两种要素的最优投入组合中,资本 K 与劳动 L 同比例增加,扩展线是一条直线,既不接近横轴,也不接近纵轴,如图 4-13 所示。它代表该产品扩大生产所需要的资本和劳动要素比例相同。

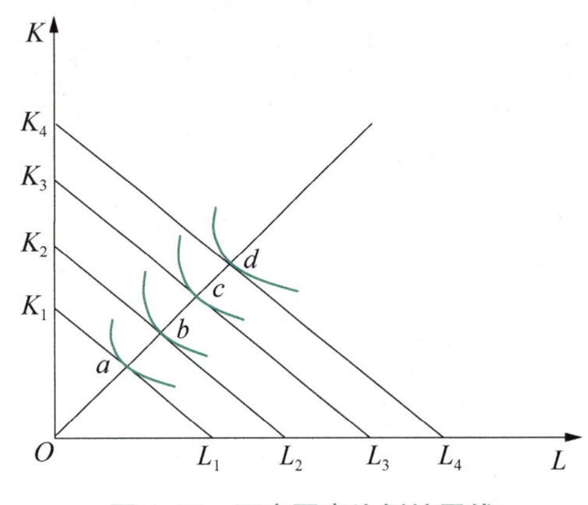

图 4-13 不变要素比例扩展线

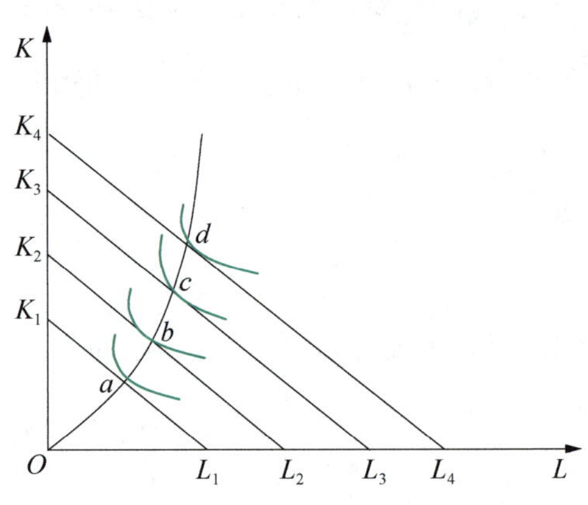

图 4-14 资本密集型扩展线

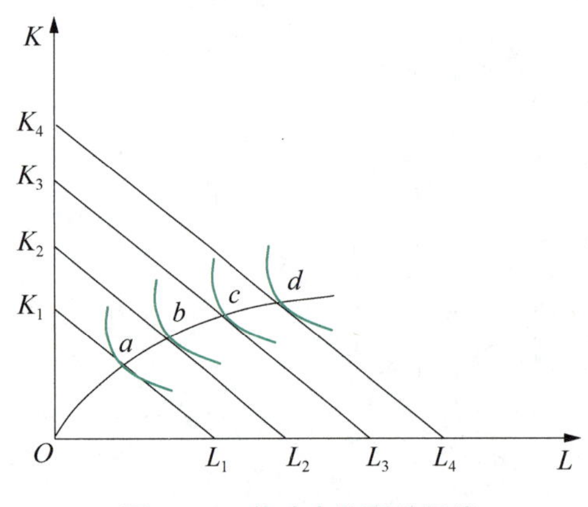

图 4-15 劳动密集型扩展线

2. 资本密集型扩展线

在两种要素的最优投入组合中,资本 K 所占的比重越来越大,扩展线越来越接近纵轴,如图 4-14 所示。它代表该产品扩大生产所需要的资本要素比例高于劳动要素比例。

3. 劳动密集型扩展线

在两种要素的最优投入组合中,劳动 L 所占的比重越来越大,扩展线越来越接近横轴,如图 4-15 所示。它代表该产品扩大生产所需要的劳动要素比例高于资本要素比例。

(三) 扩展线方程

把边际产量函数和投入要素的价格代入最优组合条件,可以解出扩展线的方程。下面借助案例来说明。

假定生产函数的形式为: $Q=100K^{0.5}L^{0.5}$,相应的边际产量函数为

$$MP_L=\frac{\mathrm{d}Q}{\mathrm{d}L}=50\frac{K^{0.5}}{L^{0.5}}$$

$$MP_K = \frac{\mathrm{d}Q}{\mathrm{d}K} = 50\frac{L^{0.5}}{K^{0.5}}$$

把边际产量函数代入最优要素组合条件 $MP_L/MP_L = w/r$，得

$$\left(50\frac{K^{0.5}}{L^{0.5}}\right)\bigg/\left(50\frac{L^{0.5}}{K^{0.5}}\right) = w/r$$

得到

$$K = \frac{w}{r}L \tag{4-9}$$

公式(4-9)就是生产函数 $Q=100K^{0.5}L^{0.5}$ 的扩展线方程。如果 w 和 r 已知，就能得到生产任何产量的资本和劳动的最优组合。例如，若 $w=2$ 和 $r=1$，公式(4-9)就变为

$$K = 2L$$

如果扩展线已知，寻找最优组合点就不需要知道等产量曲线和等成本曲线，企业只要在扩展线上的各点生产即可。

扩展线不能表示产量，为求产量，就要把扩展线方程代入原来的生产函数。

在上例中，把 $K=(w/r)L$ 代入生产函数 $TP=100K^{0.5}L^{0.5}$，得出

$$Q = 100\left[\left(\frac{w}{r}\right)L\right]^{0.5}L^{0.5}$$

$$Q = 100L\left(\frac{w}{r}\right)^{0.5} \tag{4-10}$$

如果四个未知变量 w、r、L 和 Q 中有一个给定，就可以算出另外两个。

假如想要确定产量为 1 000 单位，$w=1$，$r=2$ 条件下的最优组合投入要素组合，步骤如下。

把 $Q=1\,000$，$w=4$ 元，$r=2$ 元代入公式(4-10)。

$$1\,000 = 100L\left(\frac{4}{2}\right)^{0.5}$$

解得 $L=7.07$

把 $L=7.07$ 代入公式(4-9)，得到

$$K = \left(\frac{4}{2}\right)\times 7.07 = 14.14$$

因此，$(K=14.14,\ L=7.07)$ 是生产 1 000 单位产量的最优要素组合。

如果资本价格增加到 $r=4$，企业的产量仍为 1 000 单位，投入组合会产生什么变化？同样把数据代入公式(4-10)

$$1\ 000 = 100L\sqrt{\frac{4}{4}}$$

解得 $L=10$

再把 $L=10$ 代入公式 4-9，得到

$$K=\frac{4}{4}L=10$$

新的最优组合是（$K=10$，$L=10$）。企业对较高资本价格做出的反应就是用劳动 L 来替代资本 K，即资本 K 投入量从 14.14 减少到 10，而劳动 L 投入量则从 7.07 增加到 10。

四、规模报酬

规模变化一般定义为全部要素按相同比例变化。规模报酬分析企业生产规模变化与产量变化之间的关系，规模报酬变化指其他条件不变的情况下全部要素按相同比例变化带来的产量变化。

（一）规模报酬变化的类型

规模报酬变化有以下三种类型。

1. 规模报酬递增

规模报酬递增指产量的增加比例大于各种生产要素的增加比例。如图 4-16 所示，$\frac{L_1L_2}{OL_1}=\frac{K_1K_2}{OK_1}<1$，而产量增加的比例为 100%，产量增加的比例大于两要素增加的比例。

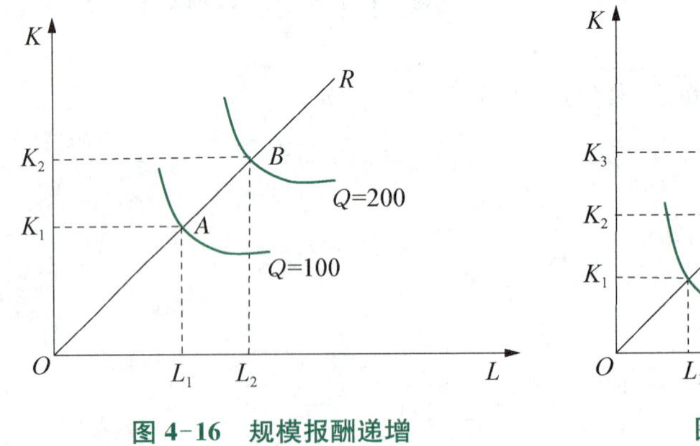

图 4-16　规模报酬递增

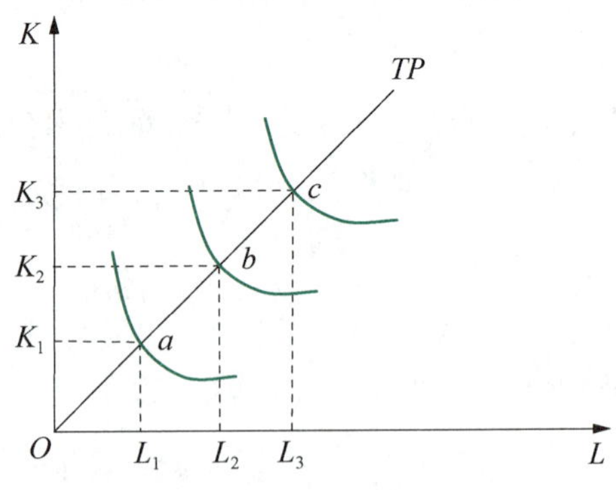

图 4-17　规模报酬不变

2. 规模报酬不变

规模报酬不变指产量的增加比例等于生产要素的增加比例。如图 4-17 所示，$\frac{L_1L_2}{OL_1}=$

$\frac{K_1K_2}{OK_1}<1$，产量增加的比例为 100%，产量增加比例等于两要素增加的比例。

3. 规模报酬递减

规模报酬递减指产量的增加比例小于生产要素的增加比例。如图 4-18 所示，$\frac{L_1L_2}{OL_1}=\frac{K_1K_2}{OK_1}>1$，而产量增加的比例为 100%，产量增加比例小于两要素增加的比例。

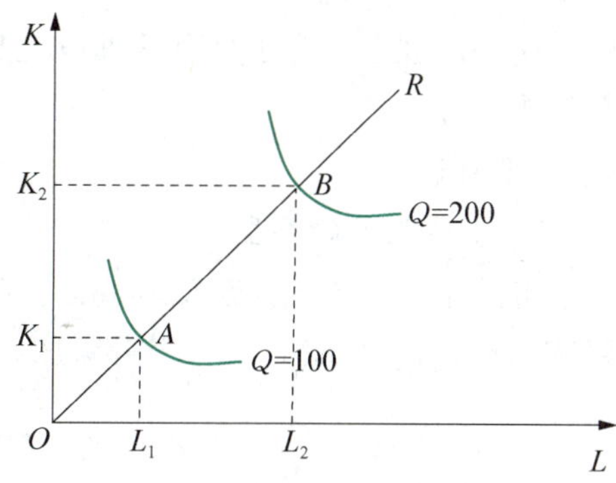

图 4-18 规模报酬递减

（二）规模报酬类型的判定

1. 一般形式

假设已知生产函数为 $Q=f(K, L)$。如果两种投入要素的投入量增加 λ 倍，会使产量增加 h 倍。表达式为

$$h\cdot f(K, L)=f(\lambda K, \lambda L) \tag{4-11}$$

如果 $h=\lambda$，为规模报酬不变；如果 $h<\lambda$，为规模报酬递减；如果 $h>\lambda$，为规模报酬递增。

2. 柯布-道格拉斯函数①

对于柯布-道格拉斯函数 $(Q=AK^{\alpha}L^{\beta})$ 来说，指数的算数和 $(\alpha+\beta)$ 可以用来判断规模报酬是递减、递增还是不变。下面是证明过程。

如果两种要素投入量变为 λ 倍，会使产量增加 h 倍，则可以列出如下方程。

$$hAK^{\alpha}L^{\beta}=A(\lambda K)^{\alpha}(\lambda L)^{\beta} \tag{4-12}$$

$$hAK^{\alpha}L^{\beta}=\lambda^{\alpha+\beta}(AK^{\alpha}L^{\beta})$$

$$h=\lambda^{\alpha+\beta} \tag{4-13}$$

因此，h 与 λ 的大小，取决于 $(\alpha+\beta)$ 是小于 1、等于 1 还是大于 1。这三种可能性如表 4-1 所示。

表 4-1 柯布-道格拉斯函数的规模报酬变化趋势

$\alpha+\beta$	规模报酬
<1	递减
$=1$	不变
>1	递增

① 彼得森，刘易斯. 管理经济学（第 4 版）[M]. 吴德庆，译校. 北京：中国人民大学出版社，2003：181-182.

例如生产函数 $Q=100K^{0.5}L^{0.6}$ 属于规模报酬递增，生产函数 $Q=100K^{0.4}L^{0.5}$ 则属于规模报酬递减。

这一原理也适合于具有两种以上投入要素的柯布-道格拉斯生产函数。如已知生产函数形式为 $Q=K_1^{\alpha}K_2^{\beta}L_1^{\delta}L_2^{\gamma}$，$\alpha+\beta+\delta+\gamma$ 小于 1、等于 1 和大于 1 时，其规模报酬分别是递减、不变和递增。

3. 不能判定的类型

有的生产函数无法辨认其规模报酬的类型。例如生产函数 $Q=x^2+y+a$。如果所有要素的投入量都增加 λ 倍，产量增加 h 倍，得到

$$h(x^2+y+a)=\lambda^2x^2+\lambda y+a$$

在上式中，无法把 λ 作为公因子提取出来，因而无法比较 h 和 λ 的大小，从而也就无法判断其规模报酬的类型。

4. 齐次生产函数

如果一个生产函数的每一种投入要素都变为 λ 倍 $(\lambda>0)$，引起产量变为 λ^n 倍，这种函数被称为齐次生产函数。齐次生产函数的规模报酬类型都能判定。如果 $Q=f(L, K)$，则

$$f(\lambda L, \lambda K)=\lambda^n f(L, K)$$

即

$$f(\lambda X)=\lambda^n f(X)$$

$n>1$，规模报酬递增；$n=1$，规模报酬不变；$0<n<1$，规模报酬递减。

规模报酬不变的齐次函数称为线性齐次函数，其他齐次函数称为非线性齐次函数。

（三）企业发展与规模报酬变动

企业生产规模扩大时，往往伴随着资源被充分利用，效率逐渐提高；当扩大到一定阶段，再继续投入要素，资源的利用效率就会降低。这表明，企业随着生产规模从小变大，一般会先后经历规模报酬递增、规模报酬不变、规模报酬递减三个阶段。不同阶段起作用的因素也是不同的。

1. 规模报酬递增

通常来说，企业成长过程往往会体现出规模报酬递增的过程。其中有以下三种起作用的关键因素。

（1）专业化分工

对于传统企业（某些新兴产业、信息科技产业、服务产业及纯手工艺术品产业等除外）来说，企业发展初期缺乏专业化管理，导致低效低产，随着投资与规模扩大，企业逐渐形成专业化分工，促进劳动生产率提高。另外，企业内部分工还可以实现多种经营，使得资源获得充分利用；在企业外部，专业化分工能够发挥比较优势，促进企业与上下游产业对接，最大限度发挥企业的生产能力。

(2) 先进技术与设备整合

先进技术与设备整合建立在分工基础上。由于分工体系的健全，先进技术与设备得以应用并发挥功能，企业生产效率、规模与产品质量大大提高。

(3) 生产要素整体配置

每种生产规模都有充分配置生产要素的整体要求。从小规模变为大规模，各种生产要素能够得到更有效的配置，生产效率提高速度在企业成长初期会获得递增性成长。大规模生产也会在生产要素的采购中获得议价优势，从而降低成本。

2. 规模报酬不变与递减

任何生产规模的效率都是有限度的。在规模扩大导致的效率提升达到一定的限度以后，企业继续扩大规模，就会从规模报酬递增转变为不变，进而转变为递减。生产规模太大，企业可能会陷入规模报酬递减的境地；规模太小，企业得不到大规模生产带来的低成本的好处。最优规模的大小取决于行业生产的技术特点。企业达到最优规模，体现为规模报酬不变。

如果企业更新更具效率的技术或设备，它还会再次经历规模报酬递增。但是，这也是有效率极限的。设备受到科技水平的限制，即便企业采用了最先进的设备，达到规模极限和最优效率后，继续投入仍会进入递减阶段。如果企业能够一直保持这个规模，将长久处于规模报酬不变阶段。这时的企业可以通过建设分厂，进行区域市场布局、实现生产的多区域布点，以满足扩张的需要。

五、规模经济与范围经济

(一) 规模经济

规模经济指假定技术条件不变，在一定的产量范围内，随着产量的增加，资源逐渐被充分利用，平均成本不断降低的情形。

因而，企业根据生产要素最优组合的要求，自觉地选择和控制生产规模，增加产量、降低成本，取得最佳经济效益。规模经济问题就是选择最佳生产规模的问题。

规模经济有以下三种类型。

1. 内部规模经济

内部规模经济指经济实体在规模变化时自己内部变动所引起的收益提高效果(如资源获得集约化的利用，导致成本降低、效率提高)。

2. 外部规模经济

外部规模经济指整个产业的产量因企业数量的增加而扩大时，各个企业的平均生产成本产生下降的情形。比如一个地方的同行业企业增加了，它们共享当地的辅助性生产、基础设施、劳动供给与培训，从而节约了成本。再比如由于企业竞争增加，原材料需求规模扩大，导致原材料的供给大幅增加，进而导致原材料价格降低，也就降低了成本。

3. 结构规模经济

结构规模经济指各种不同规模经济实体之间由于产业与业务间的各种联系,使产业链结构得到优化,各企业成本下降、收益提高的情形。结构规模经济一般有产业内部结构、产业间结构、经济联合体结构优化等。结构规模经济往往伴随着某区域产业集群的形成和发展。

(二) 范围经济

1. 内涵

当企业同时生产两种或两种以上产品的费用低于分别单一生产每种产品的费用时,这种情形被称为范围经济。范围经济的概念由美国学者 Teece(1980)、Panzar & Willing (1981)以及 Chandler(1990)等人首先使用。

与规模经济不同,范围经济通常是企业节省了某系列产品(而非同一产品)的单位成本。而这种节约来自分销、研究与开发和售后或服务中心等部门(如财会、公关、管理)。范围经济是企业采取多样化经营战略的理论依据。

关联产品是两种或两种以上的可以使用共用设备、技术、管理等资源条件的技术特性相同或相近的产品。目前,一个企业生产或运营多种关联产品的情形已经非常普遍。

近些年,一些研究将范围经济扩展到了区域范围的产业集聚带来的范围经济效应上。

2. 范围经济的案例

有时候企业的生产能力有富余,可以生产另外的产品而不增加(或少量增加)成本,从而提高效益。

比如,某汽车共享俱乐部从事汽车观光旅游或包机探险,但是在非节假日以及夜间有大量闲置汽车。因此,俱乐部申请增设了城市间客货运以及急救车次,以吸收不同城市间的车主加盟。这样,俱乐部扩大了业务范围,还在不同城市间共享了汽车,拓展了市场。

这样的例子很多,比如航空公司移走夜间航班的座椅以便于运输行李和货物、饭店提供就餐时间段外的休闲茶座和送餐服务等。

一些企业利用自己在工艺或市场营销上的比较优势,发展与本企业其他产品互补的产品。例如宝洁公司销售各种清洁剂,其中有些产品是互补的(如洗衣液、漂白粉和织物柔软剂),有些则互为替代品(如不同香味的洗衣液)。

范围经济在营销中也有体现。营销中有一句流行语:“客户购买我的一件牙膏,我就要提供客户一揽子商品及服务,最后包揽客户所有的日常消费。”提供多种产品能够大大降低企业的营销成本,极大提高企业效率。

3. 范围经济的测度

如果成本数据已知,就能够对范围经济进行定量分析。范围经济的效果可以用范围经济节约率 S 来度量,表达式为:

$$S=\frac{TC(Q_A)+TC(Q_B)-TC(Q_A, Q_B)}{TC(Q_A, Q_B)} \tag{4-14}$$

式中，$TC(Q_A)$ 为生产产品 A 的成本；$TC(Q_B)$ 为生产产品 B 的成本；$TC(Q_A, Q_B)$ 为同时生产产品 A、B 的总成本。

假定有一个企业既能生产轴承，又能承接其他机件加工。如果只生产其中一种产品，那么每 1 000 单位轴承的成本是 80 000 元，每 1000 单位其他机件加工的成本是 20 000 元。如果同时生产两种产品，两种产品各生产 1 000 单位的总成本是 85 000 元。根据企业数据，范围经济节约率为

$$S=\frac{80\ 000+20\ 000-85\ 000}{85\ 000}=0.177$$

这意味着同时生产这两种产品比单独生产每一种产品，总成本可降低 17.7%。显然，能利用范围经济的企业成本就会低于别的企业。在激烈的市场竞争中，有进取心的决策者总要想方设法寻找获得范围经济的途径。

（三）范围经济和规模报酬递增、规模经济

1. 范围经济与规模报酬递增的关系

范围经济与规模报酬递增是两个不同的概念，面向的问题不同。

一家生产多种产品的企业，其生产过程可能没有规模报酬递增，却可能有范围经济。一家只生产一种产品的企业可能有规模报酬递增，但是同时生产两种以上的产品却未必会产生范围经济。

2. 规模经济与范围经济的差异

规模经济和范围经济没有直接联系，两者的差异如下。

（1）性质差异

规模经济指在一个给定的技术水平上，随着规模扩大，伴随产出的增加单位成本逐步下降。范围经济指由于企业的多项活动共享一种核心专长或共同承担成本分摊，各项活动费用降低，经济效益提高。

（2）内部规模经济与内部范围经济

内部规模经济指随着产量的增加，企业的长期平均成本下降。内部范围经济指随着产品品种的增加，企业长期平均成本下降。

（3）外部规模经济与外部范围经济

外部经济是指通过企业之间的外部分工与协作、交流与沟通引起成本的节约。外部规模经济指在同一地区多个同行业企业共享当地的辅助性生产、共同的基础设施、劳动供给与培训所带来的成本节约。外部范围经济是指在同一个地方，单个企业生产活动专业化，多个企业分工协作，组成地方生产系统，从而优化了各个企业内部工作流程，导致成本降低与效率提高。

六、成本收益分析

(一) 常用的经验函数

1. 多项式生产函数

多项式函数的次数为 1 时，$Y = kX + b$，称为线性函数，图形为一条直线；次数为 2 时，$Y = aX^2 + bX + c$，称为二次函数，图形为一条抛物线；次数为 3 时，$Y = aX^3 + bX^2 + cX + d$，称为三次函数，图形为一条曲线——回归式抛物线。

如果以投入要素的成本，如劳动 L、资本 K 为自变量，多项式生产函数可以有如下两种表达式。

资本要素不变： $Q = a_1L + a_2L^2 - a_3L^3$

要素可变： $Q = a_1KL + a_2K^2L + a_3KL^2 - a_4K^3L - a_5KL^3$

二次、三次多项式函数都具有抛物线的边际递增与递减的特征，因而在描述递增或递减趋势时具有优势。它能较好描述边际成本递增、边际报酬递减以及规模报酬变动等。经济学中有关成本、产量、收益、规模、供需等的函数正符合递增及递减函数分析的特点。

多项式函数的缺点是：当生产要素的种类较多时，函数形式将变得过于复杂，而且需要在相当长的时期内对一个企业的投入产出情况进行观察。

2. 幂生产函数

幂函数的一般表达式为

$$TP = AX_1^{a_1} X_1^{2} \cdots X_n^{a_n}$$

柯布-道格拉斯生产函数是幂生产函数常用的特定表达形式，在总值、边际值及平均值的估计中使用较为广泛。

案例与分析

某港口根据该港成箱货物的吞吐量来决定购买哪种港口装卸设备，目的是实现利润最大化。假设该港口集装箱吞吐量理论预计规模增长将超过 150 万箱。已知目前该港口设备购买有三种方案。

方案一：采用智能化无人设施，不变成本 800 万元，平均可变成本为 10 元。

方案二：采用一般自动化设施，不变成本 500 万元，平均可变成本为 12 元。

方案三：采用手动机械设施，不变成本 300 万元，平均可变成本为 15 元。

试绘制成本曲线，对不同方案进行优劣分析，确定最优方案。

解：

根据数据描绘出总成本 TC 函数曲线。如图 4-19 所示，横轴代表产量，纵轴代表成本。TC_1 是方案一的总成本曲线；TC_2 是方案二的总成本曲线；TC_3 是方案三的总成本曲线。

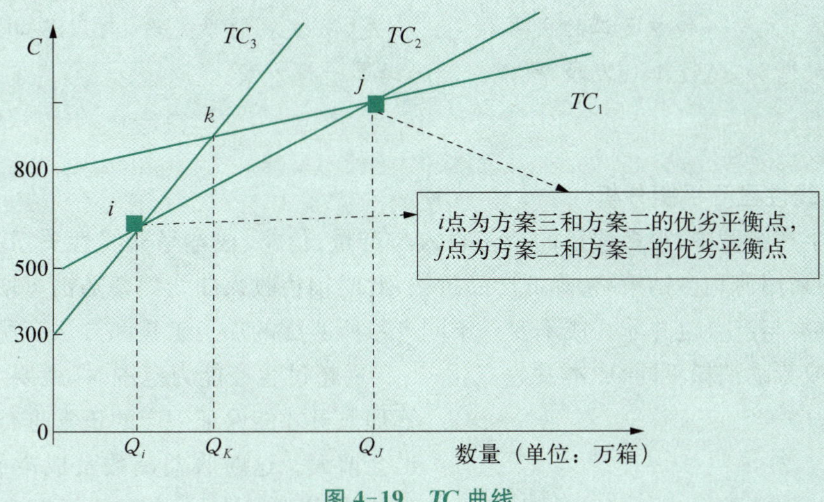

图 4-19　TC 曲线

三个方案的总成本函数都是线性的。三条线两两相交于 i、k、j 三点。其中 i、j 两点为优劣平衡点，根据产量不同将成本情况划分成三段，Q_i、Q_j 分别为对应的产量。这三段的情况为：

$Q < Q_i$ 时，方案三成本最低，收益最大；

$Q_i < Q < Q_j$ 时，方案二成本最低，收益最大；

$Q > Q_j$ 时，方案一成本最低，收益最大。

各方案总成本函数为

$$\begin{cases} TC_1 = FC_1 + AVC_1 \cdot Q = 800 + 10Q \\ TC_2 = FC_2 + AVC_2 \cdot Q = 500 + 12Q \\ TC_3 = FC_3 + AVC_3 \cdot Q = 300 + 15Q \end{cases}$$

计算盈亏平衡点 i：

$$TC_2 = TC_3$$

$$500 + 12Q = 300 + 15Q$$

$$Q_i = \frac{500 - 300}{15 - 12} = 66.7$$

计算盈亏平衡点 j：

$$TC_2 = TC_1$$

$$500 + 12Q = 800 + 10Q$$

$$Q_j = \frac{800 - 500}{12 - 10} = 150$$

在 j 点，方案一和方案二的成本相同。但是，从发展的眼光看，未来港口集装箱吞吐量将继续增加，超过 150 万箱，所以应该选择第一种方案。

（二）非线性盈亏平衡分析

在实际生产经营中，很多项目的销售收入与产量、价格、成本呈非线性关系。如当供大于求时，必须采用薄利多销策略，降低产品价格，此时销售收入曲线斜率随销量增大而变小。从长期看，成本与产量也并非一成不变。不同产量所匹配的加工工具和方法有所不同，从而导致原材料或劳动消耗不同，成本发生变化；当产量超过生产能力范围时，就要增加设备和管理人员才能保证生产的正常进行，这样成本也会增大。这时收益函数及成本函数就会表现为非线性，盈亏平衡分析就得从两方面进行。

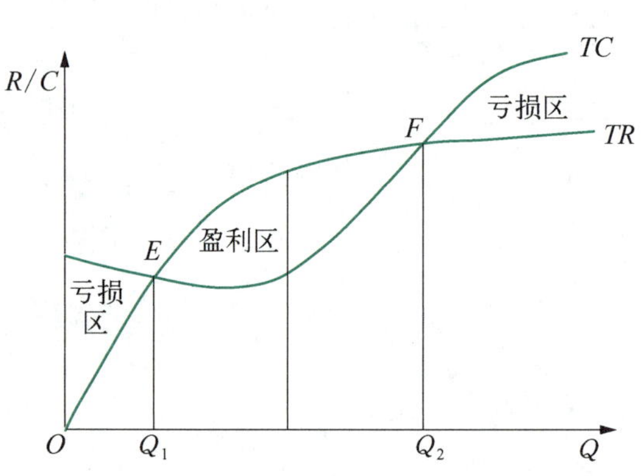

图 4-20 非线性的两个均衡点的盈亏平衡图

1. 盈亏平衡图

如图 4-20 所示，总成本 TC 与总收益 TR 是确定项目盈亏的两个重要指标。这两个非线性函数通常为曲线，两者形成两个盈亏平衡点 E、F，在 E、F 点之间，TR 曲线与 TC 曲线围成的区域则是该项目可以盈利的区间。

2. 盈亏平衡分析

在非线性盈亏平衡分析中，总收入函数 TR 与总成本函数分别为

$$TR = f(Q) \tag{4-15-a}$$

$$TC = \Phi(Q) \tag{4-15-b}$$

从对图 4-20 的分析可知，在两个盈亏平衡点，

$$TR = TC$$
$$f(Q) = \Phi(Q) \tag{4-16}$$

可求出项目盈亏平衡点产量 Q_1 和 Q_2。

令公式 4-15 导数等于 0，可以计算出项目的最大盈利点。

案例与分析

某企业生产的产品价格为 55 元/件，年不变成本为 66 000 元，平均可变成本为 28 元。假设生产的产品都能卖出去。考虑到随产量的扩大、原材料利用率提高、采购费用节约、劳动工时下降等因素，产量每增加一件，其平均可变成本减少 0.001 元，产品价格

减少 0.002 5 元。

(1) 确定两个盈亏平衡点。

(2) 求最大利润和对应的产量。

解：

(1) 平均可变成本 $AVC=28-0.001Q$

总成本 $TC=(28-0.001Q)Q+66\,000=66\,000+28Q-0.001Q^2$

价格 $P=55-0.002\,5Q$

总收入 $TR=(55-0.002\,5Q)Q=55Q-0.002\,5Q^2$

令 $TC=TR$

$$66\,000+28Q-0.001Q^2=55Q-0.002\,5Q^2$$

$0.001\,5Q^2-27Q+66\,000=0$

解得 $Q_1=2\,917$，$Q_2=15\,083$

(2) $\pi=TR-TC=55Q-0.002\,5Q^2-66\,000-28Q+0.001Q^2$

$\quad=-0.001\,5Q^2+27Q-66\,000$

$\dfrac{d\pi}{dQ}=-0.003Q+27$

$\dfrac{d^2\pi}{dQ^2}=-0.003<0$，故 π 存在极大值。

令 $\dfrac{d\pi}{dQ}=0$，解得最优产量 $Q'=9\,000$。

则 $\pi_{max}=-0.001\,5Q^2+27Q-66\,000$

$\quad=-0.001\,5\times 9\,000^2+27\times 9\,000-66\,000$

$\quad=55\,500$

3. 注意事项

(1) 两个分界点与观察范围

盈亏平衡分析只能在一定产量范围内使用，比如有两个盈亏平衡点的情形，如图 4-20 所示。利润最大的产量在 TR 与 TC 曲线垂直距离最大处。超过一定产量范围，受多种因素影响，可能出现多个盈亏平衡点，就无法进行准确的分析。超出观察范围越大，可能出现的误差也就越大。

(2) 调整方式

企业在不同阶段的生产中，成本占用并不平衡。比如由于维修设备或购买原材料产生巨额的沉没成本时，成本会算在上一个财务周期，这样就会影响到下一个周期的成本统计。因而，要对分析中所使用的成本数据加以调整。最可能的调整有如下几方面：

① 整体考虑不同生产周期中的成本，考虑机会成本、沉没成本等的影响和时间跨度，平衡不同统计周期的成本；

② 按现行市场价格折算过去购进的设备和原材料的价值；

③ 考虑会计成本中未包括的其他内含成本。

事实上，使用调整后的成本数据进行盈亏平衡分析时，得出的盈亏平衡的产量就是经济利润为零时的产量。此时企业仍能获得利润，是正常的情况。

附录　线性规划①

线性规划是优化分析的主要方法之一。美国经济学家詹姆斯·L. 帕帕斯、尤金·F. 布里格姆所著的《管理经济学》的第七章详细而形象地阐述了生产优化分析的具体过程、所具有的经济学意义，以及其他相关问题。

一、生产多种产品的规划：线性规划的目标与约束

假设某企业用 A、B、C 三种生产要素生产 X 和 Y 两种产品。该企业为使其总利润最大，必须在投入量有限的约束条件下确定每种产品的最优产量。

（一）目标函数的规定

毛利润等于总收入减可变成本，从毛利润中减去不变成本，就可以得到净利润。因为不变成本总是不变的，所以能使毛利润最大的产量组合，也能使净利润最大。因此，可以选择毛利润作为目标函数。

假设该企业在每个时期都希望取得最大利润，X 和 Y 的单位毛利润（=单价−平均可变成本）分别为 12 元和 9 元。公式为

$$\pi = 12Q_X + 9Q_Y \tag{4-17}$$

式中，Q_X 和 Q_Y 分别代表 X 和 Y 的产量。

（二）约束方程的规定

表 4-2 列出了每种生产要素可能取得的总量及在生产 X 和 Y 时所需的使用量。这就为建立约束条件方程提供了必要数据。

① 参考帕帕斯，布里格姆. 管理经济学[M]. 张隆高，司徒淳，译. 沈阳：辽宁人民出版社，1985：252-286.

表 4-2　生产 X 和 Y 所能取得的生产要素

生产要素	每个时期所能取得的总量	单位产量的需要量	
		产品 X	产品 Y
A	32	4	2
B	10	1	1
C	21	0	3

生产要素 A 的总使用量不能超过最大获得量 32 单位。因此，生产要素 A 的约束条件为

$$4Q_X + 2Q_Y \leqslant 32 \tag{4-18}$$

同样，可以确定生产要素 B 的约束条件：

$$Q_X + Q_Y \leqslant 10 \tag{4-19}$$

生产要素 C 的约束条件：

$$3Q_Y \leqslant 21 \tag{4-20}$$

（三）非负性条件

线性规划不过是解决约束问题的一种数学方法，方法本身并不保证解答会有意义。例如在生产问题中，有些根本无利可图的产品的最优产量可能是个负值，这个解答显然没有实际意义。

为了防止这种毫无意义的解答出现，必须考虑非负性条件。这表明线性规划问题中的所有的变量都必须大于等于 0。

二、可行性区域：用图形说明和求解线性规划问题

上文对线性规划的所有条件做了详细的介绍，现在就可用图解方法来考察这个问题，再用代数法加以分析。

企业希望在投入资源有限的约束条件下使其总利润最大。可以用目标函数和约束条件的方程组来重新表达这个决策问题：

$$\pi = 12Q_X + 9Q_Y \tag{4-21}$$

在下列约束条件下，求解该函数的最大值：

$$4Q_X + 2Q_Y \leqslant 32 \tag{4-22}$$

$$Q_X + Q_Y \leqslant 10 \tag{4-23}$$

$$3Q_Y \leqslant 21 \tag{4-24}$$

$$Q_X \geqslant 0;\ Q_Y \geqslant 0$$

(一) 可行区域的确定

图 4-21 描绘了生产要素 A 的约束方程 $4Q_X + 2Q_Y = 32$ 的图形,它表明在可取得的生产要素 A 有限的条件下所能产出的 X 和 Y 的最大量。

约束线上或左侧的点满足约束条件;右侧的点不满足约束条件。由于 $Q_X \geqslant 0$,$Q_Y \geqslant 0$,约束线和坐标轴围成的区域就是在生产要素 A 的约束条件下的可行区域,即图 4-21 中阴影面积。

生产要素 B 的约束条件为:$Q_X + Q_Y = 10$,生产要素 C 的约束条件为:$Q_Y = 7$。将它们也画在图中,如图 4-22 所示。三个要素的约束条件以及非负性条件规定了可行区域的阴影面积)的全部界限。

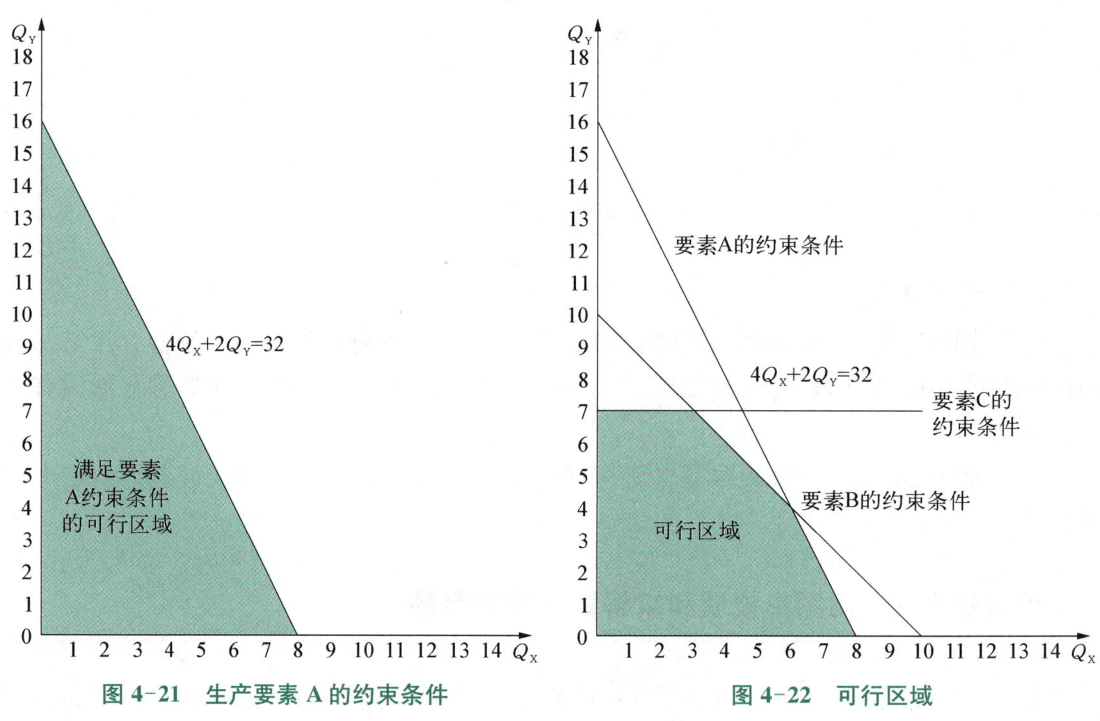

图 4-21　生产要素 A 的约束条件

图 4-22　可行区域

(二) 等利润线

根据本例中的目标函数 $\pi = 12Q_X + 9Q_Y$ 可画出一系列等利润线。图 4-23 绘出了 $\pi = 36$、$\pi = 72$、$\pi = 108$、$\pi = 144$ 四条等利润曲线。每条等利润线表明 X 和 Y 使总利润固定不变的所有可能的产量结合。比如在 $\pi = 36$ 的等利润线上,X 和 Y 的每一种产量组合都会获得总利润 36 元。等利润线是平行的,越往上移,利润越高。

等利润线与前面论述过的等成本线在形式上相同。利润为

$$\pi = aQ_X + bQ_Y$$

式中,a 和 b 分别为产品 X 和 Y 的单位产量毛利润。利润方程也可表达为

$$Q_Y = \frac{\pi}{b} - \frac{a}{b} Q_X \tag{4-25}$$

如果 a 和 b 一定，Q_Y 决定于等利润线的利润水平。斜率则由 X、Y 的获利能力比率来表示。由于获利能力比率不受产量的影响，等利润线总是一系列平行线。

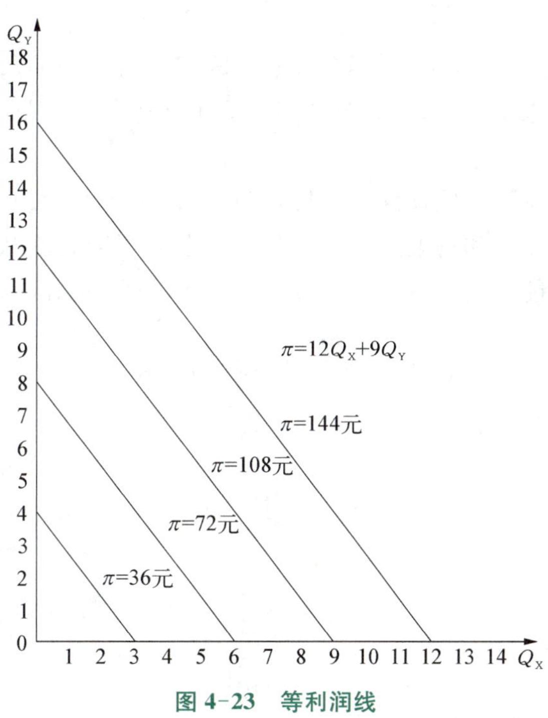

图 4-23　等利润线

（三）线性规划图解

既然企业的经营目标是利润最大化，它就应当在尽可能高的等利润线上进行生产。把图 4-22 的可行区域和图 4-23 中的等利润线结合起来，就可以得到这个线性规划问题的图解，如图 4-24 所示。

A 点就是这个问题的解，它是 $4Q_X + 2Q_Y = 32$ 和 $Q_X + Q_Y = 10$ 的交点，联立方程组，可以解得在该点，$Q_X = 6$，$Q_Y = 4$，$\pi = (12 \times 6) + (9 \times 4) = 108$。这是在本例的约束条件下所能取得的最大利润。可行区域内的任何其他点都不可能接触到这样高的等利润线。

必须注意线性规划问题的最优解总是出现在可行区域的边角上。这不是偶然现象，而是线性规划法的基本假设——线性假设的特性。当目标函数和所有的约束条件都按线性形式规定以后，规模报酬不变，投入要素和产品价格并不随着生产的扩大而变动，只要销售价格超过平均可变成本，产量总是越大越好。也就是说，企业总是想达到生产能力的极限，即扩大到可行区域的边界。

既然线性规划问题中的各种关系规定为线性关系,可行区域的每条边界也就必须是直线。又由于目标函数是线性函数,最优解不是出现在可行区域的角上(如图 4-24 所示),就是出现在一条边界上(如图 4-25 所示)。

在图 4-25 中,对原来的条件做了修改,假设企业每产出一个单位的 X 或一个单位的 Y 都能获利 5 美元。在这种情况下,线段 AB 上任何点(包括 AB)都是问题的最优解,都会获得 50 美元的总利润。

由此可见,在线性规划问题中,可以把分析局限于可行区域的边角。换言之,可以不去考虑可行区域范围内无限多的点,而只要把精力集中在边角解上就行了。这就大大地减少了计算量。

上述图解法有助于说明线性规划的性质,但它只适用于两种产品的场合。由于大多数线性规划问题所包含的变量和约束条件要多得多,用图解法不能解决,必须用代数法才能解决。代数法使我们有可能通过计算机求解复杂的大型线性规划问题,从而大大地扩大了线性规划的应用范围。

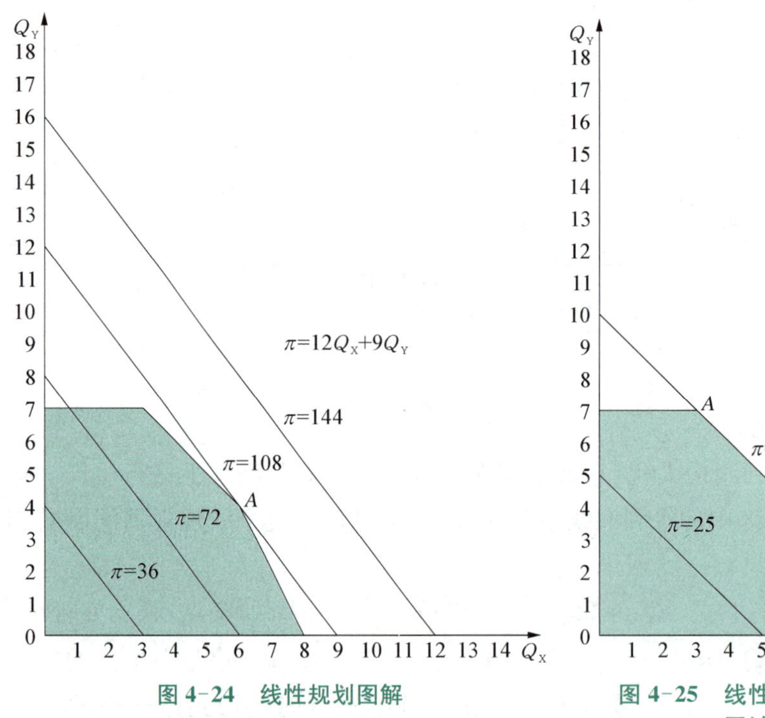

图 4-24 线性规划图解

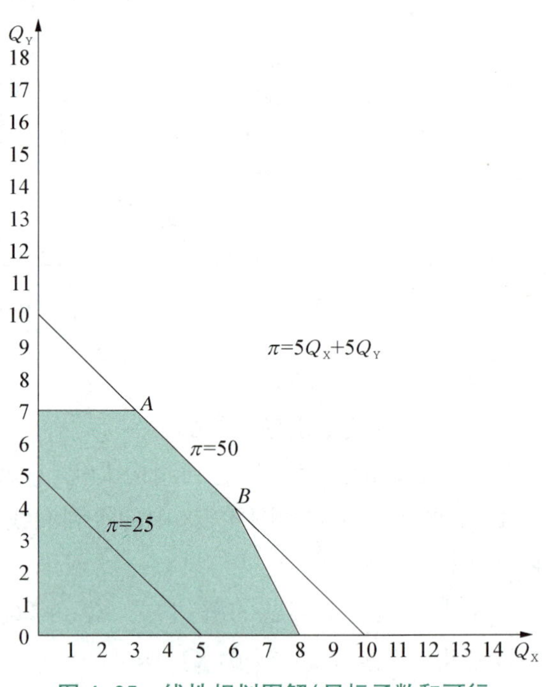

图 4-25 线性规划图解(目标函数和可行区域边界重合的情形)

第五章

市场结构与决策

本章导读

1. 完全竞争市场中，企业存在盈利或亏损情形。判断收支相抵点与停止营业点是企业经常遇到的问题。$AR = SAC$ 时，企业的经济利润为 0，交点即为收支相抵点。$AR = AVC$ 为企业的停止营业点。企业达到长期均衡时，经济利润为 0，价格 P、边际收益 MR、平均收益 AR“三线合一”，$P = MR = AR = MC = AC$。

2. 完全垄断市场中只有一家厂商，企业与行业需求曲线相同，向右下方倾斜。该曲线上各点的需求弹性 E_d 不同。AR 曲线在 MR 曲线之上，MR 曲线的斜率是 AR 曲线的两倍。MR 曲线的横截距是 AR 曲线的 1/2。垄断企业获得经济利润的条件为 $P = AR > AC$；亏损的条件为 $SAC > AR = P$。垄断企业获得长期均衡的条件为 $MR = SMC = LMC$。

垄断降低了效率与社会福利，因而政府会通过价格管制等措施制约垄断，调节资源配置的效率，以提升社会福利。管制也存在一些弊端，如政府规定的价格很难使市场供求平衡。

3. 垄断竞争市场是最为普遍的市场形态。非价格竞争是垄断竞争市场结构形成的重要因素，它不仅包括产品差异化、消费者偏好，还包括品质、品类及功能竞争等。

4. 垄断竞争企业面临两条需求曲线。主观需求曲线 d 是每个企业主观角度认为面对的需求曲线，其条件是单个企业假定自己降价时其他企业保持不变的价格与市场需求。客观需求曲线 D 表示单个企业改变产品价格，其他企业也随着改变。

由于主观需求被单个企业主观高估，高于客观需求。在竞争中，每个企业会不断修正主观需求曲线，最终调整到 MR 与 MC 曲线交点所决定的产量位置，它同客观需求曲线 D 与其主观需求曲线 d 的交点决定的产量恰好相一致。这时，形成了短期均衡。短期均衡是不稳定的，任何影响市场结构的因素（诸如差异化、消费者偏好）作用都可能打破这种均衡。

只要存在经济利润就会有新企业进入，每个企业的市场份额就会减少。主观需求曲线 d 就会不断继续调整下移，直到其与长期平均成本 LAC 曲线相切。相应的客观需求曲线 D 也逐渐调整，直到使经济利润消失。这时，客观需求曲线 D 正好通过主观需求曲线与 LAC 的切点处，形成长期均衡，条件为 $MR = LMC = SMC$，$AR = LAC = SAC$。

5. 寡头市场指某种产品的绝大部分供给由少数几家大企业控制的市场。因而，行业集中度 CRn 是普遍使用的较为直观的市场垄断程度的测量指标。

6. 寡头垄断模型都假设各企业在定价及产量上互相依赖。古诺模型有助于理解卖方数量较少（比如两个寡头）的寡头市场中的份额分割与定价等。卡特尔在共谋的几家寡头间分配份额与达成利益协议，目的是实现共同利益的最优。价格领导模型与斯威齐弯折的需求模型同样提供最优的解题逻辑与方法。

第一节　完全竞争市场

一、完全竞争企业的短期均衡

（一）正常利润和经济利润

利润分为正常利润与经济利润。

正常利润是企业对自己提供的企业家才能的报酬支付，也是企业家才能这种生产要素所得到的收入。它是成本的一部分，其性质与工资类似。

经济利润是超过正常利润的那部分利润，又称纯粹利润或超额利润。经济利润是企业的收益与成本之差。经济学中通常所说的利润指经济利润。

（二）盈利或亏损

在完全竞争市场，企业是市场价格的被动接受者，因而市场价格 P 等于企业的边际收益 MR。企业的边际收益曲线、平均收益曲线和需求曲线重叠。为了使利润 π 最大，企业会选择在 MC 与 MR 的交点进行生产。继续增加产量不仅不会再给企业带来利润，还会使企业利润减少。

1. 获得经济利润的情形

如图 5-1(a)所示，由于市场价格 P_0 高于短期平均成本 SAC 曲线最低点，存在超额利润。

根据利润最大化条件 $MR=SMC$，企业生产均衡点是市场价格线 P_0 与 SMC 交于 E 点，对应的均衡产量为 Q_1。超额利润相当于 $P_0P'E'E$ 围成的面积。

2. 亏损的情形

如图 5-1(b)所示，市场价格 P_0 低于 SAC 曲线的最低点，企业的平均收益小于平均成

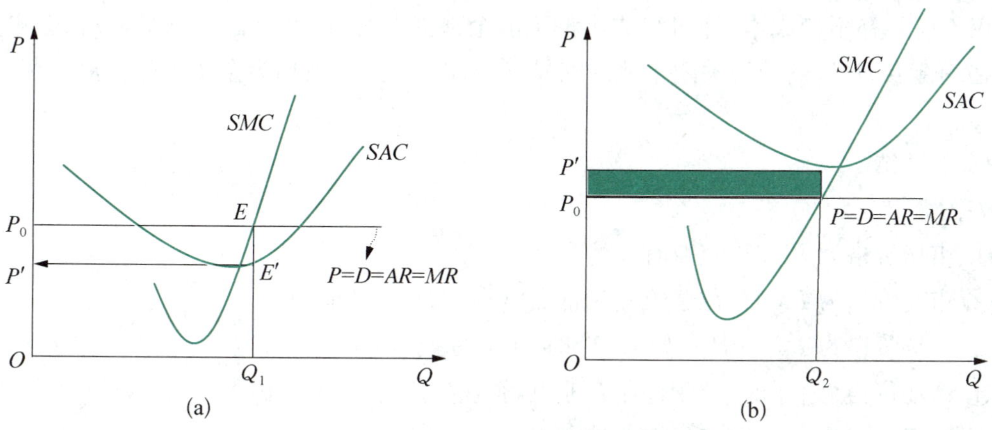

图 5-1　完全竞争企业短期均衡

本,形成亏损,亏损量相当于图中的阴影面积。

(三) 收支相抵点与停止营业点

1. 收支相抵点

如图 5-2 所示,需求曲线 D 切于 SAC 曲线的最低点 A,这一点是 SAC 曲线和 SMC 曲线的交点。这一点恰好也是 $MR=SMC$ 的利润最大化的均衡点。在 A 点,$AR=SAC$,企业的经济利润为 0,但实现了正常利润。由于在均衡点 B 上,企业既无经济利润也无亏损,所以,A 点也被称为企业的收支相抵点。

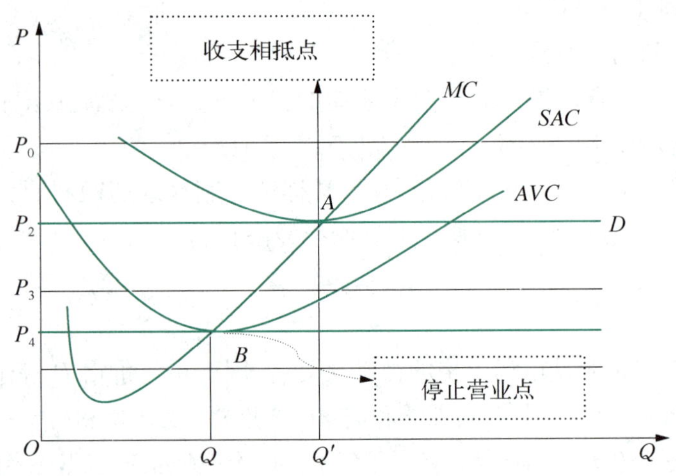

图 5-2 收支相抵点与停止营业点

2. 停止营业点

如图 5-2 所示,需求曲线 D 切于 AVC 曲线的最低点 B,这一点是 AVC 曲线和 MC 曲线的交点。在 B 点,$AR=AVC$,企业的收益只可以抵补可变成本,不能补偿不变成本,企业生产或不生产的结果是相同的。如果市场价格在 B 点之上,如 A 与 B 之间的价格线 P_3,企业可以选择继续生产,因为企业的收益可以弥补可变成本。但是,如果市场价格低于 B 点,企业不仅不能弥补不变成本,连可变成本都不能全部弥补,因此必须停业,否则亏损会更大。由于在均衡点 B,厂商处于关闭企业的临界点,所以,B 点也被称为企业的停止营业点。

(四) 总结

如图 5-2 所示,

① 市场价格为 P_0 时,企业有经济利润;

② 市场价格为 P_2 时,位于收支相抵点,企业无经济利润;

③ 市场价格为 $P_2 \sim P_4$,如为 P_3 时,企业亏损但继续生产;

④ 市场价格为 P_4 时,位于停止营业点,企业生产与否结果相同;

⑤ 市场价格为 P_4 之下时,企业停止生产。

案例与分析

1. 假设某公司的总收益函数为 $TR=8Q$，总成本函数为 $TC=Q^2+4Q+2$，求总利润最大时的产量。

解：

由于 MR 和 MC 分别为 TR 和 TC 的一阶导数，

$$MR=\frac{\mathrm{d}TR}{\mathrm{d}Q}=8$$

$$MC=\frac{\mathrm{d}TC}{\mathrm{d}Q}=2Q+4$$

利润最大化时 $MC=MR$，联立方程，解得 $Q=2$ 时，总利润最大。

2. 已知在完全竞争市场中，产品市场价格 $P=10$ 元，某企业成本函数 $TC=5+5Q-2Q^2+1/3Q^3$，求实现最大利润的产量。

解：

在完全竞争市场，$P=MR=10$

对 TC 函数求导得 $MC=5-4Q+Q^2$

利润最大化条件为 $MR=MC$，联立方程，得到

$$5-4Q+Q^2=10$$

解得 $Q=5$ 或 -1

产量 Q 不可能为负值，所以使企业实现利润最大的产量 $Q=5$

3. 假如在完全竞争市场，一家自行车制造商的总可变成本 $TVC=80Q-10Q^2+Q^3$。自行车市场价格低于多少时，企业会停业？

解：

$$\text{边际成本 } MC=\frac{\mathrm{d}TVC}{\mathrm{d}Q}=80-20Q+3Q^2$$

$$\text{平均可变成本 } AVC=\frac{TVC}{Q}=\frac{80Q-10Q^2+Q^3}{Q}=80-10Q+Q^2$$

AVC 曲线和 MC 曲线的交点是停止营业点，因此，令 $MC=AVC$，得到

$$80-20Q+3Q^2=80-10Q+Q^2$$

$$2Q^2-10Q=0$$

解得 $Q=0$ 或 10，$Q>0$，故 $Q=10$

把 $Q=10$ 代入边际成本方程，得到

$$P = MC = 80 - (20 \times 10) + (3 \times 10^2) = 180$$

当自行车价格低于 180 元时,企业会停业。

二、完全竞争企业的长期均衡

(一) 长期均衡条件

在长期,主要有两个因素影响市场均衡的调整:一是企业可以调整全部生产要素,即可调整生产规模;二是根据市场盈亏企业可以选择进入或退出。

完全竞争市场在长期均衡状态下,市场经过无数次短期调整,企业的超额利润为零。长期均衡条件为

$$P = MR = LMC = SMC = LAC = SAC \tag{5-1}$$

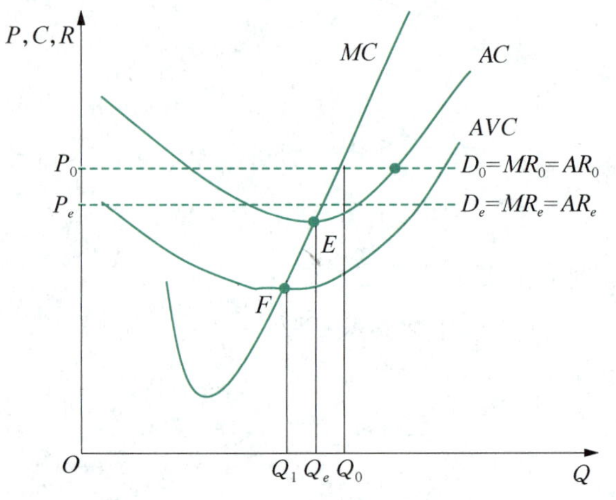

图 5-3 决定企业收益的几种情形

(二) 长期均衡的实现

在完全竞争市场,企业长期均衡时的利润为 0。如图 5-3 所示,边际成本(MC)曲线与平均成本(AC)曲线的最低点交于 E,与平均可变成本(AVC)曲线交于最低点 F。长期均衡点为 E 点,此时 $P = MR = AR = MC = AC$。价格 P、边际收益 MR、平均收益 AR 三线合一。

如果市场价格高于 P_e,如在 P_0 时,厂商会生产 Q_0 数量的产品。由于 P_0 大于 AC,企业可以获得经济利润,这会吸引更多企业进入该行业,导致市场上的产品总供给增加,市场价格下降。每个企业也会根据市场价格,向 E 点的方向调整产量。当市场价格降低到使企业利润为 0 时,新企业就停止进入该行业。相反的,如果市场价格低于 P_e,企业会亏损,导致一些企业退出该行业,市场产品供给减少,市场价格上升。当市场价格增加到使企业利润为 0 时,企业就停止退出该行业。因此,在 E 点达到了完全竞争企业的长期均衡。此时,企业没有获得经济利润,但实现了正常利润。消费者在价格上获得了最大的效用,企业释放了最大的产能,市场最有效率,社会福利最大。

图 5-4(a)表示,在完全竞争市场,随着企业进入和退出行业,供给曲线发生位移,与不变的需求曲线相交于不同的点,从而形成不同的市场价格 $P = MR$,决定了图 5-4(b)中单个企业的产量。产量长期轨迹为 $Q_1 \rightarrow Q_2 \rightarrow Q'_2 \rightarrow Q_3$。就是说,在长期,市场产量经历了从不

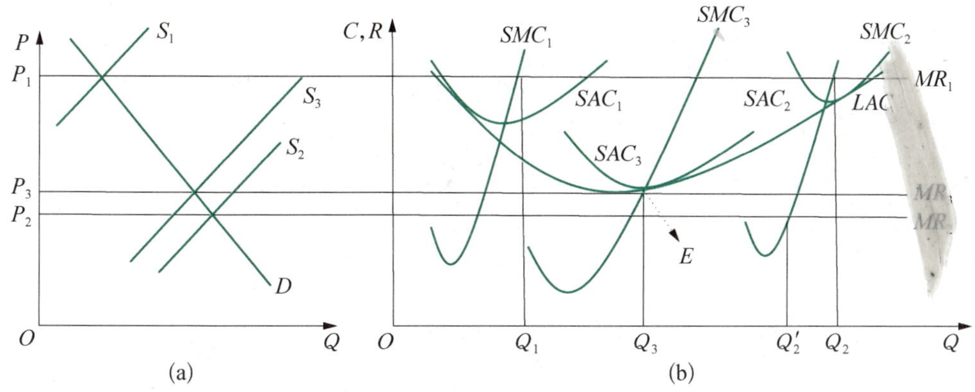

图 5-4　完全竞争企业的长期均衡

足到过剩，又到不足，最后达到均衡的调整过程。

(三) 总结

① 完全竞争企业达到长期均衡时，都具有最高的经济效率、最低的成本。

② 完全竞争企业达到长期均衡时，只能获得正常利润。如果有经济利润，新的企业就会被吸引进来，造成整个市场的供给扩大，使市场价格下降到各个企业只能获得正常利润为止。

③ 完全竞争企业达到长期均衡时，每个企业的产量，必然是其短期平均成本 *SAC* 曲线最低点对应的产量，也必然是其长期平均成本 *LAC* 曲线最低点对应的产量，如图 5-4(b)的 *E* 点。

④ 上述对完全竞争企业长期均衡的分析是建立在生产要素价格不变的假设之上的。如果考虑生产要素价格的变化，完全竞争行业的长期供给曲线便会呈现不同的特点。根据要素价格可以将行业分为成本不变行业、成本递增行业、成本递减行业。存在这种情形的原因是外部经济与外部不经济等。

第二节　完全垄断市场

一、完全垄断企业的短期均衡

(一) 需求曲线与收益曲线

1. 需求曲线

由于完全垄断市场只有一家企业，企业等于行业，企业的需求曲线就是行业的需求曲线，是一条向右下方倾斜的曲线(见图 5-5)。这一情形与完全竞争市场相反，企业不再是价格的接受者而是价格的制定者。

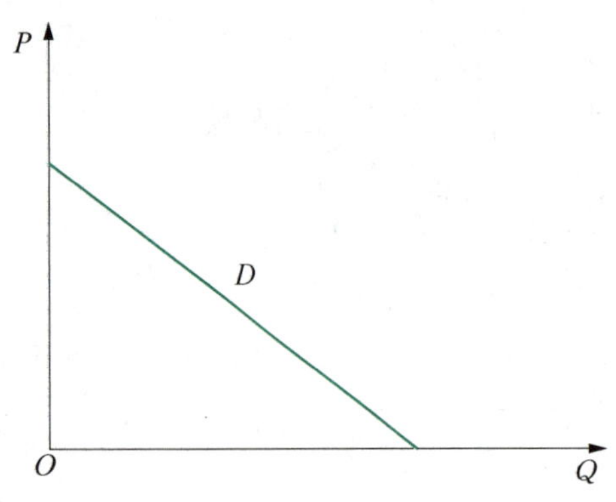

图 5-5　完全垄断厂商的需求曲线(平均收益)

图 5-6　完全垄断企业的收益曲线

2. 收益曲线

因为完全垄断企业的 $AR=P$，所以平均收益 AR 曲线与需求曲线 D 重合。完全垄断企业边际收益(MR)曲线位于(AR)曲线的下方(见图 5-6)。

由于边际收益递减，所以 AR 曲线在 MR 曲线之上。MR 曲线的斜率是 AR 曲线的两倍，MR 曲线的横截距是 AR 曲线的 1/2，两者纵截距相同①。

根据利润最大化原则，垄断厂商会按照 $MC=MR$ 的原则确定产量和价格。当产量到达 Q' 时，$MR=0$，再继续生产将变为负值。此时收益最大。

3. 边际收益与需求价格弹性

$$TR=P\cdot Q$$

$$MR=\frac{\mathrm{d}TR}{\mathrm{d}Q}=P+Q\cdot\frac{\mathrm{d}P}{\mathrm{d}Q}=P\left(1+\frac{\mathrm{d}P}{\mathrm{d}Q}\cdot\frac{Q}{P}\right)=P\left(1-\frac{1}{e_d}\right)$$

$$e_d=-\frac{\mathrm{d}P}{\mathrm{d}Q}\cdot\frac{Q}{P}$$

AR 曲线上不同位置的需求价格弹性不同：

① 在 E 点，$e_d=\infty$；

② 在 E 点到 C 点之间，$e_d>1$，$MR>0$；

③ 在 C 点，$e_d=1$，$MR=0$；

④ 在 C 点到 A 点之间，$0<e_d<1$，$MR<0$；

⑤ 在 A 点，$e_d=0$。

(二) 盈利与亏损

在短期，垄断企业无法改变固定要素投入量，它在既定的生产规模下通过对产量和价格

---

① 假设 $AR=P=a-bQ$，则 $TR=P\cdot Q=aQ-bQ^2$，$MR=\mathrm{d}TR/\mathrm{d}Q=a-2bQ$。

的调整，实现利润最大化条件 $MR=SMC$。

垄断企业的收益取决于平均成本与平均收益。短期内，垄断企业有可能出现盈利、利润为 0 和亏损三种情况。

1. 获得经济利润的情形

垄断企业获得经济利润的条件为：$P=AR>AC$。

如图 5-7 所示，MR 曲线和 MC 曲线的交点为 E，该点决定的产量 Q_1 为最优产量。此时，平均收益为 OB，平均成本为 OD，垄断企业获得的经济利润 $\pi=TR-TC=OB\cdot OQ_1-OD\cdot OQ_1=BDFA$ 的面积。

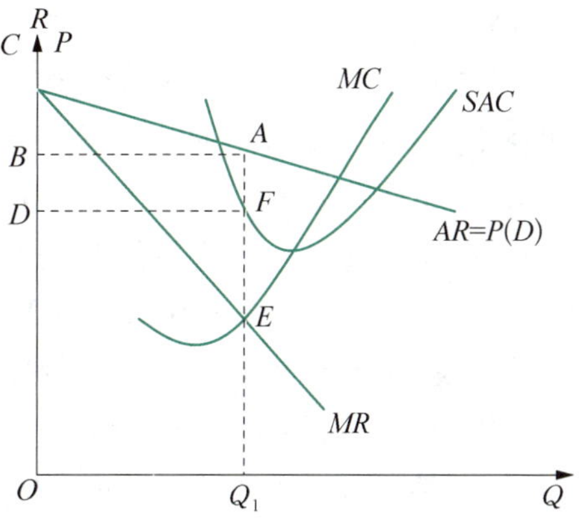

图 5-7　完全垄断企业获得超额利润的短期均衡

2. 亏损的情形

垄断企业也可能亏损。如图 5-8(a)所示，SAC 曲线高于 AR 曲线，企业平均收益小于平均成本，总收益小于总成本，致使亏损。总亏损额 $=TR-TC=ABFC$ 的面积。

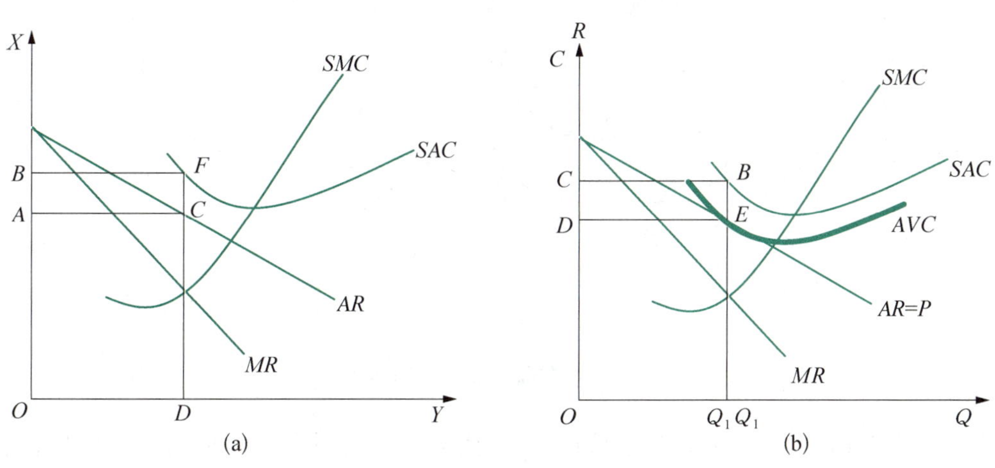

图 5-8　完全垄断企业亏损的短期均衡

若 $AR>AVC$，说明垄断企业维持经营还可以弥补 AVC，并通过长期生产规模的调整改变这种状况，垄断企业应该继续生产；若 $AR=AVC$，垄断企业生产与否都一样；若 $AR<AVC$，垄断企业无法弥补可变成本，应该停止生产。

如图 5-8(b)所示，假设 AVC 与 AR 曲线相切于 E 点，E 点是垄断企业的停止营业点。

二、完全垄断企业的长期均衡

完全垄断条件下，企业的长期均衡主要指企业不断调整生产能力，降低成本，直到长期均衡产量下的边际成本与边际收益相等，这时 $MR=SMC=LMC$。如果 $MR\neq SMC$，说明企业没有在新增投资下达到最优产量；如果 $MR\neq LMC$，说明企业没有把生产规模调整到最优状态。

如图 5-9 所示，假定开始时垄断企业在 SAC_1 和 SMC_1 代表的规模上进行生产，在短期企业使 $MR=SMC_1$ 的价格为 P_1，产量为 Q_1。但是由于生产规模小，Q_1 不能满足市场需求，企业会扩大生产规模以增大利润。当垄断企业调整到 SAC_2 和 SMC_2 代表的生产规模时，均衡产量为 Q_2，均衡价格为 P_2。均衡点 R 为 MR 曲线与 SMC_2 曲线以及 LMC 曲线的交点，在该点 $MR=SMC=LMC$。这意味着垄断企业调整到第二种生产规模时，达到最优规模，而且能够保持下去，达到了长期均衡。

从图中的矩形面积可以看到，前后两种规模之间的利润之差为 $HP_2 \cdot OQ_2 - P_1I \cdot OQ_1$，显然调整后企业获得了更大的利润。

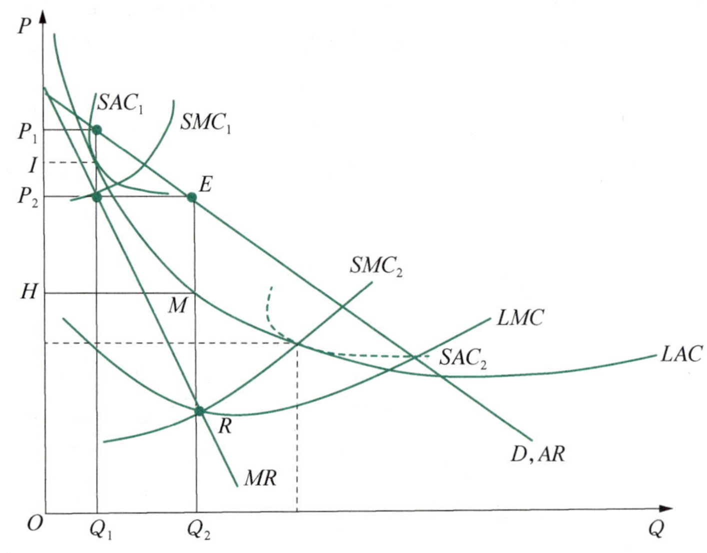

图 5-9 垄断企业的长期均衡

在完全垄断市场，无论是短期还是长期，厂商为了获得最大超额利润，总是力图使自己的产品稀缺一些，使价格超过边际成本。这使得消费者需要付出更大的代价来消费，降低了社会福利。尤其一些公共行业、自然垄断行业及专营行业，占用社会公共资源的同时，又浪费了社会应得的产品消费福利，不利于社会资源优化配置。

三、政府管制

(一) 垄断管制

1. 针对公共事业和自然垄断的政策

对于公共事业，如水、电、气等，政府可以规定市场价格，给予补贴，使这些行业提供更好的公共服务；对于自然资源或区位垄断，如铁路、道路、港口、桥梁、矿山、油田等，由于其不可替代性的特点，可采取代理制，以及混合经济下的市场化经营，使其能够在经营中自我发展壮大，培养自负盈亏及反哺国家财政的能力。

2. 针对一般垄断的政策

在促进企业实现规模经济的同时，政府一方面要重点关注其“垄断行为”，如通过各种不正当竞争行为限制新企业进入的活动；另一方面要通过鼓励创新与税收调节，来干预大型企业的市场操控力，促使市场接纳新企业，增加活力。

（二）价格管制

对于垄断企业的价格管制一般是最高限价。最高限价也称限制价格，指政府对市场价格规定上限，以防止垄断企业为获取额外利益而脱离社会消费水平制定高价，从而达到扩大产出、满足社会基本需要的目的。

如图 5-10 所示，垄断企业在 $MR=SMC$ 处生产，此时企业获得现期规模下利润最大化的产量为 Q_1，价格为 P_1。若政府规定最高限价 P_2，P_2 价格与 AR 曲线相交于 E，对应的需求量为 Q_2。企业必须降低价格、增加产量，以满足社会需求。

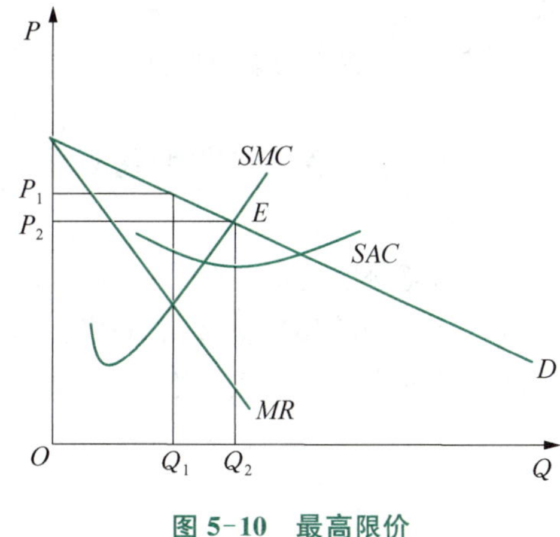

图 5-10　最高限价

但价格管制存在一些弊端。政府规定的价格很难使市场供求平衡，若限价过高，垄断企业仍然有较高利润，产量增加有限，市场上还是供不应求；若限价太低，企业就会亏损，退出生产。同时，价格管制的时滞问题难以克服。价格管制还要包括对价格歧视的规定，即对不同行业的产品和不同的消费者制定不同的价格，这对提高垄断行业的供给能力也尤为重要。

除了价格管制，政府还会采取一些其他管制办法，如公共管制、国有化措施、道义劝告、信息披露、实施反垄断法等。

治理垄断，需要不断完善市场体系，建立良性的市场规范与治理机制，以市场在资源配置中起决定性作用为基础，加强政府管控，重要的是打击影响经济秩序的灰色市场行为，消除灰色地带。

第三节　垄断竞争市场

一、垄断竞争市场的特点

影响垄断竞争市场结构的因素很多，包括市场竞争壁垒、市场集中度、产品差异性、竞争壁垒、消费者偏好、进入或退出产业的难易程度等。其中，与垄断竞争市场联系最普遍的是产品差异性及消费者偏好。

产品差异性与行业性质有直接关系，并与消费者偏好密切相关。厂商通过产品差异性建立竞争壁垒或形成偏好群体，决定垄断程度的高低。不同行业的产品差异性程度很大，经济学家将它们按差异化程度从高到低进行了如下排列：餐饮、服装等生活领域差异化最大；其次是日用消费品，如牙膏、日用化工等；再次是日用轻工、家用电器等；然后是轻、重工业产品；最后是工业中间件或标准件等。通常排在前面的行业，参与差异化竞争的商业主体越多，越可能形成垄断竞争。当然，也有最终从中脱颖而出的寡头。

建立差异性壁垒是垄断竞争企业的主要竞争方式之一。众多商业主体通过广告、品牌、商标及其他技术功能等因素影响消费者偏好程度，建立差异壁垒，促使垄断竞争市场形成。

广告是影响消费者偏好的重要方式，产业经济学界曾提出以广告密度(广告支出/销售收入，AD/SL)衡量差异化高低。广告密度指标越大，表明产品差异性愈大。这种由中观角度分辨市场垄断程度的方式具有一定借鉴性。

二、主观需求曲线与客观需求曲线

垄断竞争市场指一个市场中有许多企业生产和销售有差别的同种产品。由于产品存在差别，所以不能够将这些企业的集合称为行业。在垄断竞争市场理论中，把市场上生产非常接近的同种产品的企业的集合，叫做生产集团。

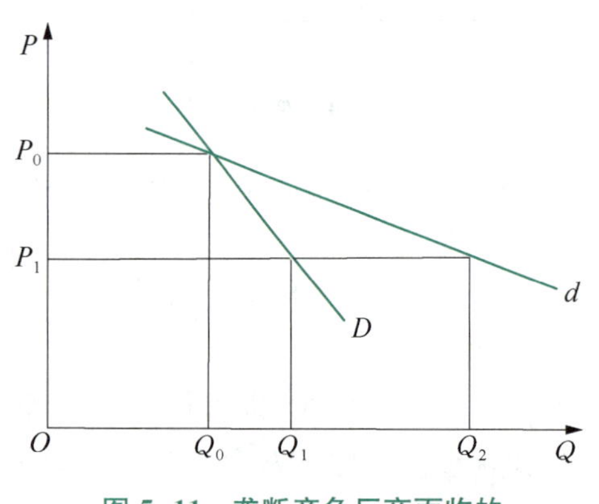

图 5-11　垄断竞争厂商面临的两条需求曲线图示

垄断竞争企业面临两条需求曲线。主观需求曲线 d 是每个企业主观角度认为面对的需求曲线。d 需求曲线表示：在垄断竞争生产集团中的单个企业改变产品价格，而其他企业的产品价格保持不变时，该企业的产品价格与销售量之间的对应关系。如图 5-11 所示，企业认为，若价格从 P_0 降至 P_1，需求量就会从 Q_0 增至 Q_2。实际上，如果每个企业都做出这种判断并安排生产的话，每个企业都会分去市场份额，因而，形成了客观需求曲线 D。D 曲线表示：在垄断竞争生产集团中的单个企业改变产品价格，而其他所有企业也使产品价格发生相同变化时，该企业的产品价格和销售量之间的关系。

d 需求曲线具有较大的弹性，表示随着价格变化，需求量 Q 会有较大增长。D 需求曲线的弹性较小，表明实际需求量的变动远远小于企业的预期。这说明，垄断竞争企业彼此影响的程度很高。

三、垄断竞争企业的短期均衡

如图 5-12(a)所示，起初企业的主观需求曲线为 d，如果每个企业都根据利润最大化条

件 $MR=SMC$ 决定产量与价格。根据这个交点，企业最初把产量确定在 Q_1，相应的价格是 P_1。但此时，企业不可能实现最大利润，因为其他企业也是这么想的。在 P_1 的价格下，D 需求曲线表示的需求量只有 Q_2。因此，企业重新考虑主观需求曲线，根据观察到的 P_1、Q_2 的组合点，将 d 需求曲线下移到 d'（AR'），相应的 MR 曲线移动至 MR'。根据 $MR'=MC$，企业把产量重新定在 Q_3。而 Q_3 由新的 AR' 决定的价格为 P_2。但是，企业又高估了需求量，实际的需求量只有由 D 需求曲线与 P_2 交点决定的 Q_4。于是，企业只能再次下移主观需求曲线。

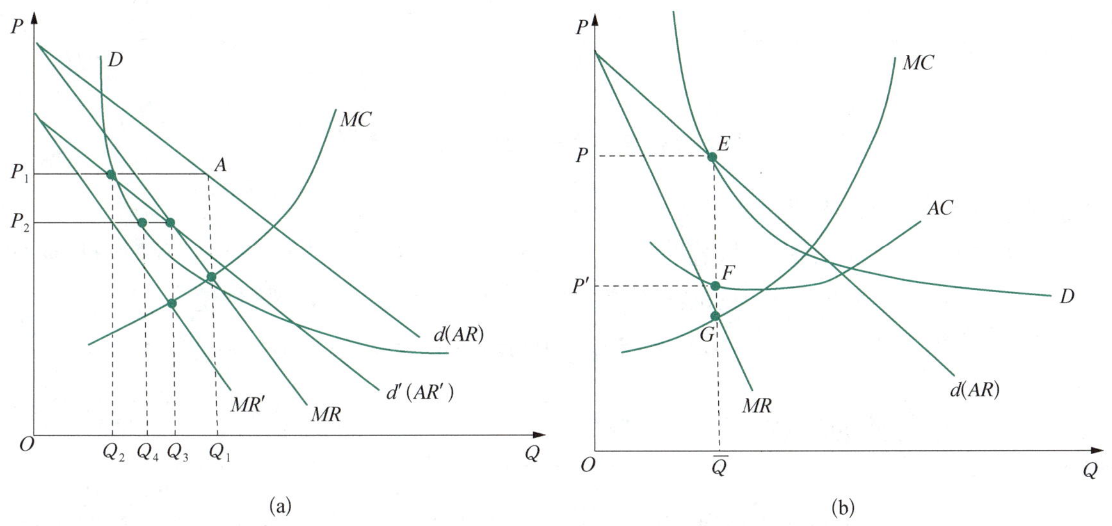

图 5-12 垄断竞争下短期调整与均衡

企业会继续重复如上过程，直到图 5-12(b)的情形出现。厂商最终调整到使 MR 与 MC 曲线的交点在客观需求曲线 D 与其主观需求曲线 d 交点 E 的正下方的产量 G 点处。此时的产量 $\overline{Q}$ 正好也是 D 需求曲线与市场价格交点所决定的产量。这时厂商达到短期均衡，P' 就是短期均衡价格。在短期均衡产量上，短期厂商可以获得最大利润 $\pi=TR-TC=(P-P')\cdot Q$。

四、垄断竞争企业的长期均衡

要达到长期均衡，垄断竞争企业必然先要达到短期均衡，因此均衡产量由 D 需求曲线与 d 需求曲线交点决定。如图 5-13(a)所示，假设垄断竞争企业原来在 A 点生产，企业能够获得利润。由于只要生产集团内存在利润就会有新企业进入，如果市场需求不变，每个企业的市场份额就会减少。相应的，D 需求曲线和 d 需求曲线逐渐向左下方平移，直到使经济利润消失。

如图 5-13(b)所示，d 曲线下移直到与 LAC 曲线相切为止，切点为 E，该点也是 D 曲线与 d 曲线的交点。这时 $MR=LMC$，$AR=LAC$，垄断竞争企业的经济利润为 0，不再有新

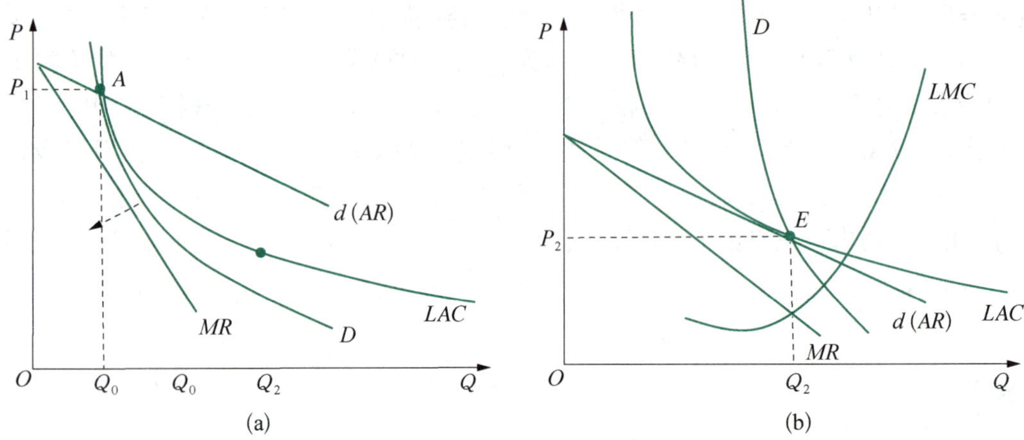

图 5-13 垄断竞争企业的长期均衡

企业进出该生产集团,达到长期均衡。

上面分析了垄断竞争企业从盈利到利润为 0 的长期均衡的实现过程,从亏损到长期均衡的实现过程,原理是相同的,只是需求曲线变动方向相反而已,故不再赘述。

总之,垄断竞争企业的长期均衡条件为: $MR = LMC = SMC$, $AR = LAC = SAC$。

五、分析中须关注的问题

垄断竞争市场分析时不仅需要关注企业主观需求曲线 d,也要关注客观需求曲线 D。企业不断调整生产规模与产量,导致两条需求曲线都变动,以达到两者都符合市场均衡的要求。

垄断竞争企业的目标仍是利润最大化。在短期,企业既可能获得超额利润,也可能出现亏损;在长期,企业只能得到正常利润,这与完全竞争市场相同,与完全垄断市场不同。但事实上只要企业能成功地创造出产品差别,在长期仍具有获得规模经济的可能性。

(一) 市场结构比较

完全竞争市场长期均衡条件为 $P = AR = AC = MR = MC$, 垄断竞争市场和完全垄断市场长期均衡条件都是 $P = AR = AC > MR = MC$。 这说明: ① 垄断竞争下平均成本未能达到最低点,资源没有实现最优配置;② 垄断竞争下价格较高,相应产量较低,对消费者不利。

但是,并不能由此就说完全竞争市场优于垄断竞争市场。因为尽管垄断竞争市场的平均成本与市场价格较高,资源配置并非最优,但可以向消费者提供差异化的产品及服务,满足社会对物质与文化的多样化需求。

相较于完全垄断市场,垄断竞争市场的产量更高,价格更低。一些经济学家认为,垄断竞争市场虽然存在一定程度的垄断因素,但在一定的程度上能起到促进企业创新的作用。完全竞争市场的产品完全相同,无法满足消费者的各种偏好,而垄断竞争市场的产品存在差异，可以满足消费者不同的需要。

（二）非价格竞争

产品差异化属于非价格竞争手段，主要包括品质竞争、品类竞争，以及文化偏好竞争等。

1. 品质竞争

品质竞争指企业通过提高产品质量、完善产品功能、增加产品用途，为消费者提供耐用可靠的产品、更贴心的产品功能、更周到的服务，以获得更多的消费者。通过品质竞争，企业也强化了竞争壁垒与竞争能力。

2. 品类竞争

品类竞争指企业通过引进新技术及开发产品品类差异，以满足不同消费者的需要。由于不同消费者群体的消费水平及生活需求不同，对同种产品有不同的要求，企业提供差异化特征的产品或对不同等级的产品进行差异化定价，可以更好地为具有不同特点的消费群体提供产品与服务。

3. 文化偏好竞争

社会群体的文化差异导致了需求的多样性，因而满足不同群体文化偏好的差异化产品或服务成为垄断竞争企业的主要竞争方式之一。它已被企业普遍应用于构建垄断壁垒，并影响到企业组织体系的方方面面。当前，文化竞争成为消费者识别不同企业的产品与服务差异的主要方式，所以文化识别与广告宣传的内涵就有了特殊的意义。

第四节 寡头垄断市场

一、寡头市场及行业集中度

（一）寡头市场的特征

寡头垄断市场也叫寡头市场，通常指介于完全垄断和垄断竞争之间的一种市场模式。它指某种产品的绝大部分供给由少数几家大企业控制的市场。每个大企业在相应的市场中占有相当大的份额，对市场的影响举足轻重。工业经济阶段，寡头市场主要出现在进入壁垒较高的资本密集型行业，如重化工业、采矿业等领域。知识经济阶段，寡头开始向需要大量信息、人才的行业，以及掌握核心技术并形成进入壁垒的技术密集型行业转移。

（二）行业集中度

行业集中度[①]又称市场集中度，是对整个行业的市场结构集中程度的测量指标，它用来

① 行业集中度是决定市场结构最基本、最重要的因素，集中体现了市场的竞争和垄断程度。经常使用的集中度计量指标有：行业集中率、赫尔芬达尔-赫希曼指数、洛仑兹曲线、基尼系数、逆指数和熵指数等。其中，行业集中率与赫尔芬达尔-赫希曼指数经常被运用在反垄断经济分析中。

衡量企业的数目和相对规模的差异，是市场势力的重要量化指标。行业集中率（CRn 指数）是最常用的测算方法，它指某行业的相关市场内前 n 家最大的企业所占市场份额（产值、产量、销售额、销售量、职工人数、资产总额等）的总和。

$$CRn = \sum_{i=1}^{n} Si \qquad (5-2)$$

式中，Si 是第 i 个企业所占的市场份额，n 是这个行业中规模最大的前几个企业数。通常 $n=4$ 或者 $n=8$，此时，行业集中度就分别表示产业内规模最大的前 4 家或者前 8 家企业的集中度。

美国经济学家贝恩根据 CR_4 和 CR_8，对不同垄断或竞争程度的市场做出如下划分（见表 5-1）。

表 5-1　贝恩的市场结构分类

市场结构	CR_4（%）	CR_8（%）
寡头垄断Ⅰ型	$CR_4 \geqslant 75$	—
寡头垄断Ⅱ型	$75 \leqslant CR_4 \leqslant 85$	$CR_8 \geqslant 85$
寡头垄断Ⅲ型	$50 \leqslant CR_4 < 75$	$75 \leqslant CR_8 < 85$
寡头垄断Ⅳ型	$35 \leqslant CR_4 < 50$	$45 \leqslant CR_8 < 75$
寡头垄断Ⅴ型	$30 \leqslant CR_4 < 35$	$40 \leqslant CR_8 < 45$
竞争型	$CR_4 < 30$	$CR_8 < 40$

由于各国情况不同，各国学者对市场结构的分类标准不尽相同，如日本学者植草益将产业市场结构粗分为寡头垄断型（$CR_4 \geqslant 40$）和竞争型（$CR_4 < 40\%$）两类。其中，寡头垄断型又细分为极高寡头垄断型（$CR_4 \geqslant 70\%$）和低集中寡头垄断型（$40\% \leqslant CR_4 < 70\%$）；竞争型又细分为低集中竞争型（$20\% \leqslant CR_4 < 40\%$）和分散竞争型（$CR_4 < 20\%$）。这些分类标准与贝恩大体一致。

二、古诺模型

（一）内涵

各类寡头垄断模型假设各企业在定价及产量上互相依赖、作用。

古诺模型又称古诺双寡头模型或双寡头模型。古诺模型由法国经济学家古诺于 1838 年提出，是纳什均衡应用的最早版本，通常被作为寡头理论分析的出发点。

古诺模型假定一种产品市场只有两个企业，并且相互间没有任何勾结行为，但都知道对方将怎样行动，从而各自确定最优产量来实现利润最大化。其结论可以较容易地推广到三个或三个以上的寡头企业的情况中去。古诺模型构架简单，有助于理解卖方数量较少（比如两个寡头)的寡头市场中的份额分割与定价等。

(二) 古诺双寡头模型[①]

假设一个产品的反需求函数为 $P=950-Q_T$，Q_T 为市场上所有供给者的总产量。假定边际成本和平均成本均为常数 50 元。这里假定成本为常数并不影响分析，只是为了简化计算和更好地了解模型。

先假设在市场里只有一个垄断企业，这个企业就会按 $MR=MC$ 的规则确定产量。根据给定的需求函数，相应的边际收益函数为 $MR=950-2Q_T$，则最优产量就是下列方程的解。

$$950-2Q_T=50$$

解得 $Q_T=450$，相应的 $P=500$ 元。

再假设这个市场为完全竞争市场。在这种情况下，$P=MR=MC$ 决定最优产量。最优产量可以通过解下列方程求得。

$$950-Q_T=50$$

解得 $Q_T=900$，相应的 $P=50$ 元。正如经济理论所预期的那样，垄断市场比完全竞争市场价格更高，产量更低。

再假设市场上有两个企业。在分析这个情况时，需要对这两个企业如何反应做出假设。古诺模型假定：每个企业相信其他企业会继续生产它上一期的产量，据此来确定自己的最优产量。尽管每个企业可能每期都改变产量，但是两个企业对这种调整都不在意。

在双寡头垄断情形下，Q_T 是企业 A 生产的产量 Q_A 和企业 B 生产的产 Q_B 的总和。由于企业 A 相信企业 B 不会改变它的产量，企业 A 在确定其最优产量时就假定 Q_B 为常数，企业 A 的边际收入函数为

$$MR_A=\frac{dTR}{dQ_A}=\frac{d[(950-Q_A-Q_B)Q_A]}{dQ_A}$$
$$=950-Q_B-2Q_A$$

同理，企业 B 的边际收入函数为 $MR_B=950-Q_A-2Q_B$。然后，使 $MC=MR$ 就可以求得最优产量。

$$950-Q_B-2Q_A=50$$
$$950-Q_A-2Q_B=50$$

经简化，得到

① [美] H. 克雷格・彼得森，[美] W. 克里斯・刘易斯. 管理经济学(第 4 版)[M]. 吴德庆，校译. 北京：中国人民大学出版社，2002：302-304.

$$Q_A = 450 - 0.5Q_B \tag{5-3}$$

$$Q_B = 450 - 0.5Q_A \tag{5-4}$$

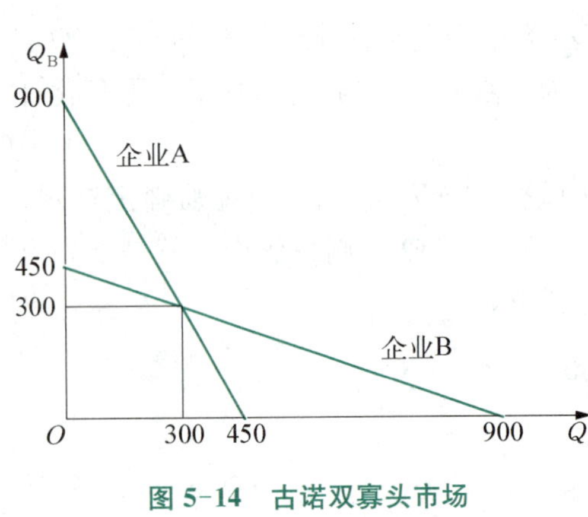

图 5-14 古诺双寡头市场

公式 5-3 和公式 5-4 叫做反应函数，表示每个企业的最优产量是另一企业的产量的函数，也就是说每个企业都会对另一企业的产量做出反应。上述反应函数可用图 5-14 表示。

在某一时点上，假定企业 A 预期企业 B 会生产 200 单位产品，根据其反应函数，企业 A 将生产 350 单位。如果企业 A 生产 350 单位，企业 B 的反应函数就决定了企业 B 必须生产 275 单位。但是企业 B 生产 275 单位，就会使企业 A 的 350 单位产量不再是最优的，因此企业 A 就会根据自己的反应函数改变其产量。于是企业 B 又会相应地做出调整。只要一个企业的产量不同于另一个企业预期的产量，就会有这种调整。

当每个企业对另一企业产量预期正确时，市场就会达到均衡。在数学上，均衡产量可以通过联立公式 5-3 和 5-4 来求得，解得 $Q_A = Q_B = 300$。因此，当每个企业的产量为 300 单位时，市场达到了均衡。均衡解就是两个企业反应曲线的交点。

（三）多寡头古诺模型①

古诺模型还可以用来分析多于两个企业的行业，在这里不展开数学过程。多寡头古诺模型的行业均衡总产量可以用下式计算。

$$Q_n = Q_c \left(\frac{n}{n+1} \right) \tag{5-5}$$

式中，n 为寡头的数量($n \geqslant 1$)，Q_c 为市场总容量②。假设 $Q_c = 900$。在垄断的情况下($n=1$)，行业的均衡总产量为 450 单位。在双寡头情形下($n=2$)，行业的均衡总产量为 600 单位。随着 n 变大，$\frac{n}{n+1}$ 的值越来越接近 1。这就是说，随着市场上企业数目增加，这些企业的总产量就越来越接近完全竞争市场的产量。由于总产量增加，市场价格就会下降。因此古诺模型认为，随着竞争程度的增加（由市场上企业的数目来衡量），市场价格会下降并接近成本，于是企业能获得的经济利润也会下降。当市场上只有一个企业时，利润最大。

① 彼得森，刘易斯. 管理经济学（第 4 版）[M]. 吴德庆，译校. 北京：中国人民大学出版社，2004：302-304.

② 市场容量是指在不考虑产品价格或供应商的策略的前提下市场在一定时期内能够吸纳某种产品或劳务的单位数目，相当于需求量。

三、卡特尔模型

（一）内涵

如果几家寡头垄断企业联合起来，共同规定一个价格，它们就有可能像垄断企业一样定高价，谋取更高的利润，并使整个行业的总利润最大。这种联合叫做共谋，共谋可以是公开的、正式的，也可以是秘密的、非正式的。签订公开的正式协议的共谋叫卡特尔。

卡特尔是一种正式的共谋行为，它能使一个竞争性市场变成一个垄断性市场，属于寡头市场的一个特例。卡特尔以扩大整体利益作为主要目标，为了达到这一目的，会在卡特尔内部订立一系列的协议，来确定整个卡特尔的产量、产品价格，指定各企业的销售额及销售区域等。

（二）类型

1. 价格卡特尔

这是最常见、最基本的卡特尔形式。卡特尔维持某一特定价格或垄断高价，特别是在不景气时维持稳定价格，或者通过降价以排挤非成员企业。

2. 数量卡特尔

卡特尔控制产量，以降低市场供给，最终使价格上升来获得垄断利益。

3. 销售条件卡特尔

卡特尔会在协定中对销售条件如回扣、支付条件、售后服务等进行规定。

4. 技术卡特尔

典型形式是专利联营，即成员企业相互提供专利、相互自由使用专利，但不允许非成员企业使用这些专利。

5. 辛迪加

辛迪加是一种特殊的统一销售卡特尔，成员签订统一销售商品和采购原料的协定。成员企业可以通过共同出资设立销售公司，实行统一销售，比如德贝尔钻石卡特尔。

（三）最优产量与产量分配

如图 5-15 所示，假定一个卡特尔中有两家寡头垄断企业 A 与 B，已知它们的边际成本曲线 MC_A、MC_B，就可以求出卡特尔的边际成本曲线 MC_{A+B}（等于各企业的边际成本曲线横向相加）。已知卡特尔的需求曲线为 D，可以得到相应的边际收益曲线 MR。在 MR 和 MC_{A+B} 的交点，即可得到卡特尔的最优总产量 Q^*，$Q^* = Q_A + Q_B$，最优价格为 P^*。

整个卡特尔的价格和产量确定之后，下一步是分配产量配额。每个企业的产量由各自的边际收益曲线与边际成本曲线 MC_A、MC_B 交点决定。从 MC_{A+B} 曲线和 MR 曲线的交点

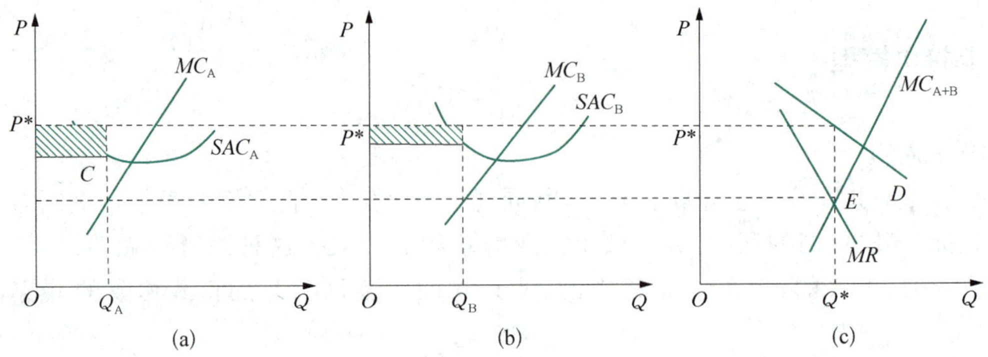

图 5-15 卡特尔的均衡产量

E 处作一条水平线，分别与 MC_A 和 MC_B 相交，就可使各企业的边际成本相等，从而得到各个企业的产量。企业 A、B 的产量分别是 OQ_A、OQ_B。按照这种整体最优、兼顾各企业的分配原则，企业 A、B 各自都获得了经济利润，即图(5-15)中的阴影部分。

(四) 一些其他要点

1. 卡特尔的不稳定因素

主要有两个因素导致卡特尔具有天然的不稳定性。

(1) 潜在进入者的威胁

价格维持得较高就会吸引新企业进入这个市场，新企业通过降价扩大市场份额，卡特尔想继续维持原来的高价就会很不容易。

(2) 卡特尔内部成员所具有的欺骗动机

这是一个典型的"囚徒困境"。其他企业的生产数量和价格都不变，那么一个成员企业偷偷地增加产量将会获得额外的巨大好处，低成本的成员会暗地给予折扣，这会激励成员企业偷偷增加产量。如果每个成员企业都偷偷增加产量，显然市场总供给大量增加，市场价格必然下降，卡特尔限产提价的努力将瓦解。

2. 卡特尔成功的条件

① 一个稳定的卡特尔组织必须使其成员对价格和生产水平达成协定并能够遵守。

② 垄断势力的潜在利益最大化。如果合作的潜在利益非常大，卡特尔成员将会有更大的解决他们组织上的问题的意愿，愿意遵守协议并为其付出努力。

案例与分析

假定一个寡头垄断行业由四个企业 A，B，C，D 组成。该行业的需求函数为 $P=100-0.1Q$，四个企业的总成本函数分别为 $TC_A=10Q_A+0.1Q_A^2$，$TC_B=0.2Q_B^2$，$TC_C=0.2Q_C^2$，$TC_D=20Q_D+0.05Q_D^2$。这四个企业联合起来形成了卡特尔。

(1) 行业总利润最大化的总产量是多少?

(2) 利润最大化产量在各企业中应如何分配?

(3) 为了使行业总利润最大,应制定什么价格?

(4) 每个企业将各得多少利润?

(5) 整个行业的总利润是多少?

解:

(1) 首先求每个企业的边际成本函数。

企业 A:$MC_A = 10 + 0.2Q_A$

企业 B:$MC_B = 0.4Q_B$

企业 C:$MC_C = 0.4Q_C$

企业 D:$MC_D = 20 + 0.1Q_D$

为了边际成本曲线能横向相加,将上述函数形式转化为产量的函数。

$$Q_A = -50 + 5MC_A$$

$$Q_B = 2.5MC_B$$

$$Q_C = 2.5MC_C$$

$$Q_D = -200 + 10MC_D$$

行业总产量 $Q = Q_A + Q_B + Q_C + Q_D = -250 + 20MC_T$。$MC_T$ 为行业的边际成本。

则行业边际成本函数为 $MC_T = 12.5 + 0.05Q$

为了使整个卡特尔的利润最大,必须使 $MC_T = MR$,因此,还必须找出行业的边际收益函数。

由于行业的反需求函数为 $P = 100 - 0.1Q$,则行业的边际收益函数应为 $MR = 100 - 0.2Q$

使 $MR = MC$,则

$$100 - 0.2Q = 12.5 + 0.05Q$$

解得 $Q = 350$,即整个卡特尔的利润最大化产量为 350 单位。

(2) $Q = 350$ 时,卡特尔的边际收入 $MR = 100 - 0.2Q = 100 - 0.2 \times 350 = 30$

当四个企业的边际成本都等于 30(即 $MR = MC_A = MC_B = MC_C = MC_D$)时,产量分配最优,这时各企业的产量为

$$Q_A = -50 + 5MC_A = -50 + 5 \times 30 = 100$$

$$Q_B = 2.5MC_B = 2.5 \times 30 = 75$$

$$Q_C = 2.5MC_C = 2.5 \times 30 = 75$$

$$Q_D = -200 + 10MC_D = -200 + 10 \times 30 = 100$$

(3) $Q = 350$ 时，$P = 100 - 0.1Q = 100 - 0.1 \times 350 = 65$

所以，为了谋求整个卡特尔的利润最大，每个企业都应把价格定为 65 元。

(4) 各企业的利润分别为：

$$\begin{aligned}\pi_A = TR_A - TC_A &= (P \cdot Q_A) - (10Q_A + 0.1Q_A^2) \\ &= 65 \times 100 - (10 \times 100 + 0.1 \times 100^2) \\ &= 6\ 500 - 2\ 000 = 4\ 500\end{aligned}$$

$$\pi_B = TR_B - TC_B = 65 \times 75 - 0.2 \times 75^2 = 3\ 750$$

$$\pi_C = TR_C - TC_C = 65 \times 75 - 0.2 \times 75^2 = 3\ 750$$

$$\pi_D = TR_D - TC_D = 65 \times 100 - (20 \times 100 + 0.05 \times 100^2) = 4\ 000$$

(5) 整个卡特尔的总利润等于各企业的利润之和。

$$\pi_T = 4\ 500 + 3\ 750 + 3\ 750 + 4\ 000 = 16\ 000$$

任何分配产量的其他方案，都不能使总利润超过此数。

四、价格领导模型

(一) 内涵

在大多数国家，寡头企业公开的共谋是不被法律所允许的。因此，寡头企业往往采取暗中的共谋行为，价格领导模式是常见的一种。

价格领导指一个行业中由某一个企业率先制定价格，其他企业随后以该企业的价格为基准决定各自的价格，从而既可避免价格竞争，又可躲过反垄断法对公开勾结的限制。

确定价格的企业叫“价格领导企业”。它是自然产生的，一般是行业中规模最大、实力最强、生产效率最高、成本最低、在行业中居支配地位或者具有公认的定价能力的大企业。该企业的市场信息灵通，能够准确预测需求情况。

其他跟随企业规模较小，如果不跟着定价，就可能引发价格战，造成不利局面；另外，跟着定价还可以避免独自定价失误的风险。

(二) 分析①

假设只要跟随企业按价格领导企业的价格定价，就允许他们想卖多少就卖多少。

① 许纯祯，耿峰石. 当代西方经济学[M]. 长春：吉林大学出版社，1992：193.

在价格领导定价模式中，价格领导企业要做出价格和产量决策，关键是先求出本企业的需求曲线，需求曲线可以由不同价格下市场总需求减去其他企业的供给来获得。这就需要从其他企业的市场占有量开始分析。

如图 5-16 所示，市场总需求曲线为 D_T，S' 为所有其他厂商的供给曲线。若价格为 P_1，总需求等于其他厂商的供给，则价格领导企业的供给为 0。若价格为 P_2，其他厂商的供给量为 P_2B，价格领导企业的供给为 BA。市场总供给量为 P_2B+BA。在 P_2A 上取一点 G，令 $P_2G=BA$，则 G 点是价格领导企业需求曲线 d 上一点。将 P_1 和 G 连接，就推导出了价格领导企业的需求曲线 d。

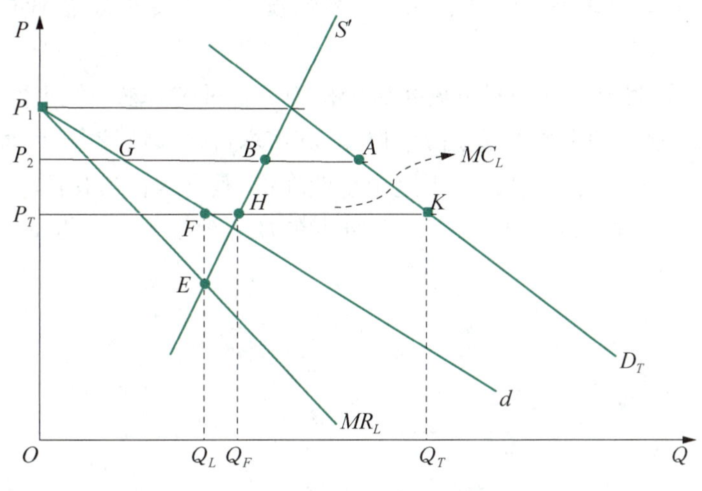

图 5-16 价格领导模型

价格领导企业的边际收益曲线 MR_L 与边际成本曲线 MC_L 的交点 E 决定了其最优产量 Q_L 和最优价格 P_T，利润为 EF。其他企业的产量为 Q_F。假设该行业的价格领导企业不止一家，上述模型依然适用，只需将上述价格领导企业的边际曲线和需求曲线看作这几个企业对应曲线的加总即可。

（三）价格领导和非法共谋的区别

① 价格领导企业的关键在于了解其他竞争企业的定价意图，而不是与它们达成某种类型的协议。

② 价格领导企业是为了正当目的，与很大范围的利益相关者沟通价格和关于定价的信息，而不是利用价格向其他竞争企业发出非法的信号。

③ 价格领导企业要对极端的定价行为保持警惕，而不是运用价格和市场的力量将其他竞争企业从市场中排挤出去。

④ 价格领导是各企业独立实行的价格政策，而不是与其他各企业之间的共谋，或强制要求它们制定某个价格。

五、斯威齐模型：弯折的需求曲线模型

斯威齐模型也称弯折的需求曲线模型，是一种典型的寡头垄断市场模型。

美国学者斯威齐认为，寡头垄断企业推测其他企业对自己价格变动的态度是：跟跌不跟涨。这就是说，如果一个寡头垄断企业提高价格，行业中其他寡头企业都不会跟着改变自己的价格，因为提价的寡头企业的销售量会减少很多；如果一个寡头企业降低价格，行业中其他寡头企业则会将价格下降到相同的水平，以避免销售份额的减少，因而该寡头企业的销售量增加很有限。在上述情况下，寡头垄断企业的需求曲线是弯折的。

如图 5-17 所示，假定寡头垄断市场初始价格为 P_0，对应需求曲线上的 B 点。根据上述基本假设，如果某一企业将价格提升到 P_0 以上，其需求价格弹性较大，它面临的是相对平坦的 dd' 需求曲线上的 dB 段。相反，如果这个企业降价，其需求价格弹性较小，它面临的是相对陡峭的 DD' 需求曲线上的 BD' 段。需求曲线在 B 点处发生了弯折。

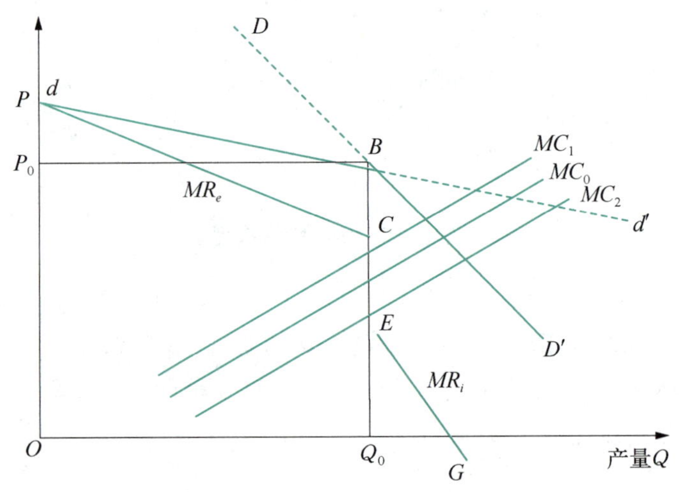

图 5-17 斯威齐模型

为了确定寡头企业的最优产量和价格，必须先找出其 MR 曲线。当需求曲线在 B 点弯折的情况下，对应的 MR 曲线由两段组成，并且在两段之间出现间断，即 CE 部分。MR 曲线的 AC 段对应于需求曲线的 dB 段，MR 曲线的 EG 段则对应于需求曲线的 BD' 段。如果寡头企业的边际成本曲线为 MC_0，那么最优产量就是 Q_0，相应的价格为 P_0。由于 C 点与 E 点之间有一段距离，即使边际成本曲线上升至 MC_1 或下降至 MC_2，只要变化不超过 C 点或 E 点的限度，最优产量就一直是 Q_0，价格也一直是 P_0。所以，在寡头垄断行业，除非成本大幅度变化，寡头企业预计竞争对手也将调整价格，否则不会轻易变动产量和价格。

斯威齐模型说明了为什么在寡头垄断条件下通常产品的价格具有刚性——一旦企业规

定了产品的价格，就不轻易变动。所以，寡头市场的利益分割具有相对稳定性，不会轻易被打破。

但是，斯威齐模型把价格作为既定的条件，并没有说明刚性价格是怎样形成的，所以斯威齐模型没有完成对寡头定价行为的分析。

第六章

定价决策

本章导读

1. 三级歧视价格是最为常见的形式，它针对不同市场或不同群体定价。由于不同市场或群体存在各自的需求曲线与边际收益曲线，需要使企业总边际收益曲线 MR_T 在水平方向分别同不同市场或群体的需求曲线及其边际收益曲线相交，以确定不同市场或群体中商品的数量与价格，从而确定不同市场份额分配。现实应用中影响价格歧视策略效果的因素很多，例如不同市场对同种产品的需求价格弹性不同。

2. 高峰定价模型即通过提高定价与增加需求成本，实施价格歧视策略。它促使需求(或供给)函数曲线移动来影响供需均衡点，从而达到主动分流用户群的目的。

3. 现实经济活动中，企业可能生产多种产品组合，也可能生产新产品或新型号。评价企业产品之间、部门之间的相互影响，是进行最优生产与定价的关键问题。

4. 关联产品有固定比例与变动比例两种。固定比例关联产品的定价模型，假设某企业生产X、Y两种关联产品，首先使总边际收益($MR = MR_X + MR_Y$)与边际成本 MC 相交，确定企业最优产量 Q_0；然后在 Q_0 处做垂线，分别同两种关联产品各自的市场需求曲线相交，以确定最优价格。

可变比例的关联产品模型最优价格与产量以等成本线或生产可能性曲线与等收益线 TR 相切的方式确定，这时要素投入的边际技术替代率规律会影响到切点的斜率与具体位置。

5. 中间产品交易的定价，分为不存在外部市场及存在外部市场两种情况。不存在外部市场需求情况下，中间产品在集团内分公司间交易，以需定产。但是转移定价兼顾两个分公司利益最优的同时还必须满足集团总收益最大化。

外部市场的转移定价存在内部供给过多与内部需求过多两种情形。如果内部供给过多，说明生产分公司的产品除了供给销售分公司，另一部分会向市场销售。如果内部供给不足，不足的部分会从外部市场购买。

第一节　价格歧视

一、价格歧视的基本内容

（一）价格歧视的内涵

价格歧视也被称为差别定价、弹性定价，指对同一种产品，对不同的顾客或市场，定不同的价格。不同的价格并不是由于成本不同，而是企业为满足不同消费层次的要求而构建的，其目的在于建立基本需求、缓和需求的波动、刺激消费。价格歧视是垄断企业典型的价格策略。

（二）价格歧视的条件

价格歧视存在的三项必要条件是：

① 市场存在不完善性，企业对价格有一定的控制能力。在完全竞争市场上，企业是价格被动的接受者，对制定差别价格无能为力。

② 存在两个或两个以上被分割的市场。

③ 不同市场上对同种产品的需求价格弹性不同。

（三）价格歧视的定价标准

1. 基于产品

对不同型号、版本、档次的产品定不同的价格。这些产品虽有成本差异，但价格的差异更大，比如飞机头等舱和经济舱机票。

2. 基于空间或区域

同种产品在不同地区的价格不同。比如奢侈品价格在相对富裕地区高，相对贫困地区低，因为相对贫困地区的消费能力不够。

3. 基于时间

这种定价方法考虑平均成本之外的其他因素，如电费分时计价。有些产品可根据季节不同给予折扣，如冬天降价卖电扇，夏天降价卖电暖气，从而减少积压，加速资金周转。

4. 基于购买数量

对购买多的定低价，对购买少的定高价。

5. 动态定价

产品的价格随着需求程度的变化而变化。如航空公司起初确定一个较低的机票价格，并通过计算机程序跟踪累计销量，如果销量上升较快，则航空公司会提高机票价格，反之则降低价格。有时航空公司也会根据旅客的累计行程来提供折扣优惠。

二、价格歧视的等级

(一)一级价格歧视

一级价格歧视也称完全价格歧视,指企业对每单位商品都按消费者愿意支付的最高价格出售。一级价格歧视往往在高度垄断的情况下发生,是价格歧视最极端的形式,消费者剩余完全被生产者攫取。

(二)二级价格歧视

二级价格歧视对不同的消费数量段制定不同的价格,是一级价格歧视的不完全形式,常用于公用事业(水、电、煤气等)和批发业。例如,按户不同的用水量收费。如图 6-1 所示,Q 为用水量,若 $0 \leqslant Q \leqslant Q_1$,$P = P_1$;若 $Q_1 \leqslant Q \leqslant Q_2$,$P = P_2$;若 $Q_2 \leqslant Q \leqslant Q_3$,$P = P_3$。

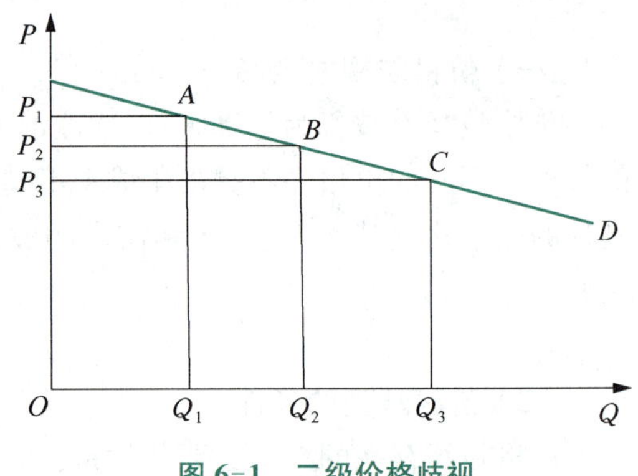

图 6-1 二级价格歧视

(三)三级价格歧视

三级价格歧视对同一种产品在不同市场上(或对不同的消费群体)收取不同的价格。垄断企业根据不同的需求价格弹性来划分市场,对需求价格弹性大的市场,价格定得低一点;需求价格弹性小的市场,价格定得高一点,以求得最大利润。三级价格歧视是最常见的价格歧视。

如图 6-2 所示,图(c)企业的总边际收益曲线 MR_T 与 MC 曲线交点 E 是利润最大化均衡点,最优价格为 P_T。过 E 点作水平线,与图(a)、(b)两个市场的边际收益曲线 MR_A、MR_B 分别相交,从而确定 A 市场的价格 P_A 与产量 Q_A,以及 B 市场的价格 P_B 与产量 Q_B。由于两个市场价格弹性不同,两个市场的定价有差异。

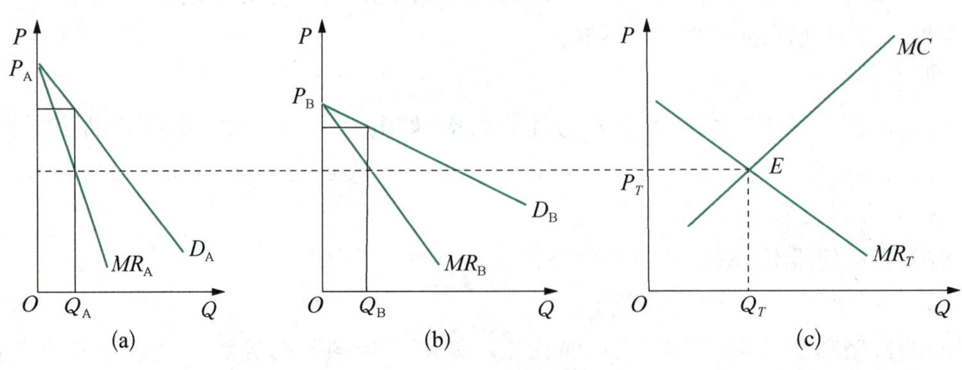

图 6-2 三级价格歧视

假设厂商在多个市场上出售同一产品，将多个市场上的 MR 曲线水平相加，可得企业总的 MR 曲线，再根据利润最大化原则求出企业的总产量。产量的分配原则是：各市场 MR 相等。如果 MR 不相等，把产品从低边际收益的市场转向高边际收益的市场，就可使总收益增加（对总成本没有影响）。

案例与分析

某垄断企业在 A、B 两个分割的市场上销售产品，两市场的反需求函数分别为 $P_A=20-3Q_A$，$P_B=15-Q_B$。边际成本 $MC=3$。

（1）为使利润最大，应如何确定 A、B 市场的产量和价格？

（2）如果不实行价格歧视，利润会有什么变化？

解：

（1）MR 曲线斜率为 AR 曲线（即需求曲线）的 $\frac{1}{2}$，可以得到

$$MR_A=20-6Q_A$$

$$MR_B=15-2Q_B$$

根据最大利润条件 $MR_A=MR_B=MC=3$

解得 $Q_A=2.83$，$Q_B=6$

代入各自的需求函数，得到最优价格 $P_A=11.51$，$P_B=9$

每个市场的利润为

$$\pi_A=32.57-8.49=24.08$$

$$\pi_B=54-18=36$$

总利润为 $\pi_T=24.08+36=60.08$

（2）如果不实行价格歧视，就要先求市场的总需求曲线方程和边际收益方程。两个市场需求函数为：

$$Q_A=\frac{20}{3}-\frac{P}{3}$$

$$Q_B=15-P$$

由于统一定价，$P_A=P_B=P$。然后，将这两个函数相加，得出总需求函数为

$$Q_T=\frac{65}{3}-\frac{4P}{3}$$

AR 函数为

$$AR=P=\frac{65}{4}-\frac{3}{4}Q_T$$

MR_T 函数为

$$MR=\frac{65}{4}-\frac{3}{2}Q_T$$

使 $MR_T=MC=3$，解得 $Q_T=53/6$，相应的 $P=77/8$

$$\pi_T=P\cdot Q_T-MC\cdot Q_T=58.52<60.08$$

在垄断者实行价格歧视的不同市场中，价格与价格弹性之间必定存在反向关系①。在每个市场中，边际收益必定相等，而且必须等于总的边际成本才能使利润最大。

前面已经证明过

$$MR=P\left(1-\frac{1}{E_D}\right)$$

假设存在两个市场，P_1、P_2、E_1 和 E_2 分别为两个市场中的价格和价格弹性。

令 $MR_1=MR_2$，则

$$P_1\left(1-\frac{1}{E_1}\right)=P_2\left(1-\frac{1}{E_2}\right)$$

$$\frac{P_1}{P_2}=\frac{\left(1-\frac{1}{E_2}\right)}{\left(1-\frac{1}{E_1}\right)} \tag{6-1}$$

可见，在垄断者实行价格歧视的不同市场中，价格与价格弹性之间必定存在反向关系。因而企业会在需求弹性较高的市场制定低价，而在需求弹性较低的市场制定高价。

假设某远洋运输公司拟开辟集装箱班轮运输航线，服务对象有两个：一个是发达国家，一个是落后国家，两者的需求价格弹性分别是 1.25 和 2.50。该公司需要核算该航线的最大利润，根据相对价格（P_1/P_2）安排船型与航次。

解：把 $E_1=1.25$ 和 $E_2=2.50$ 代入式(6-1)，得到

$$\frac{P_1}{P_2}=\frac{\left(1-\frac{1}{-2.50}\right)}{\left(1-\frac{1}{-1.25}\right)}=3.0$$

因此，发达国家的价格应该是落后国家的 3 倍。可以看到，当市场的弹性小于另一市场时，该市场的价格将超过另一市场。

① 麦奎根，莫耶，哈里斯. 管理经济学：应用、战略与策略（原书第 8 版）[M]. 李国津等，译. 北京：机械工业出版社，2000：483.

三、高峰定价

最简单而易于理解的例子就是公路收费站、饭店和航空公司。在不同时段，它们的客流不同，因此往往会在需求的高峰期基于拥挤程度采取价格歧视。

在图 6-3 是某城市收费公路高峰期的车辆需求和运输能力。普通时段的需求函数是 D_N，高峰时段的需求函数为 D_B。普通时段，过往车辆的收费价格等于公路维护成本 MC_N，如果在高峰时段不提高收费价格，促使汽车分流，通行数量 Q_P 将大大超过公路所能承担的数量 Q_C（$Q_P > Q_C$），导致拥堵，增加了每个驾驶者的燃料费用和时间成本。

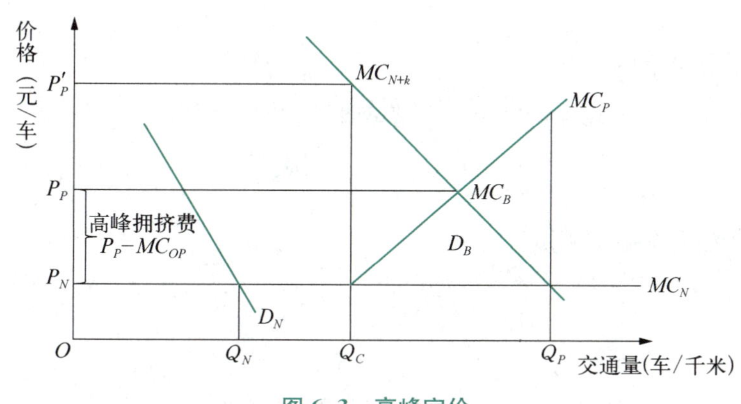

图 6-3　高峰定价

高峰期开始后车辆增加，MC_P 代表一千米内每增加一辆汽车使所有其他过路车增加的成本。收取高峰拥挤费（$P_P - MC_N$）会使一部分车辆改在其他时间通过或选择其他路线，交通量就会下降。如果高峰拥挤费等于拥挤成本，就达到了均衡，高峰时段的均衡价格为 P_P。

第二节　多产品定价与外部市场

一、多产品定价

（一）内涵

前面探讨了企业进行单一商品生产的情形。这种情形下，企业只须使产品的边际成本等于边际收益即可实现利润最大化。但是，现实经济活动中，企业生产的产品往往不止一种。一方面，企业存在闲置的生产能力，可以用于生产新产品或产品的新的型号；另一方面，企业往往通过互补及替代的产品组合进行多产品生产，通过组合产品的市场战略提升收益和利润水平。在生产多种产品时，“一定要考虑真正的边际成本，因为决定增加某种新产品或是放弃某些原有产品,都会对企业剩下产品的销售产生很大的影响。例如,新产品很可能与原有产品相互竞争,使新产品的内含成本提高”①。在多产品生产的情形下,就不能套用单一产品生产的简单模型。

多产品定价法指用某一产品以低价吸收消费者,用更多产品的较高价格收回损失并获得利润。多产品定价法是解决企业产品之间、部门之间相互影响,从而给产品准确定价的有效途径。

超市为多产品定价模型提供了一个例证。超市中主要的资源是货架空间,可以分配给各种不同商品。由于常用物品的利润较低,很多超市会提供利润更高的商品,如熟食、自制面包和鲜花等。超市把货架空间分配给利润更高的商品,从而提高整体利润水平。显然,扩大商店规模的成本要大大高于给毛利较高的产品分配货架空间的成本。

(二) 需求相互影响的产品②

假设某企业只生产两种产品(X 和 Y),其总收益可表示为

$$TR = TR_X + TR_Y \tag{6-2}$$

两种产品的边际收益分别为:

$$MR_X = \frac{dTR}{dQ_X} = \frac{dTR_X}{dQ_X} + \frac{dTR_Y}{dQ_X} \tag{6-3}$$

$$MR_Y = \frac{dTR}{dQ_Y} = \frac{dTR_X}{dQ_Y} + \frac{dTR_Y}{dQ_Y} \tag{6-4}$$

公式(6-2)说明 MR_X 包括两部分:$\frac{dTR_X}{dQ_X}$ 是产品 X 产量变化导致的产品 X 的总收益变化;$\frac{dTR_Y}{dQ_X}$ 是产品 X 的产量变化导致的产品 Y 的总收益变化,表示两种产品需求的相互影响。公式(6-3)同理。

$\frac{dTR_Y}{dQ_X}$ 和 $\frac{dTR_X}{dQ_Y}$ 可以是正值、负值或零。如果相关的两种产品是互补品,那么这两项为正值,一种产品产量增加将导致另一种产品收益增加;如果两种产品为替代品,那么这两项为负值,一种产品产量增加将导致另一种产品收益减少;如果两种产品之间不存在需求的相互影响,那么这两项等于零。

---

① 麦奎根,莫耶,哈里斯. 管理经济学:应用、战略与策略(原书第 8 版)[M]. 李国津等,译. 北京:机械工业出版社,2000:487.

② 同上。

案例与分析

已知某企业生产X、Y两种产品，$MC_X=120$，$MC_Y=60$，$P_X=400-2Q_X$，$P_Y=250-Q_Y-2Q_X$。求X、Y两种产品的零售价格与产量。

解：

$$\begin{aligned}TR&=P_X\cdot Q_X+P_Y\cdot Q_Y\\&=400Q_X-2Q_X^2+250Q_Y-Q_Y^2+2Q_X\cdot Q_Y\end{aligned}$$

对Q_X、Q_Y分别求偏导，可得到产品X、Y的MR函数：

$$MR_X=400-4Q_X-2Q_Y$$
$$MR_Y=250-2Q_Y-2Q_X$$

根据企业利润最大化条件，令$MR_X=MC_X$，$MR_Y=MC_Y$，联立方程组。

解得$Q_X=45$，$Q_Y=50$

相应的$P_X=310$，$P_Y=110$

（三）关联产品

1. 内涵

用同样原材料经过同一生产过程，生产出两种以上的主要产品，这些产品就称为关联产品。关联产品在生产过程中互相联系，也就是说，一种产品生产的变化会影响其他产品的生产。

有不少关联产品的例子：用空气生产液氧和液氮，电脑组装时需要一个显示屏及一块主板，宰牛得到牛肉和牛皮，从原油中提炼汽油和燃料油等。有些情况，比如宰牛得到的牛肉和牛皮比例是固定的；而另一些情况，如用原油生产汽油和燃料油，由于生产技术的变化，可以得到不同比例的产品。因此，关联产品可分为按固定比例生产的关联产品和按变动比例生产的关联产品。下面分别介绍这两种关联产品的价格和产量决策。

2. 固定比例的关联产品

在做定价决策时，可以把固定比例的关联产品看作一个产品组。由于固定比例生产的关联产品是共同生产出来的，所有的成本都发生于这个产品组合的生产之中，在理论上也没有一种正确的方法来把这些成本分摊到每种产品上，很难确定每种产品各自的单位成本。要决定这些产品的最优产量和最优价格，就要对产品组合的边际收益与边际成本比较。

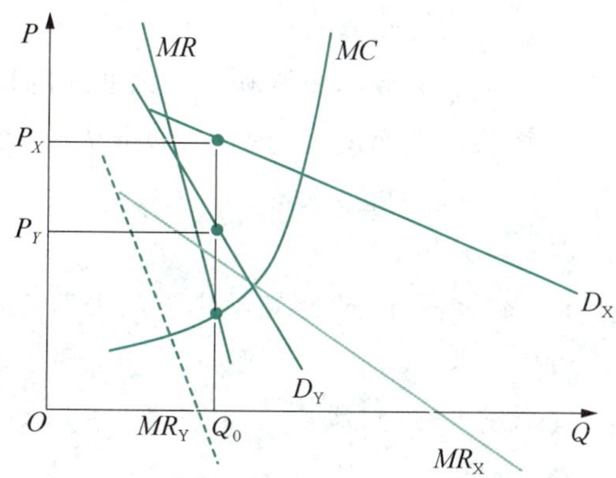

图 6-4　固定比例的关联产品

尽管产品是组合生产的，每种产品的需求是独立的。因此，每种产品的边际收益是不同的。总边际收益也就是产品组合中每种产品的边际收益之和。如图 6-4 所示，MR_X、MR_Y 分别为产品 X 与产品 Y 的边际收益曲线，产品组的边际收入 $MR = MR_X + MR_Y$。最优产量组合 Q_0 由 MR 和 MC 的交点决定，对应的 X、Y 的价格分别为 P_X 和 P_Y。

案例与分析

一家汽车零件厂出售发动机和汽车底盘，两种产品是固定比例的关联产品，产品组的边际成本为 $MC = 40 + 4Q$。发动机的反需求函数为 $P_1 = 800 - Q$，边际收益函数为 $MR_1 = 100 - 3Q$；汽车底盘的反需求函数为 $P_2 = 700 - 2Q$，边际收益函数为 $MR_2 = 40 - 3Q$。为使利润最大化，两种产品应如何定价？这个产品组应生产多少？

解：

总边际收益方程为

$$MR_T = 140 - 6Q$$

令 $MR_T = MC$，得 $Q = 10$

代入需求方程，得 $P_1 = 790$，$P_2 = 680$

3. 变动比例的关联产品

假定某企业生产的两种联产品，在完全竞争市场上销售，价格给定，两种产品的生产比例是可变的，可能的产量组合和成本数据已知，要求产品 A 和 B 的最优产量组合，步骤如下：

① 画出等成本线；

② 画出等收入线；

③ 找出等成本曲线和等收入曲线的切点；

④ 找出利润最大的切点，即最优产量组合。

案例与分析

假定 X 和 Y 为变动比例的关联产品（如图 6-5 所示）。等成本线表明可以用相同的总成本 TC 生产的 X 和 Y 的数量。存在两种提高产品 X 产量的方法。一种是在等成本线上移动，减少 Y 的产量，以增加 X 的产量；另一种方法是向右上方移动等成本线，增加生产要素的投入量。

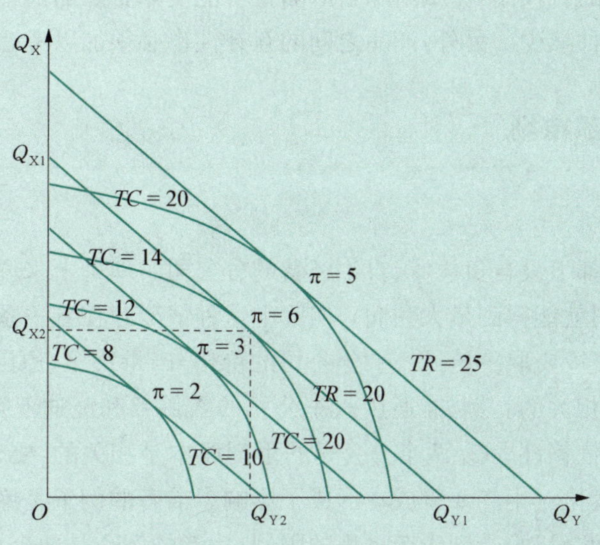

图 6-5　变动比例的关联产品的最优组合

每一条 TR 直线上 X 和 Y 产品的任意组合都能产生相同的总收益。图 6-5 中的直线型等收益线说明产品 X 和 Y 是在完全竞争市场中销售的，X 和 Y 的价格不随产量变化而变化(如果不是这样，等收益线就不再是直线，即使如此，最优产量组合的一般切点解也不会改变)。每条等收益线的斜率为 P_Y/P_X。$TR=20$ 的斜率等于 Q_{X1}/Q_{Y1}，且 $P_X(Q_{X1})=P_Y(Q_{Y1})$，则

$$\frac{P_Y}{P_X}=\frac{Q_{X1}}{Q_{Y1}} \tag{6-5}$$

等收益线的越向右上方移动，总收益就越大。最优产量组合的解在等成本曲线和等收益线的切点上。在图 6-5 中，该企业应该生产 Q_{X2} 单位的 X 和 Q_{X2} 单位的 Y，因为总利润 π(TR 与 TC 之差)在此点上最大。沿着 $TC=14$ 这条等成本线，生产任何其他可能的产量组合都将导致相同的成本(14)，但将使厂商位于一个较低的等收益线上，从而使利润降低。因为在切点上利润最大($\pi=6$)，所以生产一个产品的边际成本必须准确地等于每一个产品的边际收益。

放弃某些假设就可以把前面的分析加以扩展。例如，两种产品的情况可以扩展到更为一般的 n 种产品情况。还可以假定多于一种(或一组)的变动生产要素。另外，生产要素的价格不再是其使用量的函数，或者产品价格与产量无关的假设都可以放弃。这样的情况能进行数学分析，但在很多情况下，现有的简化模型已经提供了足够的分析框架。线性规划也已被证明是用于研究在两种或多种产品间分配共同的生产能力，以使利润最大化的有效工具。

厂商进行成本-收益决策时，不仅应该考虑真正的边际效益，还要考虑真正的成本。如

果新产品是原有产品的替代品，那么增加新产品很可能使原有产品的销售量减少，在决策分析中一定要考虑到这种减少。另外，产品之间的互补性也必须加以考虑。

二、转移定价与外部市场

（一）内涵

现代大公司往往都下设自负盈亏、自主经营的分公司。理论上来说，当每个分公司都取得最大利润时，总公司就能得到最大利润。实际上这种情况存在着一系列的条件，一个分公司制定的价格-产量决策要取决于另一个分公司的价格-产量决策，原因如下。① 两个分公司的外部需求函数是相关的。例如，通用汽车公司的雪佛兰和庞迪亚克的需求函数之间肯定存在着一定程度的依赖性。② 两个分公司的生产成本是相关的，要么由于技术上的相互依赖，要么由于产量变化对生产要素成本形成了影响。前者的例子是炼油厂中产品组合（如汽油、煤油、燃料油和润滑油）受到生产过程的限制；后者的例子是两个分公司争夺一种供应短缺的原材料或设备，导致其价格上涨。③ 一个分公司会向另一个分公司出售其产品。例如在同一家汽车公司，发动机和铸造分公司、变速器和车身分公司、金属冲压分公司以及玻璃分公司等都向汽车装配分公司转移产品。

转移价格就是在分公司之间相互转让的中间产品的价格。这种价格不由交易双方按市场供求关系变化和独立竞争原则确定，而是根据跨国公司或集团公司的战略目标和整体利益最大化的原则由总公司上层决策者人为确定的。

转移价格对提供中间产品的上游分公司来说是收益，对购买中间产品的下游分公司来说是成本。前者希望转移价格更高，以增加收益；后者却希望转移价格，以减少成本。转移价格直接影响利润在各分公司之间的分配。若每个分公司都按利润最大化原则进行决策，有可能会与总公司的最优决策产生矛盾。所以，转移价格应由总公司制定，才能确保总公司能够实现利润最大化目标。

转移定价在跨国公司内部的产品或服务的提供及交易中广泛存在，主要包括在母公司与子公司、子公司与子公司之间的产品转移与产品销代，以及在子公司彼此之间进行的商务提供、技术转让和资金借贷等活动。

转移价格对总公司起到两个作用：① 在决定利润最大化的价格和产量时，作为分公司所使用资源的边际价值的一个衡量指标；② 在分析分公司绩效时，作为分公司所使用资源的总价值的衡量指标。这两个作用有时可能相互冲突。本节的重点内容就是确定正确的转移价格，用于制定最优的价格-产量决策。

在下面基于企业视角的分析中，假定存在某个企业，它由两个财务独立核算的分公司构成，分别负责一种产品的生产和销售。生产分公司（p）生产一种中间产品，按照转移价格出售给销售分公司（m）。销售分公司再把中间产品转换成一种最终产品，然后在一个不完全竞争（即垄断竞争）的外部市场中出售。

（二）中间产品的外部市场不存在：转移价格＝边际成本

如果不存在中间产品的外部市场，中间产品只能在分公司之间进行交易。生产分公司无法卖出超过销售分公司需求量的中间产品，如果销售分公司也没法购买到超过生产分公司最大产量的中间产品。因此，生产分公司提供的中间产品数量必须等于销售分公司的需求量。图 6-6 说明了利润最大化的价格-产量组合以及产生的转移价格的决定过程。

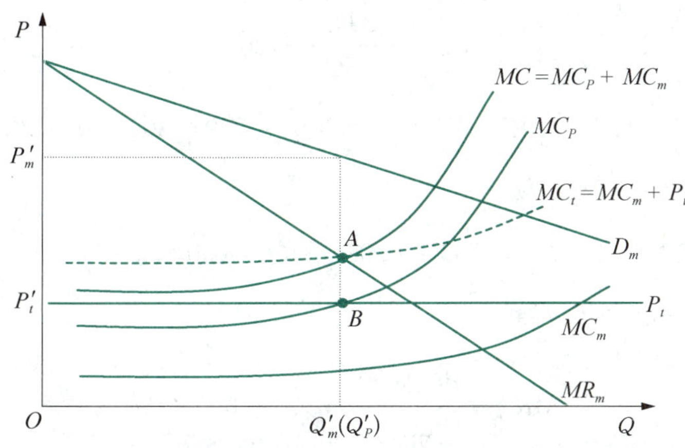

图 6-6 中间产品的外部市场不存在时的转移价格

D_m、MR_m 分别是最终产品的需求与边际收益曲线，企业的总边际成本 MC 是生产的边际成本 MC_P 和销售的边际成本 MC_m 之和，$MC=MC_P+MC_m$。MC 曲线和 MR_m 的交点 A 决定了最终产品的最优产量 Q'_m 和在外部市场中销售的最优价格 P'_m。MC_P 曲线和 MR_m 曲线的交点 B 决定了中间产品的最优产量 Q'_p，转移价格 P'_t。由于一单位中间产品可以生产一单位最终产品，$Q'_p=Q'_m$。由于销售分公司的总边际成本 $MC_t=MC_m+P_t$，其与 MR_m 曲线的交点也是 A 点。因此销售分公司的产量决策，与总公司决策相同。这样，各分公司在谋求自身利润最大化的同时，也实现了企业整体利润的最大化。

案例与分析

假设红太阳公司拟将一款新型电子元件投入生产，一方面作为其电子产品升级的配套元器件，另一方面可以向外部市场销售。公司有生产分公司（p）和销售分公司（m）。生产分公司生产的元器件首先在内部出售给销售分公司，再由销售分公司在市场上销售。假定不存在这种元器件的外部市场。销售分公司对元器件的反需求函数为 $P_m=500-0.02Q_m$，销售分公司的总成本函数（不包括元器件成本）为 $TC_m=5\ 000\ 000+200Q_m$，P_m 为销售价格，Q_m 为销售量。生产分公司的总成本函数为 $TC_P=8\ 000\ 000+5Q_F+0.001Q_P^2$，$Q_P$ 为产量。求生产分公司和销售分公司的最优产量以及最优转移价格。

解：

生产分公司的边际成本是 TC_P 的一阶导数：

$$MC_P=\frac{dTC_P}{dQ_P}=5+0.002Q_P$$

销售分公司边际成本是 TC_m 的一阶导数：

$$MC_m=\frac{dTC_m}{dQ}=200$$

$$MC=MC_P+MC_m=5+0.002Q_P+200=205+0.002Q_p$$

销售分公司的总收益函数为

$$TR_m=P_mQ_m=(500-0.02Q_m)Q_m=500Q_m-0.02Q_m^2$$

求 TR_m 的一阶导数，得到

$$MR_m=\frac{d(TR_m)}{dQ_m}=500-0.04Q_m$$

令 $MC=MR_m$，就得到生产分公司的最优产量 $Q_p\approx 7\,023.81$。因为 $Q_P=Q_m$，销售分公司的最优产量为 $Q_m=7\,023.81$

转移价格为

$$P'_t=MC_P=20+0.002Q_P=19.05$$

在企业经营实践中，由于 MC_T 较难获取精确数据，因而有时用 AVC_T 来替代 MC_T，以增加可行性。但是，这样也会在最终利润分配中遇到弥补不变成本等不可规避的问题，从而需要总公司在子公司间的分配做出统一协调。下面举一例对此做具体说明。

案例与分析

假设某公司下设自负盈亏的生产分公司和销售分公司。生产分公司生产无外部市场的中间产品，按转移价格卖给销售分公司。生产分公司的平均可变成本 $AVC_1=5$，平均不变成本 $AFC_1=3$。销售分公司的平均可变成本 $AVC_2=1.5$(不包括从生产分公司购买中间产品的成本)，平均不变成本 $AFC_2=0.5$。最终产品市场价格 $P=11$。总公司应如何确定转移价格 P_T？(单位：元)

$$\begin{aligned}单位产品毛利润&=P-AVC_1-AVC_2=11-5-1.5\\&=4.5>0\end{aligned}$$

则生产、销售该产品对总公司有利。

假如生产分公司按 AVC_T 决定中间产品的价格，则 $P_I = 6.5$

$$
\begin{aligned}
\text{销售公司单位产品毛利润} &= P - AVC_T - AVC_2 \\
&= 11 - 6.5 - 1.5 = 3 > 0
\end{aligned}
$$

显然，按 AVC_T 决定转移价格时，销售分公司有利可图，但生产分公司收益无法弥补其 AFC，因此在销售分公司获得赢利的同时，生产分公司会遭受亏损。如果亏损始终存在，生产分公司的生产就不能持久。

此时可以使用双重定价方法，对生产分公司和销售分公司制定不同的转移价格。除了把 AVC_T 作为销售分公司购入的转移价格，总公司还要在各分公司间合理分配利润，从而形成一个生产分公司卖出的转移价格。

为保护生产分公司的利益，总公司应将销售该产品所得的利润，依据两家分公司达成的协议，按其生产成本之比（或双方约定的其他标准）在两家间进行分配。

总公司生产 1 单位产品的净利润为 $P - AVC_1 - AFC_1 - AVC_2 - AFC_2 = 1$，生产分公司与销售分公司成本之比为 $(5+3)/(1.5+0.5) = 4:1$，则每销售 1 单位产品，生产分公司应分得 0.8 元利润，销售分公司应得 0.2 元利润。

此时，生产分公司的单位产品收益应为 $MR_1 = AC_1 + \overline{\pi}_1 = 8.8$，即生产分公司卖出的转移价格。

双重价格具有双重作用，激励双方在生产经营方面充分发挥其主动性和积极性，并公正评价各分公司业绩。但操作比较复杂，实践中很少采用。

（三）中间产品的外部市场存在：转移价格＝市场价格

1. 转移定价的外部环境①

随着跨国公司纵向或横向分工的细化，不同分公司之间的中间产品或服务的转移要求越来越普遍。跨国公司在世界范围生产经营可以大幅度节约成本。跨国公司可以选择资源或劳动相对廉价及交通运输相对便捷的地区投资生产，面向全球销售。跨国公司通过各类分公司进行各类中间产品的生产、组装、销售。这样，总公司内部的各分公司（或部门）间如何确定转移价格就同外部市场密切联系，并直接影响着整体利润。

存在外部市场的情形下，上游分公司可以在总公司外部出售中间产品，下游分公司也可以从总公司外部购入中间产品。转移价格根据外部市场的价格确定。为防止转移价格过高，企业会允许分公司使用外部市场中价格更优惠的供应商的产品或服务。

这种在分公司间引入市场价格的定价方式的优点体现在：① 上游分公司会根据实际

① 麦奎根，莫耶，哈里斯. 管理经济学：应用、战略与策略（原书第 8 版）[M]. 李国津等，译. 北京：机械工业出版社，2000：494.

需要控制生产经营规模，使其生产始终处于最佳的水平；② 下游分公司由于有外部市场的更优惠价格的选择，会要求上游分公司提供符合需要的中间产品，并控制成本与价格，否则下游分公司就会选择在外部市场购买。因而，这会为整个企业带来成本节省的好处。

外部市场有两种类型：完全竞争的外部市场、不完全竞争的外部市场。存在不完全竞争外部市场的情况可以用本章前面讨论的三级价格歧视模型来分析，此处不再赘述。

2. 完全竞争的中间产品外部市场

如果某中间产品存在外部市场需求，生产分公司和销售分公司的产量就不再必须相等，中间产品供需有两种情况。一是过多的内部供给，生产分公司的生产能力大于销售分公司的需求，要在外部市场中出售多余的产品；二是过多的内部需求，销售分公司的需求量大于生产分公司可以提供的数量，要在外部市场中购买产品。

(1) 内部供给过多[①]

图 6-7 展示了内部供给过多时，最优价格-产量决策的形成过程。如果存在一个完全竞争的中间产品市场，那么生产分公司就会面对一条水平的外部需求曲线 D_P，市场价格为 P_T。生产分公司的边际收益曲线 MR_P 和边际成本曲线 MC_P 的交点C 决定了中间产品的最优产量为 Q'_P。销售分公司不管是从公司内部还是从外部市场，都必须以 P_T 价格购买中间产品，因而 P_T 也是转移价格。销售分公司的总边际成本 $MC_T = MC_M + P_T$，MC_M 为销售边际成本。销售分公司的边际收益曲线 MR_M 与总边际成本曲线 MC_T 的交点D，决定了最终产品的最优产量 Q'_M 和最优价格 P'_M。这表明生产分公司应该生产 Q'_P 单位的中间产品，向销售分公司出售 Q'_M 单位，差额部分 ($Q'_P - Q'_M$) 在外部市场中出售。由于生产分公司能以此价格向外部出售任意数量的产品，所以也就没有积极性以低于 P'_T 的价格在公司内部出售给销售分公司。

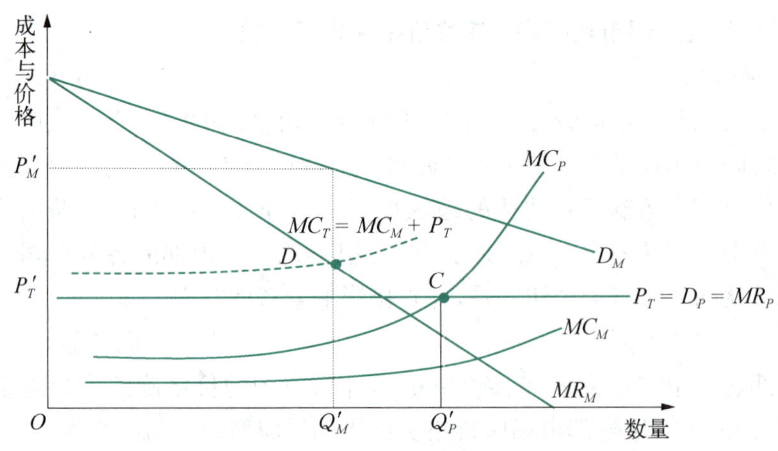

图 6-7　存在完全竞争的中间产品外部市场时的转移价格

① 麦奎根，莫耶，哈里斯. 管理经济学：应用、战略与策略(原书第 8 版)[M]. 李国津等，译. 北京：机械工业出版社，2000：497-499.

案例与分析

仍以前面的红太阳公司为例。假定该公司的生产分公司生产的元器件既可以在内部出售给销售分公司,也可以自己卖给完全竞争的外部市场。假设生产分公司能以 25 元/单位的价格向外部市场出售元器件。生产分公司的边际成本函数为 $MC_P = 5 + 0.002Q_P$,销售分公司的边际成本 $MC_M = 200$,销售分公司的边际收益函数 $MR_M = 500 - 0.04Q_M$。求生产分公司和销售分公司的最优产量和最优转移价格。

解:

生产分公司的边际收益 $MR_P = 25$,令 $MC_P = MR_P$,得到生产分公司的最优产量:

$$5 + 0.002Q_P = 25$$

$$Q_P = 10\,000$$

因为元器件的外部市场是完全竞争的,所以生产分公司不愿意以低于市场价格向销售分公司出售元器件,转移价格等于市场价格。

$$P_T = 25$$

销售分公司的总边际成本 $MC_T = MC_M + P_T = 200 + 25 = 225$

令 $MR_M = MC_T$,得到销售分公司的最优产量:

$$500 - 0.04Q_M = 225$$

$$Q_M = 6\,875$$

因此,红太阳公司的生产分公司应该生产 10 000 单位的这种元器件,在内部出售给销售分公司 6 875 单位,其余的 10 000－6 875＝3 125 单位在外部市场出售,最优转移价格为 25 元/单位。

(2) 内部需求过多①

图 6-8 说明了内部需求过多时,最优价格-产量决策的形成过程。与内部供给过多的情况相似,生产分公司的边际收益曲线 MR_P 与其边际成本曲线 MC_P 的交点 E 决定了中间产品的最优产量为 Q'_P。销售分公司的边际成本曲线 MC_T 与其边际收益曲线 MR_M 的交点 F 决定了最终产品的最优产量 Q'_M 和最优价格 P'_M。这表明生产分公司应该把它生产的全部中间产品 Q'_p 都出售给销售分公司,销售分公司还要在外部市场中购买不足的数量 ($Q'_M - Q'_P$)。

① 麦奎根,莫耶,哈里斯. 管理经济学:应用、战略与策略(原书第 8 版)[M]. 李国津等,译. 北京:机械工业出版社,2000:499.

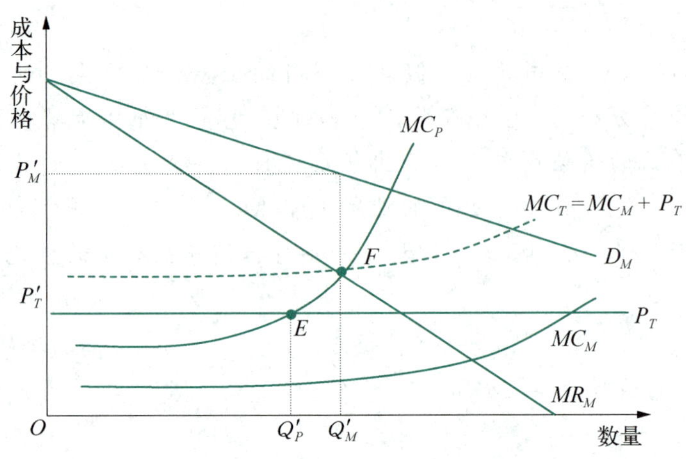

图 6-8 存在过多内部需求的转移价格图示

与内部供给过多的情况相反，最优转移价格 P'_T 等于完全竞争市场价格 P_T，销售分公司能按此价格购买任意数量的中间产品，因而必不愿意以高于 P'_T 的价格从生产分公司购买中间产品。

三、其他定价方法

(一) 撇油定价法

撇油定价法的基本做法是根据环境或者产品入市周期的特点来确定最高价，如进入市场初期价格很高从而在短时间内取得较高利润。

它是价格歧视法的一种，随时间的变化而推出不同的价格。适合于短期使用，特别是弹性大及市场进入较慢的行业。

(二) 渗透定价法

渗透定价法的核心是以低价占领或挤进现有市场，在侵蚀竞争对手或市场中原有企业的份额时，使竞争者感到在低价下难以维持市场份额或获得利润，从而退出市场。它的规模经济比较明显，主要适用于新产品或需求价格弹性较大的情况，在竞争较激烈的日用小商品市场上较常见。

(三) 脱离利润最大化条件的定价法

还有一些定价方法脱离了 $MR=MC$ 的利润最大化条件，如下所示。

1. 限制性定价

在垄断竞争中，寡头为了驱逐进入者会采取驱逐性定价或限制性定价。国家也会对关系国计民生的行业进行管制，或进行价格调节。

2. 声望定价

该定价方式主要针对奢侈品、品牌商品或炫耀性商品，结合了某些价值观、文化群体行为模式或某种社会心理特征。这种定价方式不符合边际原则，特别是声望值的确定，较难适用于边际量化与优化分析来确定。

3. 习惯定价

该定价方式主要按历史价格或者社会行为习惯定价，在较长时间内不做调整。

4. 竞争定价

该定价方式主要以竞争对手的价格为基础定价，主要用于投招标与拍卖。

第七章

风险与投资决策

本 章 导 读

1. 期望收益可用来评估一项投资的多种方案。

2. 概率密度曲线越集中(如陡峭的山峰),实际结果越可能接近期望值。其说明离差越小,风险越小。实际上,在连续分布的情况下,任何单值出现的概率都是零。

3. 标准差是方差的算术平方根,标准差越小,概率密度曲线越集中,风险性也就越小。

4. 离散系数又称变异系数、变差系数或标准差率等,是测量离散程度的绝对值。

5. 风险偏好与期望效用函数是风险估值模型的理论前提。风险偏好有三种类型:风险回避,风险追求及风险中立。风险估值模型通过调整贴现率来反映投资的风险。

6. 风险决策的准则是较为实用且简单有效的决策方法。此外,敏感性分析、决策树法等亦经常应用于实践中的决策。

7. 公共项目在本质上服务于社会利益最大化目标。由于其具有公共性与外部性等特点,所以产权治理方式不同,产生的效果也不同。要使公共项目投资取得最大化的社会福利效果,首先需要将其生产的外部效应纳入生产成本中考量,因此公共项目投资分析中需要区分私人成本与社会成本。以社会成本来补偿生产的负外部性造成的损失,才能实现公共项目的投资目标并增加社会福利。

8. 在市场考察是否提供一项公共项目时,需要分析公共设施为社会每个人所带来的效用是否超过它愿意付出的投资。这是公共项目投资是否有必要建设实施的前提条件。决定是否提供公共项目的条件是,投资较不投资公共物品,参与者的整体境况是否获得了帕累托改进。

第一节　概率与风险

一、概率分布

（一）盈利矩阵表

以概率分布评价经济事件的例子很多，比如分析投资于债券、股票、理财、金融衍生品等投资品的回报的选择，对于不同产品市场未来前景的预期等。

假设某公司在评估某创业投资项目时，认为5年内有60%的概率在区块链创业技术的投资上盈利，有40%的概率失败。那么可以列出其概率分布表，如表7-1所示。各项概率的总和为1，即概率分布是完整的。

表7-1　概率分布表

事件(ξ)	发生的概率[$F(x)$]
盈利	0.6
不能盈利	0.4

具体项目往往会与利润、收益有关，也许它会受诸多客观因素影响。这些因素的搜集与分析是进行决策分析的前期准备工作。对于一个具体经济事件，管理者要依据各类客观相关因素，对风险、收益、利润等问题进行较为全面的评估。下面对具体案例进行风险与收益评估。

例7-1： 假设某企业计划用100万元投资一个项目，现在有A、B两个方案可以选择。方案A为投资建设后移交别人运营，方案B为改、扩建并用自有资本运营，两个方案都需要资金100万元。两个投资方案的收益如表7-2所示，它与一般的经济周期变动水平有关。由于方案A较为保守，在衰退期、正常期及繁荣期收益没有较大波动；而方案B比较激进，衰退期收益为0，但是繁荣期收益较高。

表7-2　盈利矩阵表

经济周期	收益(单位：万元)	
	方案A	方案B
衰退	50	0
正常	100	100
繁荣	150	200

A、B两个方案在正常期都可提供100万元的收益，繁荣期的收益要多些，衰退期的收益则少些。但是，方案B在不同经济周期阶段下的收益变动幅度要比方案A大。在正常经济阶段，两个方案的收益皆为100万元；如果经济进入衰退期的话，方案A将提供收益50万元收益，方案B的收益则为0元；而如果经济进入繁荣期，方案B的收益将达到200万元，方案A则只有150万元。

经济衰退时，方案A较优；经济繁荣时，方案B较优。因此，决策者考量的重点是预测下一年处于经济周期的哪个阶段。

（二）期望值

要解决上面提出的问题，就需要获取每个周期出现的概率，这可通过期望值进行估算。

期望值可以理解为期望达到的目标值，可以表示为

$$\mu = \sum_{i=1}^{n} P_i (X_i) \tag{7-1}$$

式中，X_i 是可能发生的结果，P_i 是第 i 个结果发生的概率，n 是所有结果的数目。

期望收益表示为

$$\text{期望收益} = E(R) = \sum_{i=1}^{n} P_i \cdot R_i \tag{7-2}$$

式中，R_i 是与第 i 个结果对应的收益。

如果掌握了各种周期出现的概率，就能为两个方案列出收益的概率分布，由此可以计算出期望收益。假定预测年经济衰退的概率为0.2，正常的概率为0.6，繁荣的概率为0.2。将这些概率与表7-2结合，就可以构成表7-3。

表7-3 期望收益

	经济周期	概率	收益（万元）	(3)×(4)（万元）
	(1)	(2)	(3)	(4)
方案A	衰退	0.2	50	10
	正常	0.6	100	60
	繁荣	0.2	150	30
			期望收益	100
方案B	衰退	0.2	0	0
	正常	0.6	100	60
	繁荣	0.2	200	40
			期望收益	100

期望收益就是每种情况收益的加权平均值，权数是发生的概率。第4列是期望收益的计算过程。

方案A的期望收益为

$$\begin{aligned}E(R_A) &= \sum_{i=1}^{3} R_{Ai} P_i \\ &= R_{A1} \cdot P_1 + R_{A2} \cdot P_2 + R_{A3} \cdot P_3 \\ &= 0.2 \times 50 + 0.6 \times 100 + 0.2 \times 150 \\ &= 100(\text{万元})\end{aligned} \tag{7-3}$$

方案B的期望收益为

$$\begin{aligned}E(R_B) &= \sum_{i=1}^{3} R_{Bi} P_i \\ &= R_{B1} \cdot P_1 + R_{B2} \cdot P_2 + R_{B3} \cdot P_3 \\ &= 0.2 \times 0 + 0.6 \times 100 + 0.2 \times 200 \\ &= 100(\text{万元})\end{aligned} \tag{7-4}$$

两种方案的期望收益相同，因此选择哪种方案都一样。我们还需要进一步分析两个方案的风险。

二、风险

（一）内涵

风险是指某一特定决策的结果的变动性大小，表现为成本或收益的不确定性，说明风险产生的结果可能带来损失、获利或是无损失也无获利。

假设一位职业投资人准备投资1 000万元，有两个方案。方案一是购买一年期国债，年利为5%。这一投资的唯一风险是中央政府可能无力还债，但这是不太可能的。因此，这一投资基本上没有风险。方案二是购买股票，可能取得很高收益，也可能亏损。这是一个风险投资，因为可能收益变动的范围很大。因此，对风险的评价依据的是决策结果的变动性。如果一个策略只有一个可能的结果，就说它没有什么风险；如果有许多可能的结果，且这些结果回报的差别很大，就说它风险较大。

人们对客观事物认识的局限性，使得事物发展的结果可能偏离人们的预期，具有不确定性。为了提高经济预期的准确性，就需要研究某些经济因素的变化对具体方案的影响。学者们将产生不确定性的主要来源因素总结如下：① 未来经济环境及走势的变化，如经济周期、通货膨胀、物价或汇率等的变动；② 国际政治经济形势的变化，如国际关系的变化，两国政治经济关系进入冷冻期，以及两国陷入贸易战或报复性关税；③ 科学技术变革，如科技颠覆性变革、产品的更新换代，或者更廉价适用的原材料对传统原材料的替代；④ 国家经济政策和法规等的变化，如国家经济政策调整，某些行业受到扶持，某些行业的扩张受到限制；

⑤ 生产能力的变化，比如海内外投资及国内外的产能转移等因素，改变了某领域的产业关系及生态，从而影响到投资回报；⑥ 建设资金的变化，如国家货币金融政策导向发生变化，影响了资本的成本与收益；⑦ 自然条件的变化，如意外的雪灾导致季节性施工难以继续；⑧ 其他未知因素。

因此，为了正确决策，需要对这些不确定因素进行分析，计算其发生的概率及影响，从中选择效果最好的方案。

（二）测量

1. 概率密度[①]

决策者进行投资决策，必然要关注风险是不是在他可接受的范围之内。如果是，他才会进行投资；如果超出了可接受范围，他就不会进行投资。在市场经济的条件下，企业面临的风险很多，如经营风险、战略风险、财务风险、违约风险、法律风险、市场风险、政策风险等。

前面在例 7-1 中假定了经济周期存在衰退、正常和繁荣三种情形，实际上从衰退到繁荣有无数种可能情形，假定有时间与耐心去估计每次经济周期，分析每种情形的概率，做出不同的假设，并测定方案在每一种经济情况下的收益，就会得到完全不同的结果。

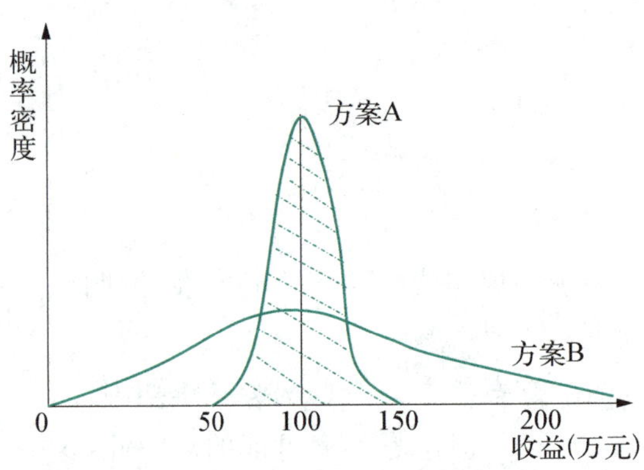

图 7-1 经济情况与收益的概率分布

图 7-1 中是方案 A、B 的概率密度函数，服从正态分布。这里假定收益的概率分布不再是离散的，而是连续的。对于每种情形出现的概率的假设也是不同的，例如前文曾假设获得 100 万元利润的概率是 60%，但是这里的概率要小得多，因为有无数种可能的情形。这时，研究累积概率比单独某个值的概率更有意义。实际上，在连续分布的情况下，任何单值出现的概率都是零。累积概率等于概率密度曲线下从边界到所要考虑的那个点的面积。

一般地说，概率密度曲线越集中(如陡峭的山峰)，实际结果越可能接近期望值，离差也就越小，风险也就越小。由于方案 A 的概率分布比较集中，它的风险就更小一些。

2. 正态分布[②]

随机变量可以是离散的，也可以是连续的。离散型随机变量的概率可以用柱状图表示，柱形的高度就是概率。连续型随机变量的概率分布则需要用概率密度函数表示，概率密度函数是一条光滑的曲线，概率就是曲线下方两点之间的面积。如图 7-2 所示，假设有一个服从正态分布的概率密度函数，平均值为 20、标准差为 5。x 是随机变量的值(如利润、成本、

① 帕帕斯，布里格姆. 管理经济学[M]. 张隆高，司徒淳，译. 沈阳：辽宁人民出版社，1985：72-73.
② 同上书，96-108.

产量等)。如果要知道结果落在 15～30 的概率,就必须计算曲线下方这两点之间的面积,即图中阴影部分的面积。

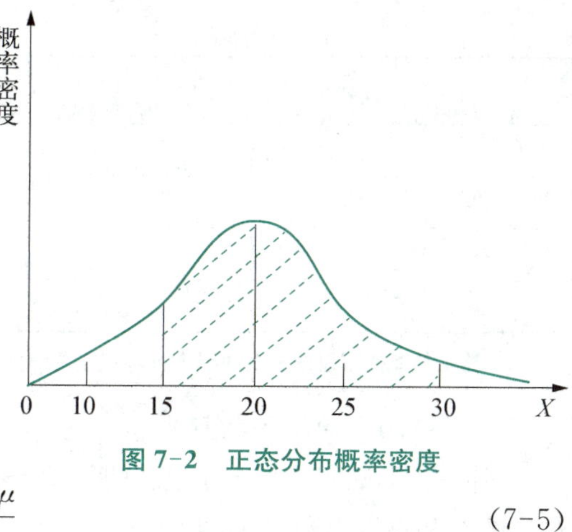

图 7-2 正态分布概率密度

阴影部分面积可通过求这个区间的积分来得到。由于曲线服从正态分布,可以借助正态分布数值表(如表 7-4 所示)。只要知道正态分布的平均值与标准差,就可以使用这些表格了。

首先要构建统计量 Z:

$$Z=\frac{x-\mu}{\sigma} \tag{7-5}$$

Z 是偏离平均值的标准差的数目,μ 与 σ 分别为平均值与标准差。那么,$x=15$ 和 $x=30$ 对应的 Z 分别为

$$Z_1=\frac{15-20}{5}=-1.0$$

$$Z_2=\frac{30-20}{5}=2.0$$

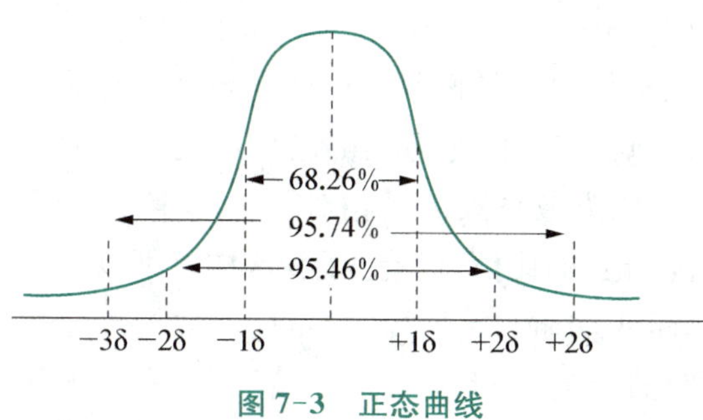

图 7-3 正态曲线

查表 7-4,得知同 Z_1、Z_2 的概率分别为 0.158 7 与 0.977 3。这意味着实际结果落在 15～30 的概率是 0.818 6。

对任何正态分布,结果落在偏离平均值正负一个标准差之内的概率是 0.682 6(=0.841 3－0.158 7),正负两个标准差之内的概率为 0.954 6;正负三个标准差之内的概率为 0.997 4。虽然分布在理论上可从负无穷大到正无穷大,但偏离平均值超过三个标准差的事件发生概率就非常接近零了(见图 7-3)。

表 7-4 正态分布 Z 值表

Z^*	概　　率
−1	0.158 7
−0.5	0.308 5
0.0	0.500 0
0.5	0.691 5
1.0	0.841 3

续 表

Z^*	概　率
1.5	0.933 2
2.0	0.977 8
2.5	0.993 8
3.0	0.998 7

注：这里的概率指概率密度曲线下方该点左侧的面积。

3. 风险测量的主要指标

风险测量涉及三个统计量：期望值、标准差、离散系数。期望值上文已经讨论过，下面对标准差和离散系数做说明。

(1) 标准差

在统计中，方差用来度量随机变量和其数学期望值之间的偏离程度。一般来说，方差越大，离散程度越大，也就是说，数据的波动幅度越大，稳定性越小。标准差是方差的算术平方根，标准差越小，概率密度曲线越集中，风险性也就越小。

如果已知一组结果 X_i，和每个结果发生的概率 P_i，标准差是

$$\sigma=\sqrt{\sum_{i=1}^{n}P_i(X_i-\mu)^2} \tag{7-6}$$

(2) 离散系数(Coefficient of Variation, CV)

离散系数也称差异系数、变异系数、变差系数、标准差率，是衡量观测值变异程度时较为常用的统计量。当需要比较两组数据离散程度的时候，如果两组数据的测量尺度相差太大或者量纲不同，直接比较标准差不合适，此时就应当用离散系数衡量相对风险，消除测量尺度和量纲的影响。离散系数是标准差与期望值(平均值)的比值，没有量纲，这样就可以进行客观比较了。事实上，可以认为离散系数和极差、标准差和方差一样，都是反映数据离散程度的绝对值。其数据大小不仅受变量值离散程度的影响，而且还受变量值平均值大小的影响。

离散系数公式为

$$CV=\frac{\sigma}{\mu} \tag{7-7}$$

案例与分析①

假定某投资人正在考虑两种投资方案 A 和 B，两个方案都要求在期初支出 100 万元，周期均为 5 年，收益取决于 5 年内的通货膨胀率。假定低通货膨胀的概率为 0.2；中

① 彼得森，刘易斯. 管理经济学(第 4 版)[M]. 吴德庆，译校. 北京：中国人民大学出版社，2004：407-411.

等通货膨胀的概率为 0.5；高通货膨胀的概率为 0.3。收益为现值。投资在每种经济状态下的收益见表 7-5。

表 7-5　两个投资方案的收益概率分布

经济状态	概率(P_i)	收益(X_i)
方案 A		
低通货膨胀	0.20	100
中等通货膨胀	0.50	200
高通货膨胀	0.30	400
方案 B		
低通货膨胀	0.20	150
中等通货膨胀	0.50	200
高通货膨胀	0.30	250

μ 是投资方案的期望收益，σ 为标准差，CV 为离散系数。每种投资方案的统计量可计算如下。

方案 A：

$$\mu_A = \sum_{i=1}^{n} P_i(X_i) = 0.2(100) + 0.5(200) + 0.3(400) = 240$$

$$\sigma_A = \sqrt{\sum_{i=1}^{n} P_i(X_i - \mu)^2} = \sqrt{0.2(100-240)^2 + 0.5(200-240)^2 + 0.3(400-240)^2}$$

$$= 111.36$$

$$CV_A = \frac{\sigma}{\mu} = \frac{111.36}{240} = 0.46$$

方案 B：

$$\mu_B = 0.2(150) + 0.5(200) + 0.3(250) = 205$$

$$\sigma_B = \sqrt{0.2(150-205)^2 + 0.5(200-205)^2 + 0.3(250-205)^2} = 35$$

$$CV_B = \frac{35.00}{205} = 0.17$$

方案 A 的期望收益 240 元高于方案 B 的 205 元，但由于 $\sigma_A = 111.36 > \sigma_B = 35$，$CV_A = 0.46 > CV_B = 0.17$，方案 A 风险较大。哪个方案更好还无法做出选择，还要取决于投资者对风险的态度。风险偏好者可能选择方案 A；风险规避者可能会选择方案 B。

4. 期望效用函数与风险偏好

期望效用函数也被称为冯·诺曼-摩根斯坦效用函数。消费者的期望效用就是消费者在风险下可能得到的各种结果的效用的数学期望。期望效用带有基数效用的性质。建立了期望效用函数,对风险最小化的分析,就转变成为期望效用最大化的分析。

期望效用和期望值的效用是两个经常要用到的概念。下面用彩票的例子来说明,假定的彩票具有两种可能的结果。当第一种结果发生时,消费者拥有的货币财富量为 W_1。第二种结果发生时,消费者拥有的货币财富量为 W_2。第一种结果和第二种结果发生的概率分别为 P 和 $(1-P)$,$0 \leqslant P \leqslant 1$。假设消费者在拥有的货币财富量为 W_1 和 W_2 所能获取的效用分别为 $U(W_1)$ 和 $U(W_2)$,那么彩票的期望效用函数为

$$E[U(W)] = PU(W_1) + (1-P)U(W_2) \tag{7-8}$$

彩票取得财富的期望值的效用为

$$U[E(W)] = U[pW_1 + (1-p)W_2]$$

风险偏好有三种类型。仍以彩票为例,如果一个消费者持有确定的无风险的彩票的期望值的效用大于彩票的期望效用,即 $U[E(W)] > E[U(W)]$,则他是风险厌恶的。如果消费者持有彩票的期望值的效用小于彩票的期望效用,即 $U[E(W)] < E[U(W)]$,则他是风险偏好的;如果消费者持有彩票的期望值的效用等于彩票的期望效用,即 $U[E(W)] = E[U(W)]$,则他是风险中立的。

在决策环境确定情况下,消费者追求效用最大化为建立决策分析的目标;在风险情况下,消费者追求期望效用最大化为决策分析的目标。

5. 反映风险的估值模型①

边际效用递减导致风险厌恶,反映在投资者用来测定企业价值的资本化率上。这样,如果企业采取一项增加风险的行动,这一行动就会影响它的价值。考察企业价值的基本估值模型:

$$V = \sum_{t=1}^{n} \frac{\pi_t}{(1+i)^t} \tag{7-9}$$

π_t 是每年的期望收益。假设企业有两种经营方案可供选择:一种方案的期望收益可能较高但风险较大;另一种方案的期望收益较低但风险较小。如果较高的期望收益足以抵消较大的风险,可以选择风险较大的方案,否则就应采取风险较小的方案。

经济学曾提出了若干种方法去处理估值模式的风险问题,其中最常用的方法是调整贴现率 i。贴现率的调整是以投资者的风险与收益的交换函数为依据的。假设投资者愿意交

① 帕帕斯,布里格姆. 管理经济学[M]. 张隆高,司徒淳,译. 沈阳:辽宁人民出版社,1985:84-85.

换风险与收益的情况如图 7-4 所示，图中的曲线是无差别曲线，表示风险与收益的交换函数。投资者对无差别曲线上的投资是一视同仁的。在该图中，期望收益率为 5%的无风险投资、期望收益率为 7%的中风险投资、期望收益率为 15%的高风险投资对投资者来说是相同的。

风险越大，一般投资者要求越高的期望收益率来补偿他们外加的风险。风险补偿率是有风险投资的收益率与无风险投资收益率的差额。图 7-5 中，无风险投资的收益率为 5%，$\sigma=0.5$ 的一项投资就有 2%的风险补偿率，另一项 $\sigma=1.5$ 的投资则有 10%的风险补偿率。

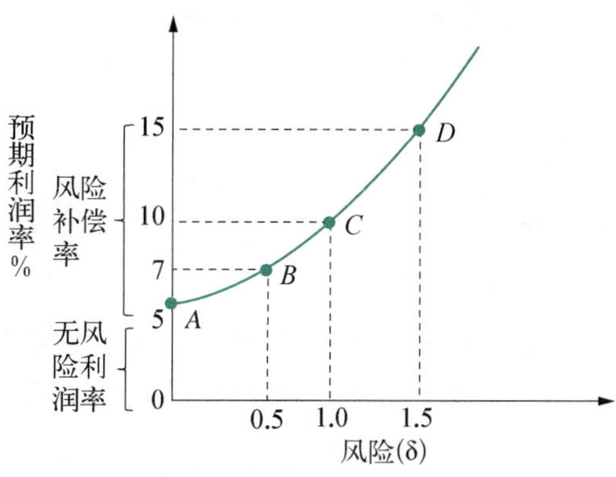

图 7-4　风险-利润率的假设关系

由于投资者所要求的收益率与风险水平有关，估值模型可通过调整贴现率 i 去反映投资的风险：

$$V=\sum_{t=1}^{n}\frac{\pi_t}{(1+k)^t} \tag{7-10}$$

式中，k 代表调整后的贴现率，它是无风险收益率与风险补偿率之和。这样，对于 $\sigma=1$ 的企业，合适的贴现率是 10%；对于 $\sigma=1.5$ 的风险较大的企业，合适的贴现率则是 15%。

（三）风险决策方法

1. 等概率准则

等概率准则也称贝叶斯-拉普拉斯准则。在投资决策分析中，该准则假定：面临不确定性因素的影响时，各种无法预知的未来事件发生的概率是相同的。决策方法是：按等概率原则估算各方案的期望收益，以期望收益最大者为优选方案。

$$\text{等概率期望收益}=\frac{1}{n}\sum\nolimits_{i=1}^{n}x_i \tag{7-11}$$

式中，n 为可能结果的总数，x_i 为 x 方案的第 i 种结果下收益值。

等概率准则存在一些不足。等概率是由方案执行的可能结果数决定的，可能结果的设计不是客观的，而是投资者的主观考虑。因此，尽管准则中不涉及投资者的风险偏好，但风险偏好仍然会通过结果的设计体现出来。在投资风险增加时，投资者不一定会减少竞争性投资，因为他们不一定是理性的。这种情况不能从等概率准则中反映出来，一些非理性的投资决策仍然会被认为有非常充分的依据。另一个问题是可能结果的设计是否充分，如果实际存在的结果数量大于设计，那么每种设计的结果概率必然大于实际水平，这会导致计算的期望值与实际值之间存在误差。当然，在任何情况下，预期与实际结果都存在一定误差，只是在设计不充分时，这种误差会被进一步放大。

2. 悲观准则

悲观准则也称瓦尔特准则、小中取大准则、保守决策准则。该准则要求计算出每个方案在各种结果下的最小收益，选择其中收益最大的方案。

3. 乐观准则

乐观准则也称逆瓦尔特准则、大中取大准则、冒险决策准则。该准则要求计算出每个方案在各种结果下的最大收益，选择其中收益最大的方案。

4. 折中准则

折中准则也称赫维兹准则、乐观系数准则。该准则要对每个方案的最大收益和最小收益进行加权平均计算，选择期望收益最大的方案。

$$折中期望收益=\alpha\times 最大收益+(1-\alpha)\times 最小收益$$

α 称为赫维兹系数或者乐观系数，$0<\alpha<1$。偏乐观时，α 取值为 $0.5\sim1$；偏悲观时，α 取值为 $0\sim0.5$；通常 α 的取值分布在 0.5 ± 0.2 的范围内。

5. 后悔准则

后悔准则也称萨维奇准则、最小最大后悔准则、遗憾准则。该准则以机会成本为基础，指决策者在选取某种方案后，发现其他方案能带来更大的收益，就会感到后悔。该方法要求计算出每个方案在各种结果下的最大后悔值，选择后悔值最小的方案。后悔值是某一方案最大收益与其他方案中最大收益之差。

案例与分析

某人欲进行一项风险投资，有五种备选方案，但各方案的结果难以预测，可能存在五种结果：很好、好、一般、较差、差。这五种方案在不同的结果下的收益值如表 7-6 所示。如何进行这项投资方案的决策？

表 7-6 五种方案的收益值

方 案	很 好	好	一 般	较 差	差
1	2 000	1 700	1 300	−300	−1 800
2	1 700	1 600	1 250	250	−1 200
3	1 300	1 800	1 400	−500	−2 200
4	2 200	1 900	1 350	−350	−1 700
5	2 650	2 000	1 450	−860	−2 600

解：在难以准确估计事件发生概率的条件下进行决策，主要取决于决策者的风险偏好。

(1) 等概率准则

按等概率计算各方案的期望收益，结果如表 7-7 所示。

表 7-7 等概率期望收益

方案 1	方案 2	方案 3	方案 4	方案 5
580	720	360	680	528

选择收益最大的方案 2,期望收益为 720 元。

(2) 悲观准则

各方案的最小收益如表 7-8 所示。

表 7-8 最小收益

方案 1	方案 2	方案 3	方案 4	方案 5
−1 800	−1 200	−2 200	−1 700	−2 600

选择最小收益最大的方案 2,收益为−1 200 元。

(3) 乐观准则

各方案的最大的收益如表 7-9 所示。

表 7-9 最大收益

方案 1	方案 2	方案 3	方案 4	方案 5
2 000	1 700	1 300	2 200	2 650

选择最大收益最大的方案 5,收益为 2 650 元。

(4) 折中准则

设 $\alpha=0.6$,计算各方案的折中期望收益如表 7-10 所示。

表 7-10 折中期望收益

方案 1	方案 2	方案 3	方案 4	方案 5
480	540	−100	640	550

选择折中期望收益最大的方案 4,折中期望收益为 640 元。

(5) 后悔准则

各方案的最小后悔值如表 7-11 所示。如在很好的结果下,方案 1 的收益为 2 000 元,与其他四种方案的收益比较,方案 4 的收益 2 650 元是最大的,因此后悔值为 2 650−2 000=650。

表 7-11 后悔值

方 案	很 好	好	一般	较 差	差	最大后悔值
方案 1	650	300	150	550	600	650
方案 2	950	400	200	0	0	950

续 表

方 案	很 好	好	一般	较 差	差	最大后悔值
方案 3	1 350	200	50	750	1 000	1 350
方案 4	450	100	100	600	500	600
方案 5	0	0	0	1 110	1 400	1 400

选择最大后悔值最小的方案 4。

6. 决策树分析

决策树分析法指将每个决策或事件引出的多个事件和结果画成图形进行分析。这种图形很像一棵树的枝干，故称决策树分析法。

决策树分析的步骤是：

① 确定有哪些方案可供选择，各方案又有哪些可能结果，画出树形图；

② 将方案序号、结果、概率、损益分别写入节点；

③ 计算期望收益，把期望收益标在节点上；

④ 剪枝，凡是节点上的期望收益小于决策点数值的方案分枝一律舍弃，最后剩下的就是最终的决策方案。

7. 敏感性分析

可能结果的概率变化会对决策产生影响。概率变化引起方案变化的临界点的概率被称为转折概率。这类分析方法叫做敏感性分析或灵敏度分析。

敏感性分析的步骤是：① 求出在保持最优方案稳定的前提下，可能结果出现概率变动的容许范围；② 衡量概率估算方法的精度是否能保证计算得到的概率在此允许的误差范围内变动；③ 判断所做决策的可靠性。

敏感性分析包括单因素敏感性分析、双因素敏感性分析、多因素敏感性分析等。

8. 总结

以期望值为标准的决策方法，一般适用于几种情况：① 概率具有明显的客观性质，而且比较稳定；② 决策不是解决一次性问题，而是解决多次重复的问题；③ 决策的结果不会带来严重的后果。

以等概率（合理性）为标准的决策方法适用于各种可能结果出现的概率无法知道的情况。

以最大可能性为标准的决策方法适用于某一结果的概率显著高于其他结果，而期望值又相差不大的情况。

三、风险分析的评价与应用

（一）风险分析的优点

概率分析有效解决了投资项目不确定因素的量化问题，使投资者能借助现代分析技术工具，充分利用现有资料，进行投资决策分析。

通过方差与标准差分析，可以掌握评价指标与期望值的离散程度，以判断风险大小，并选择风险相同而期望收益高的方案，或期望收益相同而风险小的方案。

不同的分析方法有时能得到不止一种结论，有助于决策者寻找特殊问题的解决方案。

（二）风险分析的局限

概率分析可以改善不确定风险条件下投资决策的有效性，但不确定条件下的投资决策的难点在于难以知道影响因素（单一的或组合的）的发生概率。

风险决策的方法，提供了解决不确定性投资决策和风险性投资决策的有效方案，包括思维方式、指导性的操作技术和解决问题的途径。但是，这并不意味着这些方法可以完全避免投资风险的产生或影响。风险是客观存在的，具有一定的随机性。这种随机性表现在风险的发生和传导机制极为复杂，尽管人们做了大量研究，试图去预测风险，但只能做到在有限空间和时间内评估风险发生的条件，从而规避它的影响。

（三）风险分析的应用

很多企业、银行及其他金融机构，甚至国际组织利用对偏差波动的标准统计测评风险。30 国集团 1993 年发表的《衍生证券的实践与原则》采用基于风险波动对于价值的影响的测评方法 Value at Risk（简称 VAR 法），并竭力推荐各国银行使用这种方法。

1996 年国际清算银行在《巴塞尔协议修正案》中也已允许各国银行使用自己内部的风险估值模型去对付市场风险，以“三大支柱”为核心提出“最低资本要求、外部监管和市场约束；并对资本充足率、风险加权资产、资本对风险加权资产的最小比率，以及信用风险、市场风险等提出具体指标”。

以概率为基础的测评方法不仅在世界各主要银行、企业及国际组织中采纳，同时在各国际评级机构中亦广泛使用。

事实上，各国银行监测风险与风险自评方式差异很大，也扩展到很多方法。比如，美国相关银行采用“骆驼”（CAMELS Rating System，CAMELS 评级制度）评级，后亦为国际社会很多金融机构借鉴。CAMELS 代表 6 个评级因素，包括资本充足（capital adequacy）、资产质量（asset quality）、管理质量（management quality）、盈利（earnings）、流动资金（liquidity）、对市场风险的敏感度（sensitivity to market risk）。银行监管机构根据此 6 因素评定金融机构的风险等级。

第二节　公共项目投资

一、公共物品的效率

(一)“公地悲剧”[①]

假设有一块公共交通枢纽土地毗邻城市，城市的贸易货流多通过这里堆放及运输。针对这块公地的投资和运营有三种方式：① 无人管理，货运免费自由进出，没有限制；② 私人投资和运营；③ 政府运营，也可吸引各类投资开发，服务按照社会利益最大化原则定价。比如政府可委托公司法人以收费制运营，经营收益用于治理、发展这块公地。

第一种方案会造成过度拥挤和资源滥用，最终造成废弃。第二种方案的实质是产权私有化。如果公地由私人投资经营，投资者必然会按照利益最大化的原则进行运营。如果公地的边际收益大于边际成本，增加一单位货物的处理量是有利可图的，该公地会继续接受更多货物。但是，货物进出与堆放过多，还会产生拥挤和资源占用，导致效率降低。实际上，对于多少货物处理量下效率能达到最优，不仅公共运输设施的使用者是盲目的，私人投资经营者也往往是盲目的。于是，私人利益最大化的目标往往导致以最小的投资成本进行超负荷运营。私人投资者还会对其所产生的负外部效应等不计入成本，长此以往会造成各类问题，如运输所造成的污染。这些成本最终由全社会共同承担，社会福利下降。各类城市病的蔓延增加了政府治理的成本。因此，政府探索有效率的公共管理方式就显得很有必要，第三种方案无疑是对该城市发展最优、最有效率的方案，能够实现社会福利最大化。

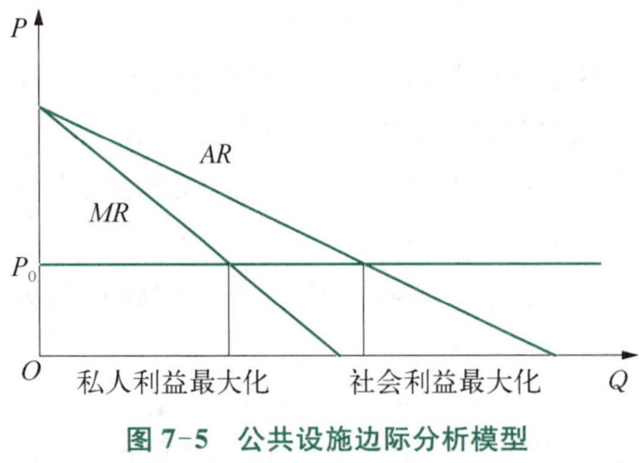

图 7-5　公共设施边际分析模型

(二) 社会利益最大化

私人利益最大化的投资目标会导致种种弊端，因而在分析公共设施投资时，需要将投资的目标调整为社会利益最大化，同时需要重点考虑社会成本。

对社会成本和社会利益进行边际分析，决定最大均衡产量，如图 7-5 所示。AR 为平均收益曲线；MR 为边际收益曲线；P_0 为处理每单位货物的平均成本。

① 1968 年，美国学者哈定在《科学》杂志上发表《公地的悲剧》一文，提出了“公地悲剧”。公地作为一项资源或财产有许多拥有者，他们中的每一个都有使用权，但没有权利阻止其他人使用，从而造成资源过度使用和枯竭。过度砍伐的森林、过度捕捞的渔业资源及污染严重的河流和空气，都是“公地悲剧”的典型例子。公共物品因产权难以界定而被竞争性地过度使用或侵占是必然的结果。

随着货物处理量的增加，AR 曲线呈递减趋势。MR 曲线始终位于 AR 曲线下方。P_0 与 MR 与 AR 形成两个交点 P_0 与 MR 的交点为私人最优产量点；P_0 与 AR 的交点为社会最优产量点，代表社会公共资源获得充分利用的均衡产量。如果公共交通设施为私人运营，即使保持价格为 P_0 不变，提供给社会的服务数量却很少；因为在这一点私人企业可以利用区位垄断地位获得经济利润。而 P_0 与 AR 的交点决定的社会最优产量无疑是大于私人最优产量。社会最优产量不仅使公共资源得到充分利用，也更能满足社会需求。

在市场经济下，公共设施投资运营也应遵循社会利益最大化的原则。政府履行服务社会的职能，也要遵循市场规律。历史上教训很多，如完全以计划去配置资源导致效率丧失。

二、生产的外部性

假设上游有一造船厂 S，下游有一养鱼场 F。造船厂生产船舶的同时会产生一定数量的污染物，产生污染的成本为 0。污染会降低造船厂的生产成本，但会增加养鱼场的生产成本。造船厂的成本函数为 $C_S(s, x)$，s 为船舶产量，x 为污染数量。养鱼场的成本函数为 $C_F(f, x)$，f 为鱼的产量。

造船厂的利润函数是 $p_s s - C_S(s, x)$，p_s 是船的价格。污染也是造船厂的产品。其私人利润最大化条件是 s 和 x 的偏导数等于 0，即

$$p_s = \frac{dC_S(s, x)}{ds}$$

$$p_x = \frac{dC_S(s, x)}{dx} = 0$$

养鱼场的利润函数是 $p_f f - C_F(f, x)$，p_f 是鱼的价格。其私人利润最大化条件是 f 的偏导数等于 0，即

$$p_f = \frac{dC_F(f, x)}{df}$$

造船厂按照私人利益最大化生产，它会一直产生污染，直到污染的边际成本为 0。造船厂没有考虑到污染对养鱼场的负面影响，养鱼场因为污染增加的成本属于社会成本。因此，社会利益没有达到最优。

将造船厂和养鱼场看作同一个企业的两个部门，企业就会考虑污染对自身的影响，在这个情形下才可以达到社会利益的最大化。这个方法叫做外部性的内部化。

合并企业的利润函数是 $p_s s + p_f f - C_S(s, x) - C_F(f, x)$，利润最大化条件为：

$$p_s = \frac{dC_S(s, x)}{ds}$$

$$p_f = \frac{\mathrm{d}C_{\mathrm{F}}(f, x)}{\mathrm{d}f}$$

$$p_x = \frac{\mathrm{d}C_{\mathrm{S}}(s, x)}{\mathrm{d}x} + \frac{\mathrm{d}C_{\mathrm{F}}(f, x)}{\mathrm{d}x} = 0$$

假设 $MC_{\mathrm{S}x} = \frac{\mathrm{d}C_{\mathrm{S}}(s, x)}{\mathrm{d}x}$，即污染对造船厂的边际成本；$MC_{\mathrm{F}x} = \frac{\mathrm{d}C_{\mathrm{F}}(f, x)}{\mathrm{d}x}$，即污染对养鱼场的边际成本。$MC_{\mathrm{F}x}$ 是正值，因为每一单位新增污染都会使产鱼的成本增加；$MC_{\mathrm{S}x}$ 是非正值，因为每一单位新增污染都会使造船的成本减少。

$$\frac{\mathrm{d}C_{\mathrm{S}}(s, x)}{\mathrm{d}x} + \frac{\mathrm{d}C_{\mathrm{F}}(f, x)}{\mathrm{d}x} = 0$$

即

$$MC_{\mathrm{S}x} + MC_{\mathrm{F}x} = 0$$

$$-MC_{\mathrm{S}x} = MC_{\mathrm{F}x}$$

也就是说，当污染给造船厂和养鱼场带来的边际成本正负抵消时，污染的社会成本达到了最小。

如图 7-6 所示，x_1 为私人最优污染排放量，x_0 为社会最优污染排放量，$x_0 < x_1$。当造船厂只考虑私人成本时，它会在污染的边际成本为 0 处排放污染，因为此时污染带来的生产成本减少最大。社会成本最小的污染排放量则在造船厂和养鱼场的边际成本之和为 0 处。

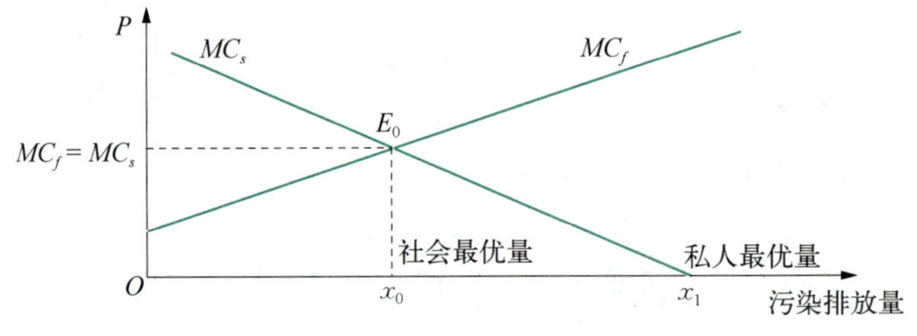

图 7-6　生产的外部性

在 x_0 左侧，污染带来的造船边际成本减免大于其造成的社会成本，因此企业会增加污染；在 x_0 右侧，污染带来的造船边际成本减免小于其造成的社会成本，企业就会减少污染；在 x_0 处，两者相等，也就达到了社会的帕累托最优效率。

三、提供公共物品的条件

假设有 1 和 2 两个农民拟筹资建立一个共用的水渠，这个水渠是公共物品。w_1 和 w_2

代表两人的最初财富；g_1 和 g_2 代表每人愿意出的资金；x_1 和 x_2 代表各自剩余的资金，用于个人消费。预算约束为

$$\begin{cases} x_1 + g_1 = w_1 \\ x_2 + g_2 = w_2 \end{cases}$$

假定水渠的成本是 c 元，两人所出的资金之和至少为 c：

$$g_1 + g_2 \geqslant c$$

这是提供公共物品的可行性条件。

假设两人的效用函数由个人消费与是否能够获得水渠决定。1 的效用函数为 $u_1(x_1, G)$，2 的效应函数为 $u_2(x_2, G)$，$G=0$ 或 1。$G=1$ 时，代表个人可以享受到水渠带来的好处；$G=0$ 时，代表个人不能得到水渠的好处。因为公共设施的无排他性，每个人使用的都是整个水渠，因而每个人都能完全享受水渠带来的好处。

保留价格指个体愿意为公共物品付出的最高价格，该价格下，支付并获得公共物品与不支付并不能得到公共物品的效用相同。如果一个人支付了 r 元，就只有 $w-r$ 元用于消费。可以得到下列等式：

$$u_1(w_1 - r_1, 1) = u_1(w_1, 0)$$
$$u_2(w_2 - r_2, 1) = u_2(w_2, 0)$$

帕累托有效指对于一种分配来说，没有任何别的分配方式能比它使整体的境况变得更好。如果存在其他方式，那么就是帕累托无效。整体境况的变好就叫做帕累托改进。

在本例中，只有建设和不建设两种选择。建设的配置形式表达为 $(w_1, w_1, 0)$，不建设的配置形式表达为 $(x_1, x_2, 1)$。

决定是否投资公共物品的关键，就是投资它能否使个人货币资源配置的帕累托获得改善。如果投资公共物品能够使社会成员获得帕累托改进，那么就值得进行，否则就不投资。假如投资建设水渠后状况改善了，那么

$$u_1(w_1, 0) < u_1(x_1, 1)$$

$$u_2(w_2, 0) < u_2(x_2, 1)$$

运用保留价格以及预算约束，可得

$$u_1(w_1 - r_1, 1) = u_1(w_1, 0) < u_1(x_1, 1) = u_1(w_1 - g_1, 1)$$

$$u_2(w_2 - r_2, 1) = u_2(w_2, 0) < u_2(x_2, 1) = u_2(w_2 - g_2, 1)$$

从而推导得到

$$w_1 - r_1 < w_1 - g_1$$

$$w_2 - r_2 < w_2 - g_2$$

也就是说

$$r_1 > g_1$$

$$r_2 > g_2$$

这说明如果保留价格大于实际支付的金额，那么就存在帕累托改进的空间。这个时候提供公共品就能使社会福利得到改善。

后　记

管理经济学研究面向应用，其实践指导价值越来越为各国重视。它继承了微观经典经济学的思维方式，它对规律的研究得到了历史和科学的验证。管理经济学在微观分析的基础上解决社会经济问题。它融合了诸多相关学科的知识，完成了向实践应用的转化。管理经济学的学科交叉性使其具有非常广阔的应用领域与发展前景，数字化、信息化大发展的时代更为其提供了历史机遇。

本书在三年多的编写过程中，借鉴了国内外上百种相关研究成果。在此对本书借鉴、引用过成果的研究者表示感谢。

本书来源于上海市教委 2017 年设立的专业硕士教材计划。在此对上海市教委提供这次研究机会表示感谢！

由于笔者水平有限，本书还有诸多不足之处，欢迎读者提出宝贵意见。

赵　渤

参考文献

[1] 凯恩斯.就业、利息和货币通论(重译本)[M].高鸿业,译.北京:商务印书馆,1999.

[2] 科斯.企业、市场与法律[M].盛洪,陈郁,译校.上海:格致出版社,上海人民出版社,2009.

[3] 施蒂格勒.价格理论[M].李青原,阎建亚等,译.北京:商务印书馆,1992.

[4] 范德林特.货币万能[M].王兆基,译.北京:商务印书馆,1990.

[5] 萨缪尔森,诺德豪斯.经济学(第16版)[M].萧琛等,译.北京:华夏出版社,1999.

[6] 弗里德曼.竞争与垄断[M].郗修方,郑仕民等,译.西安:陕西人民出版社,1994.

[7] 钱德勒.看得见的手——美国企业的管理革命[M].重武,译.北京:商务印书馆,1987.

[8] 休谟.人性论[M].关文运,译.北京:商务印书馆,2002.

[9] 彼得森,刘易斯.管理经济学(第4版)[M].吴德庆,译校.北京:中国人民大学出版社,2004.

[10] 麦奎根,莫耶,哈里斯.管理经济学:应用、战略与决策(原书第8版)[M].李国津等,译.北京:机械工业出版社,2000.

[11] 托马斯,莫瑞斯.管理经济学(原书第8版)[M].陈章武,葛凤玲,译.北京:机械工业出版社,2005.

[12] 史库森.朋友还是对手——奥地利学派与芝加哥学派之争[M].杨培雷,译.上海:上海人民出版社,2006.

[13] 帕帕斯,布里格姆.管理经济学[M].张隆高,司徒淳,译.沈阳:辽宁人民出版社,1985.

[14] 方博亮.管理经济学:原理与应用[M].张初愚,张乐,许陶,译.北京:中国人民大学出版社,2005.

[15] 史普博.管制与市场[M].余晖,何帆等,译.上海:格致出版社,上海三联书店,上海人民出版社,1999.

[16] 雷诺兹.宏观经济学[M].马宾,译.北京:商务印书馆,1983.

[17] 范里安.微观经济学:现代观点(第六版)[M].费方域等,译.上海:上海三联书店,上海人民出版社,2006.

[18] 曼斯菲尔德.管理经济学(第3版)[M].王志伟等,译.北京:经济科学出版社,1999.

[19] 布洛克,赫特,丹尼尔森.财务管理基础(原书第13版)[M].吴立范,董双全,译.北京:机械工业出版社,2010.

[20] 格林.计量经济分析(第六版)[M].张成思,译.北京:中国人民大学出版

社，2011.

[21] 马歇尔，麦克马纳斯，维勒. 会计学：数字意味着什么（第 6 版）[M]. 沈洁，译. 北京：中国邮电出版社，2005.

[22] 施蒂格勒. 产业组织与政府管制[M]. 潘振民，译. 上海：上海三联书店，1996.

[23] 斯皮格尔. 经济思想的成长[M]. 晏智杰等，译. 北京：中国社会科学出版社，1999.

[24] 金指基. 熊彼特经济学[M]. 林俊男，金全民，编译. 北京：北京大学出版社，1996.

[25] 巴尔，怀恩斯. 福利经济学前沿问题[M]. 贺晓波，王艺，译. 北京：中国税务出版社，2000.

[26] 德鲁克. 创新与创业精神[M]. 张炜，译. 上海：上海人民出版社，2002.

[27] 盖茨. 未来之路[M]. 辜正坤，译. 北京：北京大学出版社，1996.

[28] 埃恩里. 应用经济学研究方法论[M]. 朱钢，译. 北京：经济科学出版社，2007.

[29] 布罗姆利. 经济利益与经济制度——公共政策的理论基础[M]. 陈郁，译. 上海：上海人民出版社，2006.

[30] 克拉克森，米勒，产业组织：理论、证据和公共政策[M]. 华东化工学院经济发展研究所，译. 上海：上海三联书店，1989.

[31] 卡尔顿，佩洛夫. 现代产业组织[M]. 胡汉辉等，译. 北京：中国人民大学出版社，2009.

[32] 科普兰，科勒，默林. 价值评估：公司价值的衡量与管理（第 3 版）[M]. 郝绍伦，谢关平，译. 北京：电子工业出版社，2002.

[33] 斯莱沃斯基，莫里森，艾伯茨，克利福德. 发现利润区[M]. 凌晓东，译. 北京：中信出版社，2003.

[34] 钱德勒. 企业规模经济与范围经济：工业资本主义的原动力[M]. 张逸人等，译. 北京：中国社会科学出版社，1999.

[35] 柯林斯，波拉斯. 企业不败[M]. 刘国远，译. 北京：新华出版社，1996.

[36] 霍尔，利伯曼. 微观经济学：原理与应用[M]. 赵伟等，译. 大连：东北财经大学出版社，2004.

[37] 平狄克，鲁宾费尔德. 微观经济学[M]. 李彬，高远，译. 北京：中国人民大学出版社，2013.

[38] 植草益，产业组织论[M]. 卢东斌，译. 北京：中国人民大学出版社，1988.

[39] 达摩达兰. 投资估价——评估任何资产价值工具和技术（第三版）[M]. 林谦，安卫，译. 北京：清华大学出版社，2014.

[40] 科利斯，蒙哥马利. 公司战略——企业的资源与范围[M]. 王永贵，杨永恒，译. 大连：东北财经大学出版社，2000.

[41] 斯莱沃茨基. 价值转移——竞争前的战略思考[M]. 凌郢，译. 北京：中国对外翻译出版公司，1999.

[42] 索维尔. 经济学的思维方式[M]. 吴建新，译. 成都：四川人民出版社，2018.

[43] 努尔密. 政治经济学模型[M]. 赵钟宜等，译. 上海：格致出版社，2010.

[44] 高鸿业. 西方经济学(第五版)[M]. 北京：中国人民大学出版社，2011.

[45] 杨海明. 计量经济方法[M]. 北京：中国人民大学出版社，1988.

[46] 吴德庆，王保林，马月才. 管理经济学(第六版)[M]. 北京：中国人民大学出版社，2014.

[47] 陈章武. 管理经济学[M]. 北京：清华大学出版社，1996.

[48] 张维迎. 博弈论与信息经济学[M]. 上海：上海人民出版社，2004.

[49] 许纯祯，耿峰石. 当代西方经济学[M]. 长春：吉林大学出版社，1992.

[50] 傅家骥，仝允恒. 工业技术经济学(第三版)[M]. 北京：清华大学出版社，1996.

[51] 宋健民. 工程经济学[M]. 北京：中国电力出版社，2013.

[52] 陈锡璞. 工程经济[M]. 北京：机械工业出版社，1994.

[53] 胡建绩，赵渤. 西方经济学说思想图鉴[M]. 上海：百家出版社，2006.

[54] 章学仁. 线性规划[M]. 上海：上海交通大学出版社，1988.

[55] 袁荫棠. 概率论与数理统计[M]. 北京：中国人民大学出版社，1990.

[56] 张兆丰. 计量经济学基础[M]. 北京：机械工业出版社，2013.

[57] 马立平. 回归分析[M]. 北京：机械工业出版社，2014.

[58] 张建中，许绍吉. 线性规划[M]. 北京：科学出版社，1990.

[59] 吴赣昌. 线性代数(理工类)[M]. 北京：中国人民大学出版社，2006.

[60] 吴传生. 经济数学——微积分[M]. 北京：高等教育出版社，2009.

[61] 朱来义. 微积分(第 3 版)[M]. 北京：高等教育出版社，2009.

[62] 赵渤. 中国海运业蓝海战略：后危机时代旧格局洗牌与新规则构建[M]. 上海：上海浦江教育出版社，2013.

[63] 崔日明，赵渤. 知识经济与我国对外经济贸易发展研究[M]. 北京：经济日报出版社，2002.

[64] 赵渤. 人为价值论纲：价值运行原理与企业价值增长机制[M]. 沈阳：辽宁人民出版社，2005.

[65] 苏宗伟，赵渤. 东方管理商业模式理论与应用[M]. 北京：经济管理出版社，2015.

[66] 苏东水. 产业经济学[M]. 北京：高等教育出版社，2000.

[67] 崔东红，戴卫东. 经济学原理[M]. 北京：电子工业出版社，2007.

[68] 胡继灵，王家琪. 管理经济学[M]. 武汉：武汉理工大学出版社，2003.

[69] 李麟，李骥. 企业价值评估与价值增长[M]. 北京：民主与建设出版社，2001.

[70] 陈贻龙，邵振一. 运输经济学[M]. 北京：人民交通运输出版社，1999.

[71] 胡代光. 西方经济学院的演变及其影响[M]. 北京：北京大学出版社，1998.

[72] 陈岱孙. 从古典经济学到马克思[M]. 北京：北京大学出版社，1996.

[73] 王志伟. 希克斯经济思想研究[M]. 北京：北京大学出版社，1996.

[74] 钱津. 劳动价值论[M]. 北京：社会科学文献出版社，2005.

[75] 白暴力. 财富、劳动与价值：经济学理论基础的重构[M]. 北京：中国经济出版社，2003.

[76] 王书瑶. 无形价值论：精神生产科技进步的价值理论[M]. 北京：东方出版社，1992.

[77] 保建云，徐梅. 企业速度：企业危机与扩张的新思维[M]. 北京：西南财经大学出版社，2000.

[78] 陈郁. 企业制度与市场组织——交易费用经济学文选[M]. 上海：上海三联书店，上海人民出版社，2006.

[79] 王杰，等. 制度、制度变迁与经济发展[M]. 北京：经济日报出版社，1997.

[80] 马费成. 信息经济学[M]. 武汉：武汉大学出版社，1999.

[81] 董景荣. 技术创新过程管理：理论、方法及实践[M]. 重庆：重庆出版社，2000.

[82] 李玉海. 经济学的本质——价值动力学[M]. 北京：经济科学出版社，2004.

[83] 王力，赵渤. 管理学流派思想评注图鉴[M]. 北京：社会科学文献出版社，2011.

[84] 朱保华. 新经济增长理论[M]. 上海：上海财经出版社，1999.

[85] 孙凤. 消费者行为数量研究[M]. 上海：上海三联书店，上海人民出版社，2002.

[86] 田威，韩荣. 价值工程与创造[M]. 北京：科学普及出版社，1991.

图书在版编目(CIP)数据

管理经济学/赵渤编著. —上海：复旦大学出版社，2021.8
ISBN 978-7-309-15826-7

Ⅰ.①管… Ⅱ.①赵… Ⅲ.①管理经济学 Ⅳ.①C93-05

中国版本图书馆 CIP 数据核字(2021)第 141829 号

管理经济学
GUANLI JINGJIXUE
赵　渤　编著
责任编辑/岑品杰

复旦大学出版社有限公司出版发行
上海市国权路 579 号　邮编：200433
网址：fupnet@fudanpress.com　http://www.fudanpress.com
门市零售：86-21-65102580　团体订购：86-21-65104505
出版部电话：86-21-65642845
上海盛通时代印刷有限公司

开本 787×1092　1/16　印张 13.75　字数 309 千
2021 年 8 月第 1 版第 1 次印刷

ISBN 978-7-309-15826-7/C·417
定价：42.00 元